公路交通多能源自洽系统构型设计与应用

代亮 黄云 马宇超 丁肇豪 张黎 编著

人民交通出版社
北京

内 容 提 要

本书探讨了绿色公路交通与自洽能源系统的研究与实践，重点分析了支撑公路交通高效运转的绿色能源自洽系统的构型方法。内容涵盖公路交通能源融合与自洽能源系统的发展，提出了基于公路交通时空分布约束的多态能源资源耦合供给模式，并形成了交通-能源协同驱动的运维用能管控技术。书中还提出了面向环境低影响的公路交通能源系统开发方案与运维优化策略，并通过典型工程场景展示了自洽能源系统在公路交通中的应用示范。

本书适用于公路交通能源融合管理者、研究者，以及交通管理服务的监管部门和服务认证机构等相关人员。

图书在版编目（CIP）数据

公路交通多能源自洽系统构型设计与应用／代亮等编著. — 北京：人民交通出版社股份有限公司，2024. 11. — ISBN 978-7-114-19957-8

Ⅰ．U491

中国国家版本馆 CIP 数据核字第 2024EK9448 号

Gonglu Jiaotong Duonengyuan Ziqia Xitong Gouxing Sheji yu Yingyong

书　　名：	公路交通多能源自洽系统构型设计与应用
著 作 者：	代　亮　黄　云　马宇超　丁肇豪　张　黎
责任编辑：	王海南
责任校对：	赵媛媛
责任印制：	刘高彤
出版发行：	人民交通出版社
地　　址：	(100011) 北京市朝阳区安定门外外馆斜街 3 号
网　　址：	http://www.ccpcl.com.cn
销售电话：	(010)85285857
总 经 销：	人民交通出版社发行部
经　　销：	各地新华书店
印　　刷：	北京市密东印刷有限公司
开　　本：	787×1092　1/16
印　　张：	16
字　　数：	340 千
版　　次：	2024 年 11 月　第 1 版
印　　次：	2024 年 11 月　第 1 次印刷
书　　号：	ISBN 978-7-114-19957-8
定　　价：	98.00 元

（有印刷、装订质量问题的图书，由本社负责调换）

PREFACE 前言

　　为落实《交通强国建设纲要》《国家综合立体交通网规划纲要》和"十四五"期间国家科技创新有关部署安排，国家重点研发计划启动实施"交通基础设施"重点专项。科技部下达"十四五"重点研发计划项目"公路交通自洽能源系统的多能变换与控制技术"之"公路交通运转运维用能需求分析与多能源自洽系统构型"课题研究任务，课题成果有：①提出公路交通沿线能源资源禀赋的评估技术与部署方案，构建适配能源系统自洽运行的多态能源高弹性互补型供给模式；②实现考虑多场景空间布局的新能源汽车与公路交通服务设施用能需求规模预测与分析，形成交通-能源协同驱动的运转运维设施用能管控技术；③研究兼具供需耦合特性和灵活调节能力的公路交通自洽能源系统功能要素和物理形态，形成系统整体构型方法与规划设计方案；④构建公路交通自洽能源系统的环境影响评价指标体系，提出环境低影响的能源自洽系统开发与生态修复方案、运行情况监测技术以及运维优化策略；⑤结合高速公路实际工况，选取收费站、服务区及养护工区、隧道等典型用能场景，建设主从式与集中式公路交通自洽能源系统应用示范工程。为了指导推广应用公路交通运转运维用能需求分析与多能源自洽系统构型相关的过程及其成果，课题组编写了本书。

　　本书内容包括公路交通时空分布约束下多态能源资源禀赋的耦合供给研究、交通-能源协同驱动的用能需求分析与运转运维管控技术、支撑公路交通高效运转的绿色能源自洽系统构型与协同规划、面向环境低影响的公路交通能源系统开发方案与运维优化策略和公路交通自洽能源系统应用示范工程实施方案等。

本书共分 7 章,第 1 章、第 3 章、第 7 章由长安大学代亮编写,第 2 章由交通运输部公路研究院马宇超编写,第 4 章由华北电力大学丁肇豪编写,第 5 章由山东大学张黎编写,第 6 章由四川路桥建设集团股份有限公司黄云编写。

创新交通能源自洽系统技术,大幅增强交通基础设施绿色、智能、安全建设能力和水平,可全面支撑"交通强国"战略实施和"双碳"目标愿景实现。由于公路交通能源融合系统仍处于高速发展的阶段,本书不能详尽介绍所有相关的问题及文献,着重介绍公路交通运转运维用能需求分析与多能源自洽系统构型领域的相关基础知识、关键技术与前沿方向,读者可针对具体研究问题参阅更多相关资料。

全书由代亮统稿和校对。在本书的校稿过程中,长安大学张丽娜、李臣富付出了宝贵的时间与精力,作者特此向他们致谢。本书部分研究成果受国家重点研发计划项目(2021YFB2601400)资助。

限于编者水平,书中难免存在有待商榷或不妥之处,恳请同行及读者批评指正。

作 者
2024 年 8 月

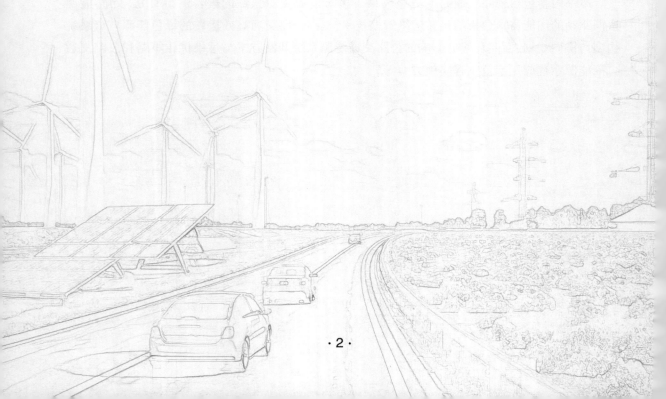

CONTENTS 目录

1 绪论

1.1 研究背景与意义 …………………………………………………………… 2

1.2 公路交通能源融合和自洽能源系统发展概况 …………………………… 4

1.3 我国公路交通能源融合的发展需求与趋势 ……………………………… 6

1.4 公路交通能源融合和自洽能源系统体系 ………………………………… 9

1.5 研究内容和技术路线 ……………………………………………………… 17

2 公路交通时空分布约束下多态能源资源禀赋的耦合供给研究

2.1 公路交通沿线多态能源资源禀赋的形态研究与评估技术 …………… 22

2.2 结合资源禀赋时空分布约束的公路交通能源供给部署方法 ………… 34

2.3 多态能源耦合的高弹性互补型供给模式研究 ………………………… 42

2.4 本章小结 ………………………………………………………………… 57

3 公路交通用能类型与规模需求预测

3.1 公路交通运转运维设施设备分类 ……………………………………… 60

3.2 能源自洽公路交通运转运维过程供需平衡分析
   ——以公路隧道为例 ………………………………………………… 67

3.3 公路交通运转运维设备性能-能耗均衡调度模型
   ——以路侧感知计算设备为例 ……………………………………… 85

· 1 ·

3.4　公路服务区电动汽车光伏换电站电池充电调度策略 ················· 91

　　3.5　本章小结 ··· 94

4　支撑公路交通高效运转的绿色能源自洽系统构型与协同规划

　　4.1　公路交通自洽能源系统供需能源协同驱动的时空
　　　　 耦合特性分析 ·· 96

　　4.2　支撑公路交通自洽能源系统构型设计的多能态灵活
　　　　 运行调节特性研究 ··· 102

　　4.3　清洁供能背景下公路交通能源自洽系统构型方法
　　　　 和规划方案研究 ·· 114

　　4.4　本章小结 ·· 124

5　面向环境低影响的公路交通能源系统开发方案与运维优化策略

　　5.1　公路交通自洽能源系统生态环境评价指标与保护策略 ········· 126

　　5.2　公路交通自洽能源系统运行状态识别与分析 ····················· 131

　　5.3　环境低影响的能源自洽系统开发方案 ······························ 143

　　5.4　本章小结 ·· 159

6　公路交通能源自洽与在途补给系统应用示范

　　6.1　综合说明 ·· 162

　　6.2　系统架构设计及运行策略 ·· 166

　　6.3　光伏系统设计 ··· 177

　　6.4　风力发电系统设计 ··· 189

　　6.5　储能系统设计 ··· 193

　　6.6　氢能系统设计 ··· 212

　　6.7　冷热系统设计 ··· 220

　　6.8　电气设计 ·· 221

6.9 土建工程设计 ································· 225

6.10 项目建设施工组织设计 ···················· 228

6.11 本章小结 ······································ 236

7 总结和展望

7.1 总结 ·· 238

7.2 展望 ·· 240

参考文献

绪论

1 公路交通多能源自洽系统构型设计与应用

1.1 研究背景与意义

我国幅员辽阔,能源分布"西多东少"而需求"西低东高",交通系统一直是实现能源跨区域大规模运输的主要途径之一,深刻影响着我国能源生产布局。此外,交通系统加速扩张以及再电气化发展趋势,进一步加强了交通系统与能源系统之间的联系,成为影响能源系统运行效率的关键因素。因此,面对节能减排的重大挑战以及交通与能源联系紧密的实际情况,我国将交通系统优先纳入能源革命范畴。

2023年,交通运输业增加值占全国GDP(国内生产总值)比重约4.5%,但用能和碳排放占比分别约为17%和10.4%,是我国第三大用能和碳排放行业。交通和能源同为国民经济重要基础产业,交通与能源融合发展是推动交通行业高质量发展、实现"双碳"目标的重要途径,是交通与能源的一次重大革命,是建设交通强国、实现"双碳"目标、保障能源安全的必然要求。为此,近年来中国政府制定出台了一系列旨在促进能源、交通融合发展的战略与政策,将实现能源交通一体化发展作为提高能源利用效率的有力推手,给出了能源革命的中国方案。2016年,《中华人民共和国国民经济和社会发展第十三个五年规划纲要》提出要统筹能源与交通等基础设施网络的建设,建设集成互补的能源互联网。2018年,科技部等四部委联合支持的国家能源交通融合发展研究院成立,迈出了我国能源与交通产业融合发展从提出到落地的关键一步。2019年9月,中共中央、国务院印发《交通强国建设纲要》,强调要优化交通能源结构,推进新能源、清洁能源应用,促进公路货运节能减排,推动城市公共交通工具和城市物流配送车辆全部实现电动化、新能源化和清洁化。2020年8月,交通运输部发布《交通运输部关于推动交通运输领域新型基础设施建设的指导意见》,鼓励在服务区、边坡等公路沿线合理布局光伏发电设施,与市电等并网供电。2021年2月,中共中央、国务院印发《国家综合立体交通网规划纲要》,明确指出交通基础设施规划建设要充分考虑煤、油、气、电等能源输送特点,强化交通与能源基础设施共建共享,推进交通与能源融合发展。2021年9月,中共中央、国务院印发《完整准确全面贯彻新发展理念做好碳达峰碳中和工作的意见》,强调要加快推进低碳交通运输体系建设。2021年10月,国务院印发的《2030年前碳达峰行动方案》提出,将"交通运输绿色低碳行动"作为十大行动之一,要求加快形成绿色低碳运输方式,确保交通运输领域碳排放增长保持在合理区间,并提出"陆路交通运输石油消费力争2030年前达到峰值"。2021年10月,交通运输部印发《绿色交通"十四五"发展规划》,提出要协同推进交通运输高质量发展和生态环境高水平保护,并提出建设绿色交通基础设施、优化交通运输结构、推广应用新能源、推进交通污染深度治理、强化绿色交通科技支撑、完善绿色交通监管体系、深化国际交流与合作等7项重点任务。2021年11月,交通运输部印发《综合运输服务"十四五"发展规划》,强调全面推动交通运输规划、设计、建设、运营、养护全生命周期绿色低碳转型,协同推进减污降碳,形成绿色低碳发展长效机制,让交通更加环保、出行更加低碳。2022年1月,国务院印发《"十四五"现代综合交通运输体系发展规划》,提出要全面推动交通运输规划、设计、建设、运营、养护全生命周期绿色低碳转型,协同推进减污降碳,形成绿色低碳发展长效机制,让交通更加环保、出行更加低碳。2022年1月,交通运输部、科学技术部印发《交通领域科技创新中长期发展规划纲要(2021—2035年)》,强调要加快低碳交通技术研发应用。推动交通网与能源网融合,开展交通专用及非碳基能源系统、分布式能源自洽、交通能源一体化建设运维、源-网-荷-储协同的交通电气化等技术研究,研究交通用地范围内风能、太阳能利用技术及标准。2022年1月,交通运输部印发《公路"十四五"发展规划》,提出要贯彻落实绿色发展理念,推动公路交通与生态保护协同发展,继续深化绿色公路建设,促进资源能源节约集约利用,加强公路交通运输领域节能减排和污染防治,全面提升公路行业绿色发展水平。2022年3月,交通运输部、科学技术部印发《"十四五"交通领域科技创新规划》,强调要建设交通自洽能源系统,突破交通能源互联网、交通导向的多源多态能源转换控制与管理、基础设施分布式光伏发电及并网、交通能源产储配用一体化、充(换)能设施网络布局等技术,推动电气化公路发展。2022年8月,交通运输部、国家能源局、国家电网有限公司、中国南方电网有限责任公司印发《加快推进公路沿线充电基础设施建设行动方案》,指导高速公路及普通国省干线公路服务区(站),因地制宜,科学布设充电基础设施,规范交通标识设置,优化通行线路,引导电动汽车与燃油汽车分区有序停放,保障电动汽车停车位专位专用,维护良好充电秩序。2023年3月,国家发展和改革委员会印发《绿色产业指导目录(2023年版)》,强调了城际快速充电网络等基础设施建设和运营。2023年6月,国务院印发《关于进一步构建高质量充电基础设施体系的指导意见》,提出要加快推进快速充换电、大功率充电、光储充协同控制等技术研究。2024年2月,国家发展改革委、交通运输部等十部门印发《绿色低碳转型产业指导目录(2024年版)》,提出要进行包括绿色公路建设,公路、高速公路服务区、养护站所、执法站所等公路基础设施的绿色低碳化改造。2024年5月,国务院印发《2024—2025年节能降碳行动方案》,强调要推进低碳交通基础设施建设,推进交通运输装备低碳转型,优化交通运输结构。2024年5月,交通运输部等十三部门印发《交通运输大规模设备更新行动方案》,提出要促进交通能源动力系统清洁化、低碳化、高效化发展,推进行业绿色低碳转型。2024年8月,中共中央、国务院发布了《关于加快经济社会发展全面绿色转型的意见》,强调要建设绿色交通基础设施。提升新建车站、机场、码头、高速公路设施绿色化智能化水平,推进既有交通基础设施节能降碳改造提升，建设一批低碳（近零碳）车站、机场、码头、高速公路服务区，因地制宜发展高速公路沿线光伏。

交通运输作为与工业、能源并列的三大主要碳排放行业之一，统筹推进零碳转型与支撑经济增长的任务十分艰巨。公路交通既是运输量最大的运输方式，也是交通运输领域最主要的碳排放来源，成为能否实现"30·60"愿景目标的重中之重。近年来，国务院、交通运输部发布的各类政策文件对于公路交通减碳做了系统部署，重点针对推动运输结构调整、推动设备升级、推广清洁能源、推动科技创新、完善监测体系等主要举措的多个方面。为落实《2030年前碳达峰行动方案》《交通强国建设纲要》等重大战略政策要求，支撑国家现代化建设，本书建议可从战略性减碳、技术性减碳和管理性减碳三大领域强化顶层设计、细化工作举措。

1.2 公路交通能源融合和自洽能源系统发展概况

目前，世界各国均在建设公路能源系统方面开展了一系列研究，并有了相关实际案例。美国、日本等国家通过在公路边坡架设太阳能电池板发电，利用东西方向的公路，将太阳能电池板放于朝南方向，从而获得更高的发电效率；德国将太阳能电池板安装在公路隧道顶部，为其沿线负荷提供了大量电能支撑；意大利建设了太阳风能桥，可充分捕获太阳能及风能，将能源与公路巧妙结合；中国利用高速公路沿线各站点、服务区的屋顶、绿地、车位、边坡等闲置资源，装设太阳能电池板用以发电；韩国采用"光伏车棚 + 自行车道"相结合的模式，为周边红绿灯、监控摄像头甚至是社区提供电能。

中国"政产学研"从各个角度提出了交通能源融合发展的观点与愿景，包括交通系统与电力系统融合发展架构，实现了交通与电力系统之间横向多源与纵向"源-网-荷-储"协调。目前，部分交通能源融合发展架构为后续研究打下了良好基础，但仍存在不足。已有研究的核心问题为：将交通系统限定为"能源消费者"与能源系统进行互动，提出交通能源融合发展模式，实质上是将交通系统当作电能需求主体与电力系统完成能量交换，主要关注交通系统能源消费特性，忽视了交通系统基本属性"运输功能"对各类能源布局、生产、传输的影响。实际上，交通系统运输能源消耗的多少与方式不仅取决于相应能源系统需求，同时也受限于交通系统自身运输能力。按照传统研究思路，即将交通系统等效为负荷或能源的思路，可能无法准确反映上述互动过程，进而阻碍交通系统与能源系统立体协同发展。首先，在现有能源交通融合发展框架中，与能源系统实现融合的交通系统种类少，内涵不够丰富。已有研究主要围绕公路交通运转运维系统供能问题、电动汽车供能问题等展开讨论，涵盖的交通系统种类相对单一。其次，研究成果之间相对独立，整体性较弱，层间联系少。已有研究成果选择在某一试点公路交通领域进行论述，这虽然有助于提出细致的能源交通融合发展架构，但忽略了不同规模的能源交通融合系统之间的联系。

现有公路能源系统仍然存在以下两个方面不足：一方面，公路能源系统自然资源禀赋开发不足，导致碳排放高、能源对外依存度大。公路系统承载着丰富的可再生能源(风、光、水)，但目前清洁绿色能源在交通领域的渗透率低，还尚未被充分利用。2023年，我国碳排放总量达到了约126亿吨，其中交通运输领域的碳排放量约为10.4%。交通运输领域的不同运输方式碳排放量差异明显，公路运输的碳排放量最大，占交通领域碳排放总量的87%，对我国可持续发展以及应对气候变化影响巨大，难以实现全社会协调绿色发展。同时，我国原油对外依存度达70%，其中的70%被交通系统(以公路交通为主)消耗并产生巨量排放，造成国家能源安全形势日益严峻、总体安全风险显著提高，因此交通领域能源绿色化有待进一步加强。另一方面，能源交通融合技术体系不完备。2019年9月，《交通强国建设纲要》中明确指出交通智能化、绿色化、共享化是未来交通发展的三大趋势。目前，交通智能化和载运装备绿色化仍受制于能源的可及性，公路能源系统缺乏与自然资源禀赋相适配、适应多场景、绿色弹性的公路能源系统支持保障技术体系。因此，如何推动能源交通融合，从而改变未来交通能源结构，使交通网络能够具备最大限度的弹性，免疫于现有存在致命弹性缺陷的能源系统所带来的局部或大范围失效问题，已成为国家安全运行的重要一环。

促进能源与交通深度融合、发展公路能源系统不仅可以使能源产业向更加绿色、有序的方向发展，同时可以提高交通行业能源效率、优化交通行业能源结构、提升交通行业经济效益。因此，发展弹性公路能源系统势在必行，其必要性体现在以下3个方面：

(1)能源转型的必然趋势。近年来，能源生产和消费革命持续推进，生产侧清洁化和消费侧电气化成为当前中国能源体系重要的趋势和特点。2019年，国家电网有限公司提出到2050年实现"两个50%"的重要判断，即"2050年能源清洁化率达到50%和终端电气化率达到50%"。据国际能源署(International Energy Agency, IEA)发布的《全球电动汽车展望2019》报道，2018年全球电动汽车保有量已达到512万辆，到2030年，中国将以57%的市场份额稳居世界第一。能源是交通的基础用能保障，交通是能源消纳的重要负载，能源与交通融合发展为人类社会合理、有效和可持续发展提供了重要客观条件。公路作为便捷、高效的交通基础设施，在工业化和城镇化的进程中始终发挥着重要作用，发展新型公路能源系统正是适应当前世界能源体系发展趋势的有力途径。

(2)经济提升的必然举措。作为国民经济的命脉，交通运输一直为经济的持续稳步发展提供基础保障。近年来，交通运输需求不断增长，伴随而来的是能源需求量的大幅上升。能源与交通作为社会生产生活和经济发展提升的重要根本保障，直接影响经济发展的规模、形式和质量。发展新型公路能源系统是产业交叉融合、带动新兴技术、促进经济增长的新模式、新示范，是引领经济绿色化、智慧化和可持续发展的重大举措，是全面提升经济总体水平和经济运行效率的明确方向，是能源交通融合的重要组成部分。

(3)发展布局的必然选择。面对资源短缺和环境污染的双重挑战，推动能源与交通融合发展，促进产业转型和升级是应对挑战的有效途径。目前世界各国都处于能源转型的关键时期，为推进能源与交通向低碳化和智能化方向发展，需要能源与交通两大领域协同规划。发展新型公路能源系统在保障人类生产生活健康、便捷、高效的同时，利用公路匝道、服务区、边坡、隔离带、承载式路面以及光伏顶棚等广阔的区域优势，为风、光等新能源发电建设提供了巨大的空间资源，公路桥隧照明通风、服务设施、充电设施等作为公路交通主要的电力负荷，为风、光等新能源发电提供了充足的消纳空间，使整体行业布局趋于良性。当前，能源交通融合对能源系统在各类扰动事件下的运行保障提出了更高的要求，需要发展具备高弹性、强抗扰能力且能够在极端事件条件下同时兼顾能源与交通的弹性公路能源系统，从而实现交通能源结构绿色清洁化，并形成完整统一的技术体系架构，确保公路能源系统在扰动事件全周期的稳定运行。

公路交通能源融合系统中，关于微电网优化调度、不确定性优化、多时间尺度优化及多微网协同优化调度研究中的优化调度模型、策略均已被验证是有效可行的，为公路交通自洽能源微网系统的优化调度提供了扎实的理论研究基础，具有一定的参考价值。由于公路交通自洽能源微网系统具有特殊的时空分布特征和运行特点，目前的研究仅能为公路交通自洽能源微网系统的优化调度提供有限参考，在公路交通自洽能源微网系统模型架构、运行策略及优化调度方面的研究相对较少，需要对相关邻域开展进一步研究。

1.3 我国公路交通能源融合的发展需求与趋势

截至 2023 年年底，我国公路里程已达 543.68 万 km，汽车保有量为 3.36 亿辆，道路交通系统整体能耗数量巨大，尤其是交通载运装备燃油消耗导致的石油进口量逐年增加。因此，解决好如此规模庞大的系统用能成为保障国家安全、实现"碳达峰、碳中和"目标的关键。

1.3.1 国家能源安全带来的道路交通系统能源分布式自洽供给趋势

众所周知，我国一次化石能源结构具有多煤、少气、贫油的特点，因此我国交通系统特别是道路交通载运装备消耗的石油主要依赖于进口。截至 2023 年，我国每年原油进口占比高达 70%，包括轿车与重型货车在内的道路交通载运装备占整个交通载运装备能耗的 77%，进口石油绝大多数被用于满足道路交通载运装备的能源需求。因此，如何改善我国道路交通系统的用能结构，实现风、光可再生清洁能源的充分利用，为道路交通系统提供清洁、自洽的电能和氢能，真正实现道路交通系统能源需求的分布式自洽供给，已成为一种保障国家能源安全的战略选择。

交通与能源融合是培育和发展新质生产力的重要领域。交通和能源同为国家战略性、基础性、全局性产业。以技术革命性突破、生产要素创新性配置为导向，推动交通网和能源网升级为集成共享的深度耦合发展，并以此培育新产业、催生新模式、形成新动能，是两大传统行业发展方式的重大革命,也是我国跨交通、能源等行业发展新质生产力的重要领域。

交通与能源融合是实现"双碳"目标的重要途径。在我国碳排放总量中,交通碳排放占比为10.4%,在交通碳排放中清洁能源消费占比不到5%,绿色低碳转型任务异常艰巨。因地制宜就地开发利用可再生能源是交通行业可持续发展的新方向,对于助力交通行业由能源"消费者"向"产消者"转变、推动交通和能源行业低碳转型升级、实现"双碳"目标具有重要意义。

交通与能源融合是国家交通和能源安全的重要保障。我国是世界第一大能源消费国,能源对外依存度居高不下,严重危及国家安全。交通与可再生能源融合发展,是在国家总体安全目标导向下实现"人民满意、保障有力、世界前列"交通强国战略和"四个革命、一个合作"能源安全战略的现实选择。为全面、系统、深入地贯彻实施"交通强国"战略和"四个革命、一个合作"能源安全战略,必然要求交通与可再生能源的融合发展,实现具有典型的高动态时空分布特征的交通系统用能的分布式自洽供给,是国家能源安全与总体安全的强有力支撑和保障。

1.3.2　能源结构绿色化需求带来的交通载运装备动力能源的形态变化趋势

环境问题与气候问题已成为当今世界可持续发展的两大主题,我国自20世纪80年代以来就一直积极探索和大力发展以风、光为主的非水可再生电力系统,可再生能源装机容量位居世界首位,绿色能源占比逐年攀升。为实现"碳达峰、碳中和"目标,未来能源供给中风、光可再生能源占比会持续加速提升,因此我国一次能源结构占比会随风、光等清洁能源份额逐步扩大实现能源结构绿色化的形态变迁。在这种能源供给绿色化发展大势下,交通载运装备的动力能源也会随之进行适应性调整,从而呈现出特色鲜明的电动化、氢能化形态变化趋势,最终实现交通载运装备动力能源系统的低碳化或净零排放,达成道路交通系统的碳中和目标。

交通作为三大能源负荷和高碳排放行业之一,交通能源结构转型是全社会减排和实现"双碳"目标的关键举措。通过全过程设计和全生命周期规划,明确交通减排重点和方向,以交通系统绿色化、交通能源清洁化发展需求为引领,通过绿色交通与可再生能源深度融合,加速我国交通用能从高碳向低零碳方向发展,助力"双碳"目标实现。

1.3.3　风光自然禀赋利用模式的变革带来交通能源系统形态的变化趋势

由于我国公路交通系统所拥有的土地面积蕴含着潜力巨大的风、光自然资源禀赋,并且风、光等自然资源禀赋作为一次能源可以因地制宜经济高效地转化为电能或氢能等二次能源并加以开发、储存、输送和利用。已有许多示范性项目开展了车站、服务区、道路枢纽等交通基础设施资产能源化的实践尝试,取得了非常宝贵的经验。随着国家政策对"光伏+交通"等产业的扶持,以及交通行业自身实现低碳发展的压力,倒逼交通能源系统及其用能形态必须根据这种供能结构变化做出适应性调整,以实现交通系统自身全生命周期的"碳达峰、碳中和"目标。因此，公路交通系统特别是载运装备的未来能源利用模式也会由燃油供给向电动化、氢能化等绿色二次能源利用方式转变。

交通与能源融合是促进产业转型升级的新模式。交通和能源均是传统产业，必须站在产业结构调整和专业升级的战略高度重新审视两者的发展，通过科技创新整合两者共有要素，在此基础上推动交通和能源融合发展，实现资源的优化配置和效率的最大化提升，从而打造新的增长点和增长空间，找到适合各自增长的"第二曲线"。交通与能源融合是绿色交通建设提质增效的新途径。交通行业普遍存在投资高、周期长的特点，交通与能源融合在就地利用新能源基础上拓展新的盈利模式，可以有效促进交通行业可持续发展。交通运输部鼓励并支持因地制宜建成一批分布式"新能源＋储能＋微电网"项目。高校、企业、科研院所应抓住契机积极攻关，形成一批具有新质生产力特征、对行业起到提质增效作用的科研成果，有效促进"安全、便捷、高效、经济、包容、韧性"可持续交通体系建设。交通与能源融合是构建新型能源体系的新支撑。交通行业用能水平不断增长，对就地开发利用新能源的客观需求也不断增长，尤其是我国中东部地区交通基础设施发达，但土地资源稀缺、能源供应紧张等问题日益凸显。从这个意义上讲，交通与能源融合将是新型能源体系的巨大储能资源池。同时，交通与能源融合也是新能源技术革命的重要发展方向，不同种类低碳能源的交通供能需求互动新技术和新装备研发、推广及应用将为新型能源体系建设带来新的发展机遇。社会经济运行弹性依赖交通系统的连通性和通行能力的可靠性，交通系统运行的经济性在很大程度上取决于能源的可及性与高效性。交通能源的全天候持续供给保障是交通发挥社会经济运行基础作用的前提。交通能源自治是交通系统免疫于既有能源供给脆弱性的必然选择，也是解决交通智能化发展能源可及性约束的关键所在。交通与可再生能源的深度融合为满足交通弹性运行和社会经济安全运行需求提供了现实的可能性。

1.3.4 交通系统智能化发展对能源可及性的迫切需求带来的交通能源形态、模式变化趋势

智能交通的持续创新和快速发展，正在为人们构筑起一个更加安全、高效、绿色、便捷的交通运输和出行服务体系。但随着交通行业的智能化发展，车联网、5G（第五代移动通信技术，5th Generation Mobile Communication Technology）设备、智能运维等软硬件系统的发展也伴随着新的能源需求跃升，这种由于交通系统智能化要求与路网基础设施空间布局相关的设备大量部署所带来的新的能源需求，经与道路路网耦合后呈现出线状或网状的分布式能源需求，这对传统电网集约供电模式提出了新的挑战，尤其是"胡焕庸线"西北一侧无电网或弱电网的广大区域更是无电可用。因此，如何利用公路交通系统自身服务区、路侧边坡、场站等基础设施开展资产能源化潜力开发，实现清洁能源的自治供给，从而为这种由交通系统智能化带来的能源需求增长提供一种新的系统解决方案，通过公路交通资产能源化部分或全部实现能源自治供给，将能源、交通两个由条块分割、行业隔离且各自发展的系统逐渐演变为相互融

合、集成衔接的协同发展形态,最终形成清洁低碳、融合高效的新型交通自洽能源体系。这不仅是加快能源变革与交通转型、经济社会可持续发展的必然趋势,也是增强能源和交通行业的低碳化、绿色化发展水平,实现"碳达峰、碳中和"目标落地的必由之路。

习近平总书记关于"新质生产力本身就是绿色生产力"的重要论述,深刻把握生产力发展规律,为开辟发展新领域新赛道、塑造发展新动能新优势指明了前进方向,为实现生态效益和经济社会效益的辩证统一、相得益彰提供了科学指引。发展交通能源融合,有利于形成节约资源和保护环境的交通强国下新技术、新业态、新产业及新模式,为建设人与自然和谐共生的现代化交通聚力赋能。交通新质生产力由技术革命性突破、生产要素创新性配置、产业深度转型升级催生,科技创新是发展新质生产力的核心要素。当前,绿色化已成为交通科技革命和产业变革中最富前景的发展领域。伴随越来越多具有原创性、颠覆性、前沿性绿色科技创新成果的涌现,交通能源融合在促进循环经济发展、培育壮大绿色产业中发挥着越来越重要的作用。

1.4 公路交通能源融合和自洽能源系统体系

1.4.1 公路交通供能侧主要特征

公路交通能源融合和自洽能源系统是以公路交通系统为中心,以智能微电网为基础,以分布式可再生能源接入为主,采用先进的信息通信及电力电子技术,通过分布式智能能量管理系统广域协调控制分布式能源设备,实现风、光、储、电、热、氢等多种能源的优势互补及协调配合,提高公路交通用能效率的智慧能源系统。公路交通能源融合和自洽能源系统的特征如下:

(1)低碳性。公路交通能源融合和自洽能源系统强调能量的供给者主要是清洁的可再生能源,降低化石能源在公路交通能源消耗中的占比,以此实现能量利用的可持续发展。

(2)随机性。公路交通能源融合和自洽能源系统中能量的来源主要是公路沿线分布式可再生能源(风电、光伏等),受天气和气候影响较大,呈现出较强的随机性。

(3)开放性。公路交通能源融合系统需要广域长距离互联热、水、电等多元能源,允许分布式可再生能源的即插即用,具有很强的开放性。

(4)智能性。公路交通能源融合和自洽能源系统依托物联网技术与信息通信技术,实现交通网、能源网和信息网的深度融合,通过分布式能量管理系统,实现对公路交通能源的智能化管理。

1.4.2 公路交通用能侧主要特征

公路交通能源融合和自洽能源系统是广域长距离互联公路及微电网的新型公路能源供

应网络,具有可再生、分布广、功率大等特征。

（1）可再生。公路交通负荷中电动汽车的放电行为可以实现能量的互动。传统的公路交通能源网络中,能源从生产、输送、消耗是单向流动的,公路交通负荷的可再生特性打破了传统的公路能源供应模式,由单向的能源消耗模式走向双向的能源互动模式。在用能侧采取电动汽车的需求侧响应技术作为移动能源,将有利于提高能源的利用率以及供电的稳定性。

（2）分布广。公路作为最基础、最广泛的交通基础设施,是衔接其他各种运输方式和发挥综合交通网络整体效率的主要支撑,在综合交通运输体系中具有不可替代的作用。国家公路网作为我国公路网中最高层次路网,具有全国性和区域性政治、经济、国防意义,是国家综合立体交通网的重要组成部分。我国公路交通运输发展取得了历史性成就,网络不断完善,结构不断优化,基本形成了以高速公路为骨架、国省干线为脉络、农村公路为基础的全国公路网,发展水平显著提升。公路沿线分布大量的可再生能源,为就近消纳可再生能源提供了有利条件。电动汽车集用电、储电双重功能于一体,采取合理的调度引导策略,能够实现全国公路网范围的能量交换和共享。

（3）功率大。随着电动汽车保有量逐年上升,公路交通负荷已经成为配电网中最大的单体负荷,大规模的电动汽车充电负荷将影响配电网的运行,加之交通负荷较强的随机性和波动性,使得交通负荷对配电网的影响越来越严重,构建公路交通能源融合和自洽能源系统,以分布式发电分担公路交通负荷,以电动汽车充放电引导平抑源-荷之间的供需不平衡,将有助于缓解公路交通负荷对配电网的冲击作用。

1.4.3 公路交通能源融合和自洽能源系统结构

根据公路交通能源融合和自洽能源系统的主要特征,充分发挥公路交通系统的优势,改变当前公路交通系统的能源供应模式,由单一电源供电结构发展为多元能源互补模式,由单向电能流动消耗发展为双向电能互动模式,由被动负荷消纳发展为主动负荷协调模式,以此构建公路交通能源融合和自洽能源系统,实现公路交通系统的安全、高效、环保、可持续的能源利用。公路交通能源融合和自洽能源系统示意如图1-1所示。

相对于目前公路交通系统的供电模式,公路交通能源融合和自洽能源系统中引入了可再生能源发电与储能电源,构建新型的"源-网-荷-储"公路交通供电系统。"源"包括光伏发电、风力发电、柴油发电等多元能源发电系统;"网"为灵活柔性的新型供电网络;"荷"为主动公路交通负荷,不仅能够消耗电能,而且可以通过电动汽车放电输出电能,作为多场景能源互济的移动能源站;"储"为能源资源的多种储存设施及储存方法。

公路交通能源融合中的"源-网-荷-储"一体化是指将公路沿线电力系统的源、网、荷和储能等各个环节进行整合和协调,实现全面优化和高效运行的一种公路能源系统管理理念。具体来说,公路能源系统的"源-网-荷-储"基本运行模式如图1-2所示。

1 绪论

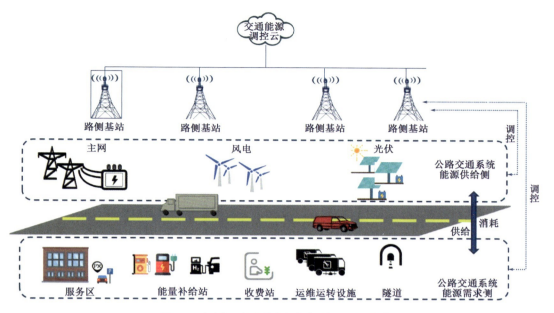

图1-1 公路交通能源融合和自洽能源系统示意图

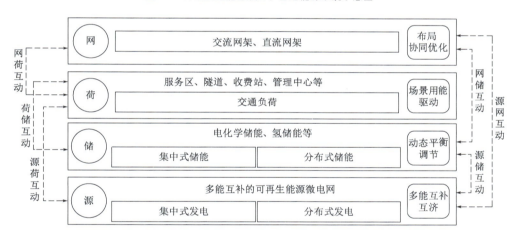

图1-2 公路交通能源融合系统"源-网-荷-储"一体化交互示意图

（1）"源"。基于公路基础设施路域空间资源和公路沿线服务场站等区域空间，铺设太阳能光伏板和风电机组，实现太阳能、风能等可再生能源的捕获和利用。"源"的一体化管理主要是通过合理规划和调度各种发电资源，以满足电力系统的需求，并提高能源利用效率。

（2）"网"。利用公路网"线长面广"的特点，构建与自然禀赋相适配、兼具并/离网运行能力、可实现空间上分布部署的微电网（群）。"网"的一体化管理主要是通过优化微电网规划和运行，提高效率、减少损耗，并保障微电网的稳定运行。

（3）"荷"。面向交通侧负荷，包括公路交通基础设施用能、交通载运工具用能以及交通服务设施用能，最大限度地满足用能需求。"荷"的一体化管理主要是通过智能化技术和需求响应机制，实现对交通侧用能行为的监测和调控，以平衡供需关系，提高用能效率。

· 11 ·

（4）"储"。弹性公路能源系统以本地式储能为主、可移动式储能为辅，正常运行时平抑可再生能源的出力波动，紧急状况下通过系统调控有效保障供能的可靠性。"储"的一体化管理主要是通过合理规划和运营储能设备，实现对公路交通微电网的调峰填谷、备用调度等功能，提高微电网的灵活性和可靠性。

1.4.4 公路交通能源融合和自洽能源系统协调运行方式

"源-网-荷-储"一体化的目标是实现公路交通能源融合和自洽能源系统的高效、安全、可靠和可持续发展。通过整合各个环节，优化资源配置和运行方式，可以提高公路交通能源融合和自洽能源系统的能源利用效率，降低碳排放，提升供能质量和可靠性，满足交通侧用能需求，并推动清洁能源的发展和应用。通过对多场景下公路网能源供给侧与需求侧进行综合评估，充分统筹所具备的自然禀赋，完善能量流路径结构与资源配置，实现载荷驱动下的能量布局优化以及自然禀赋与需求的动态平衡优化，保障系统连通性可保持。运行过程中，公路交通能源融合和自洽能源系统实时监测交通流以及"源-网-荷-储"运行态势，全面准确评估系统潜在风险并具备可靠预警的能力，有效抑制故障范围进一步发展，保障系统连通性可感知。当系统受到极端事件扰动时，协同调度可控资源提升系统抵抗力应对安全威胁，"源-网-荷-储"灵活互动适应运行环境波动，尽可能维持系统高性能运行，保障系统连通性可支撑。在极端事件发生后，建立公路交通能源融合和自洽能源系统的应急处置方案与自愈恢复机制，在优先保证安全相关负荷持续供电的基础上，迅速有效地恢复其他类型负荷，保障系统连通性可恢复，实现系统弹性可靠提升。公路交通能源融合和自洽能源系统协调运行控制方式如图 1-3 所示。

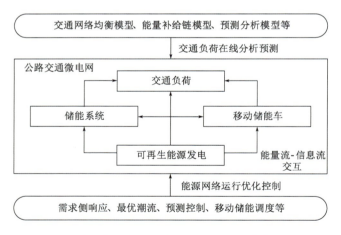

图 1-3　公路交通能源融合和自洽能源系统协调运行控制方式

公路交通能源融合和自洽能源系统是集交通流、能量流与信息流于一体的多能流复杂网络。公路交通流是具有一定数量、起点和终点明确、流向清楚的公路车流或公路客货运输流，能量流是指在"源-网-荷-储"之间流动的电能，信息流是指"源-网-荷-储"中的电压、电流、功率、交通状况等信息。公路交通能源融合和自洽能源系统从基础条件分析、系统规划、系统运行层面进行统一优化规划与优化运行,通过信息流调控交通流和能量流,以实现"源-网-荷-储"的协调规划与运行,如图 1-4 所示。

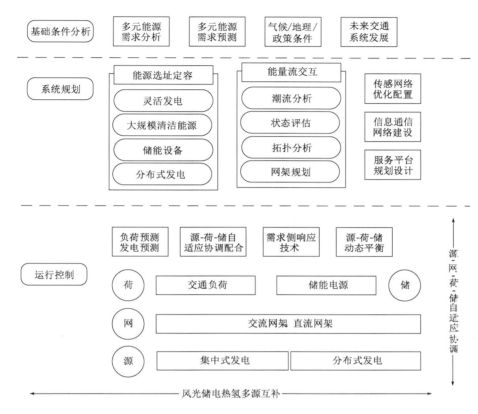

图 1-4　公路交通能源融合和自洽能源系统协调运行模式

在基础条件分析阶段,结合未来交通系统的发展及气候地理条件,对多元能源需求进行分析和预测;在系统规划阶段,结合能源传输规律,对能源的选址定容及传感、通信网络等进行统一协调规划;在系统运行阶段,利用信息技术对系统中信息流价值进行挖掘,通过自动远程控制技术对能量流与信息流进行整合,调用最优机组组合、新型网架规划、需求侧响应技术及储能充放电控制等实现"源-网-荷-储"的横向多源互补与纵向"源-网-荷-储"协调。

(1)横向多源互补。公路交通能源融合和自洽能源系统的目标之一是实现可再生能源的就近消纳,提高可再生能源的供电渗透率。然而,可再生能源随空间的分布不均匀性及随时间的波动性使得其发电的供电稳定性较低。因此,需要可再生能源发电与灵活发电能源协调互补。首先,根据公路交通运营资料,获得各区域内公路交通运转运维负荷的行为特征;结合电动汽车用户的充电行为特征,得到公路交通动态负荷功率需求的时空分布模型;在此基础上,根据该区域内可再生能源的分布特征,对可再生能源发电进行选址定容,因地制宜地协调规划各个区域内的多元能源资源。公路交通系统沿线分布大量的风能和太阳能资源,考虑在公路交通系统中接入风力发电与光伏发电,通过风光互补技术对其发电容量和功率进行规划,以实现可再生能源的就近消纳。在此基础上,根据天气预报信息进行风功率预测、光照预测等,根据实时交通状况信息进行交通负荷在线预测,从而得到"源-荷"之间的供需差异,公路交通"源-荷"之间的供需差异分析模型如图1-5所示。利用发电调控技术将能源供应进行优化组合,统筹协调可再生能源与灵活发电能源的发电出力,优化组合期间,考虑到风电、光伏等可再生能源的输出功率受天气影响较大,具有明显的间歇性与波动性,但其发电成本低、对环境污染小,因此能尽可能保证可再生能源的最大利用率,而燃料电池、柴油发电机等灵活发电易于控制,能够对发电目标做出快速响应,因此通过调整此种电源的发电出力弥补可再生能源发电的随机性与波动性,并对系统的发电出力目标进行跟踪控制,以此构建多能聚合的公路能源供应体系。

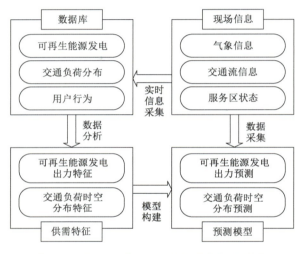

图1-5 公路交通"源-荷"之间的供需差异分析模型

(2)纵向"源-网-荷-储"协调。公路交通能源融合和自治能源系统要实现安全、高效、环保、可持续的能源利用模式,需要"源-网-荷-储"四个环节的协调配合。一方面需要实现"源-网"协调,构建开放、稳定的公路配电网架构,提高交通供电系统对多元化电源的接纳能力,充分调用不同电源的互补特性,发挥公路配电网的缓冲作用,降低可再生能源发电给交通供电网络安全稳定带来的不利影响;另一方面实现"源-荷-储"互动,将交通负荷、储能、分布式电源视为广义的需求侧资源,将大规模集中式发电作为供应侧资源,将需求侧资源作为与供应侧对等的资源使其参与到系统调控运行中,利用需求侧响应技术,引导需求侧主动追踪供应侧发电出力波动,配合储能电源的充放电,从而增强系统接纳可再生能源的能力。

1.4.5 公路交通能源融合和自治能源系统能量管理

公路交通能源融合和自治能源系统中通过直流、交流供电网络架构实现"源"(包括风力发电、光伏发电等)、"荷"(包括公路交通运转运维设施设备、电动汽车等)、"储"(包括超级电容器、蓄电池等)的有效链接,使得公路交通能源融合和自治能源系统中的能量流更为复杂多变。为了实现公路交通能源融合和自治能源系统中安全、高效、环保、可持续的能源利用模式,需要构建多级协调式能量管理系统,如图1-6所示。

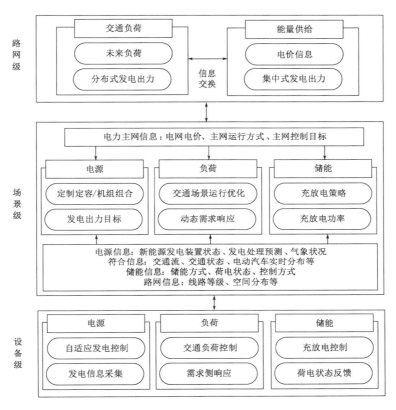

图1-6 公路交通能源融合和自治能源系统能量管理框架图

多级协调式能量管理系统的实现需要路网级能量管理系统、场景级能量管理中心以及分布式电源、负荷、储能等设备级本地控制器的自律协同,具体如下:

(1)路网级能量管理系统中公路交通系统对未来负荷需求及交通能源融合和自治能源系统中的分布式发电出力进行预测,并将预测数据与电力系统进行共享,电力系统综合全网负荷需求及发电出力,制定相应的电价策略,与公路交通系统进行互动,以此实现交通能源融合和自治能源系统的协调配合。

(2)场景级能量管理系统综合路网能量管理系统与设备级能量管理模块提供的信息,基于分布式电源发电出力、公路交通负荷功率需求、储能电源荷电状态、电网实时电价等,运用合理的能量管理策略管理分布式发电单元以及储能单元的运行状态,来实现公路交通能源融合和自治能源系统的能量平衡与经济运行。

(3)设备级能量管理元件将现场采集的"源-荷-储"实时运行信息上传至路网级能量管理系统,并对路网级能量管理系统的决策信息做出响应。通过设备级控制器调整发电设备的运行方式及储能电源的充放电行为,并且电动汽车的需求侧响应主动追踪发电出力,实时调剂多场景间的能量互济,以实现"源-网-荷-储"的协同运行。

1.4.6 公路交通能源融合和自洽能源系统场景分析

在建设公路交通能源融合和自洽能源系统的过程中,必须根据已有及未来新建公路的用能场景、用能模式和用能需求,构建相适配的公路交通能源融合和自洽能源系统物理架构。考虑到现实中,能源需求大的公路一般位于强电网地区,弱/无电网地区公路的负荷通常较小,于是基于电网强度、负荷强度、资源强度的差异,可将公路交通能源融合和自洽能源系统的不同应用场景进行归纳,如图1-7所示。在不同资源强度的地区,公路绿色能源系统运行方式基本相同,仅存在用电量和发电量的差别。

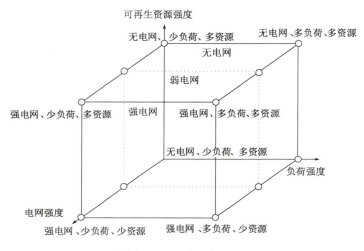

图1-7 公路交通能源融合和自洽能源系统场景

(1)对于强电网、多负荷应用场景。通常为公路靠近枢纽变电站的特长隧道供配电、服务区大规模充电站等。因为本地负荷强度大,资源禀赋转化能量无法完全满足公路交通用能需求,作为支撑的强电网能够起到"补缺"作用,强电网接入环境为公路路域的可再生能源发电提供了良好的并网与传输通道。若是处于多资源区域,可以以强电网与合理储能配置辅助分布式可再生能源模式运行;若是处于少资源区域,则可以以分布式可再生能源与合理储能配置辅助强电网模式运行。

(2)对于强电网、少负荷应用场景。通常为公路靠近枢纽变电站的沿线或匝道基础设施、短隧道供配电等。因为本地负荷强度小,资源禀赋转化能量能够满足公路用能需求,作为辅助的强电网与合理储能配置能够起到消纳余电作用。若是处于多资源区域,可以"上网为主、自用为辅"模式运行;若是处于少资源区域,则可以"自用为主、上网为辅"模式运行。

(3)对于弱电网、少负荷应用场景。通常为公路远离枢纽变电站的沿线或匝道基础设施、短隧道供配电等。弱电网接入环境使得电力输送容量有限,且公路不具备充足的可再生能源消纳空间,因而无论处于多资源或少资源区域,都应当避免过度开发,并通过技术改造提升分布式可再生能源发电的灵活性,以"提升外送、降低弃风弃光"模式运行。

(4)对于无电网、少负荷应用场景。通常为偏远地区高速公路的小型收费站/服务区、短隧道供配电等。由于处于无电网环境且源荷两端具备时间尺度的不平衡,此种场景下合理开发资源与嵌入储能装置的必要性更为突出,以"源储协同、发用平衡"模式运行。在未来的实际建设中,应该采用局部有序、先易后难的发展路线:优先开发自然禀赋丰度高、交通负荷需求大的区域公路,减少区域内公路碳排放量,实现区域内全生命周期绿色供能,进而持续开发自然禀赋丰度相对低的强电网多负荷地区公路,实现多区域综合能源的智慧调度,加速公路交通领域的"碳中和"进程,最后巩固开发自然禀赋丰度低且弱/无电网地区的公路,建成公路交通领域下的低排放、高绿色、高智能、高安全的能源与交通融合系统。

在有电网地区,公共电网通常由10kV交流母线接入公路交通能源系统。充分开发公路路域的风能和太阳能资源,通过在公路隧道半山腰、沿线边坡与绿化带、服务场站、建筑屋顶以及路面上空门架等闲置空间铺设风电机组或太阳能电池板并部署储能设备,可以实现本地自然资源禀赋的高效利用,提升公路交通能源自洽率。所有设备通过即插即用接口(包括能源接口和信息接口)接入能源系统,可再生能源发电设备捕获风能与太阳能,生产的电能经过交直流变换为不同类型的电负荷、储电设备供能。对于业务更加广泛、需求更加多样的路段,可由电制冷机、电锅炉、热泵等能源转换设备为冷/热负荷与储冷/储热设备提供冷能和热能,在条件允许的情况下,还可以引入氢源和天然气源,或者通过电制氢、热解炉等先进技术,为公路交通的能源服务增添更多可能性。信息流在交通部分与能源部分双向传输,并贯穿能量"产-配-转-用-储"的所有环节,实现对系统运行工况的精准感知,为绿色能源系统多端多点的智能交互提供指引和支撑,实现公路交通绿色能源微网(群)的跨域协同。

1.5 研究内容和技术路线

1.5.1 研究内容

本书拟解决一个关键科学问题和一个关键技术问题。

关键科学问题:满足交通-能源复杂时空分布约束的自洽能源系统构型方法。公路交通自洽能源系统存在供需协同、多能互补、时空关联、动态演化等运行特性和耦合约束。合理设计满足交通-能源供需协同和灵活调节的系统构型,是实现公路交通能源系统供能清洁化和自洽化的重要基础支撑。因此,结合风光储电热氢多能态高弹性互补特性和供需时空耦合特性,提出典型交通应用场景下具备清洁供给功能、灵活用能特性、高自洽能力的系统构型方法与规划方案,构成了本书的关键科学问题。

关键技术问题:交通-能源协同驱动的公路交通运转运维设施运行管控技术。风光等多态能源资源禀赋及其供给能力与运转运维设施用能需求联合决定了公路交通能源系统自洽运行与高效运转特征,两者的突出特点表现为供需时空演化容易导致供需差额与状态失衡。因此,在最小化生态环境影响的前提下,如何基于公路交通用能和多态能源供给特性,构建匹配供需两侧的运行管控与优化运维技术,就成为本书的关键技术问题。

围绕上述关键问题,本书主要开展以下5个方面的研究:

(1)提出公路交通沿线能源资源禀赋的评估技术与部署方案,构建适配能源系统自洽运行的多态能源高弹性互补型供给模式。

(2)实现考虑多场景空间布局的新能源汽车与公路交通服务设施用能需求规模预测与分析,形成交通-能源协同驱动的运转运维设施用能管控技术。

(3)研究兼具供需耦合特性和灵活调节能力的公路交通自洽能源系统功能要素和物理形态,形成系统整体构型方法与规划设计方案。

(4)构建公路交通自洽能源系统的环境影响评价指标体系,提出环境低影响的能源自洽系统开发与生态修复方案、运行情况监测技术以及运维优化策略。

(5)结合公路交通实际工况,选取项目依托工程典型用能场景,建设主从式与集中式公路交通自洽能源系统应用示范工程。

1.5.2 技术路线

技术路线如图1-8所示。首先,结合交通网络结构、观测数据及识别技术对能源供给能力进行精准评估,建立适配多场景公路网络的能源资源禀赋供给能力集,进一步分析自然禀赋的时空分布特征对能源资源开发利用的影响,提出多态能源耦合供给与动态互补模式。其次,综合考虑公路交通运载工具及基础设施运转运维特点,构建用能的时空依赖模型,以低能耗、低排放、高用户满意度等为目标、以保证设施正常运转运维为约束,构建公路交通用能模型及运转运维管控方法。然后,依据数据驱动、神经网络、深度学习等方法分析供需时空分布特征,从交通能源融合视角研究多能态互补与系统灵活调节能力;进一步以清洁自洽化、供需适配与灵活调节性为目标,提出自洽能源系统的构型方法与规划设计方案。进而,围绕生态环境稳定性、承载力与健康程度等,提出环境低影响的能源系统开发方案,构建生态环境保护策略与评价指标,并开发整体系统的状态监测技术,主动识别系统运行状态演化趋势并形成能源系统故障树,融合地理条件、气象环境、能源系统运行状态等多维信息,提出环境低影响的公路交通自洽能源系统运维优化策略。最后,建设场景适配的公路交通自洽能源与在途补给系统集成示范工程,并对不同场景的示范进行关键技术指标验证。

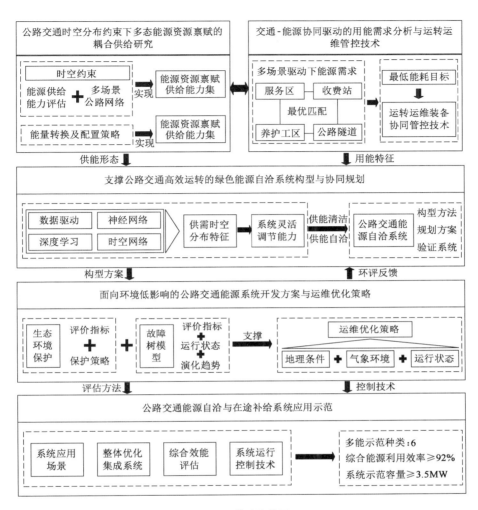

图1-8 技术路线图

公路交通时空分布约束下多态能源资源禀赋的耦合供给研究

2

公路交通多能源自洽系统构型设计与应用

2.1 公路交通沿线多态能源资源禀赋的形态研究与评估技术

2.1.1 公路交通沿线多态能源应用及形态研究

1）太阳能应用及形态

利用公路边坡、建筑屋顶、弃土场、隧道隔离带、服务区、收费站等场景,可建设太阳能供电系统。在公路场景下应用的系统一般有光伏发电系统、光储充一体化充电系统、光伏供暖系统等。太阳能作为能源供给侧进行应用。

2）风能应用及形态

风能供电首先需要转化为机械能,然后才能够转化为电能。在公路场景下应用的系统一般包含离散设备风力发电系统、场站风力发电系统。风能作为能源供给侧进行应用。

3）储能应用及形态

储能系统主要由锂电池储能单元、能量转换模块、智能管理系统和辅助设备组成。在公路场景下应用的系统一般包含服务区储能电站。储能作为能源供给调节进行应用。

4）电能应用及形态

高速公路的用电负荷集中在收费站、服务区、停车区、隧道等区域,主要用于收费、通信、监控等机电设施和办公、生活以及隧道照明、通风、消防等设施。在公路场景下,电能作为用能侧进行考虑。

5）热能应用及形态

热能在公路场景下有两种应用,一方面作为能源供给侧,以地源热泵供暖、水源热泵供暖、空气能热泵供暖等为主的能源供给转化应用;另一方面为冷热负荷,包括夏季制冷、冬季供暖大功率用电负荷,作为能源消费侧。在本书中,考虑冷热电为能源消费应用。

6）氢能应用及形态

氢能在公路场景下有两种应用,一方面考虑氢燃料电池冷热电连供,通过氢燃料的供给,将燃料电池进行发电和余热储存,作为供热和发电的联合生产方式,是能源供给侧的应用;另一方面,通过电能制氢系统,将电力转化成氢燃料电池,实现电力的消费,是消费侧的应用。在本书中,考虑氢能为能源消费侧应用。

2.1.2 公路交通可用多态资源禀赋能力表征指标研究

1) 风光自然资源分布研究

我国幅员辽阔,太阳能和风能的整体资源丰富,分布不平衡。全国总面积2/3以上地区年日照时数大于2000h,年辐射量在5000MJ/m²以上。据统计资料分析,中国陆地面积每年接收的太阳辐射总量为$(3.3\sim8.4)\times10^3 MJ/m^2$,相当于$2.4\times10^4$亿吨标准煤的储量。

如表2-1所示,根据中国气象局风能太阳能评估中心划分标准,我国太阳能资源地区分四类。根据《2020年中国风能太阳能资源年景公报》和《2021年中国风能太阳能资源年景公报》,2020年、2021年全国陆地表面平均年水平面总辐照量分别为1490.8kW·h/m²、1493.4kW·h/m²,较常年差别不大。根据我国太阳能资源总量的等级划分,全国太阳能资源属于很丰富。

太阳能资源分布地区(根据全面辐射量统计)   表2-1

太阳能资源区	地区
一类地区(资源丰富带)	青藏高原、甘肃北部、宁夏北部、新疆南部、河北西北部、山西北部、内蒙古南部、宁夏南部、甘肃中部、青海东部、西藏东南部
二类地区(资源较富带)	山东、河南、河北东南部、山西南部、新疆北部、吉林、辽宁、云南、陕西北部、甘肃东南部、广东南部、福建南部、江苏中北部和安徽北部
三类地区(资源一般带)	长江中下游、福建、浙江和广东的一部分地区
四类地区	四川、贵州

如表2-2所示,根据国家发改委制定的光伏电站标杆上网电价,根据年等效利用小时数,全国划分为三类太阳能资源区,年等效利用小时数大于1600h为一类资源区,年等效利用小时数在1400~1600h之间为二类资源区,年等效利用小时数在1200~1400h之间为三类资源区,分别实行不同的光伏标杆上网电价。

我国光伏资源区划分(年等效利用小时数)   表2-2

资源区	地区
一类资源区	宁夏、青海(海西)、甘肃(嘉峪关、武威、张掖、酒泉、敦煌、金昌)、新疆(哈密、塔城、阿勒泰、克拉玛依)、内蒙古(呼和浩特、包头、乌海、鄂尔多斯、巴彦淖尔、乌兰察布、锡林郭勒)
二类资源区	北京、天津、黑龙江、吉林、辽宁、四川、云南、内蒙古(赤峰、通辽、兴安盟、呼伦贝尔)、河北(承德、张家口、唐山、秦皇岛)、山西(大同、朔州、忻州)、陕西(榆林、延安)、青海(西宁、海东、海北、黄南、海南、果洛、玉树)、甘肃(兰州、天水、白银、平凉、庆阳、定西、陇南、临夏、甘南)、新疆(乌鲁木齐、吐鲁番、喀什、和田、昌吉回族自治州、博尔塔拉蒙古自治州、伊犁哈萨克自治州、克孜勒苏柯尔克孜自治州)
三类资源区	河北(除Ⅱ类外其他地区)、山西(除Ⅱ类外其他地区)、陕西(除Ⅱ类外其他地区)、上海、江苏、浙江、安徽、福建、江西、山东、河南、湖北、湖南、广东、广西、海南、重庆、贵州、西藏

我国部分省(自治区、直辖市)水平总辐照量和首年利用小时排序对比如图 2-1 所示,各地区的水平总辐照量和利用小时总体分布一致,但个别地区分区有差异,导致资源区划分的差异性,需综合考虑指标划分,保证总量和持续时长的协同。

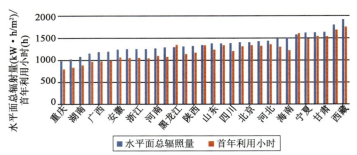

图 2-1 部分省(自治区、直辖市)水平总辐照量和首年利用小时排序对比

我国风能资源比较丰富,根据中国气象局估算,全国风能密度为 $100W/m^2$,风能资源总数量约 $1.6 \times 10^5 MW$,特别是东南沿海及附近岛屿、内蒙古和甘肃走廊、东北、西北、华北和青藏高原等部分地区,每年风速在 3m/s 以上的时间近 4000h,一些地区平均风速可达 6~7m/s 以上,很有开发利用价值。中国气象学界根据全国有效风能密度、有效风力出现时间百分率,以及大于或等于 3m/s 和 6m/s 风速的全年累计小时数来评估风能资源。

中国气象局关于风能区划的划分方案,如表 2-3 所示。第一级区划指标主要考虑有效风能密度的大小和全年有效累计小时数,将年平均有效风能密度大于 $200W/m^2$、3~20m/s 风速的年累积小时数大于 5000h 的划为风能丰富区,用"Ⅰ"表示;将 150~$200W/m^2$、3~20m/s 风速的年累积小时数在 3000~5000h 的划为风能较丰富区,用"Ⅱ"表示;将 50~$150W/m^2$、3~20m/s 风速的年累积小时数在 2000~3000h 的划为风能可利用区,用"Ⅲ"表示;将 $50W/m^2$ 以下、3~20m/s 风速的年累积小时数在 2000h 以下的划为风能贫乏区,用"Ⅳ"表示。图 2-2 是部分省(自治区、直辖市)风能资源平均值。

风能资源区划分(按照有效风能密度和全面有效累计小时数) 表 2-3

资源区	地区
Ⅰ区(风能丰富区)	东南沿海及台湾岛屿和南海群岛,海南岛南部,山东、辽东沿海,内蒙古北部西端和锡林郭勒盟,内蒙古阴山到大兴安岭以北,松花江下游,东南沿海及其岛屿
Ⅱ区(风能较丰富区)	东南沿海(离海岸 20~50km)、海南岛东部、渤海沿海、台湾东部、东北平原、内蒙古南部、河西走廊及其邻近、新疆北部、青藏高原、内蒙古和甘肃北部、黑龙江和吉林东部以及辽东半岛沿海
Ⅲ区(风能可利用区)	福建沿海(离海岸 50~100km),广东沿海,广西沿海及雷州半岛,大小兴安岭山地,辽河流域,苏北,黄河、长江中下游,湖南、湖北、江西、西北五省的一部分,青藏的东部和南部,川西南,云贵的北部,青藏高原,三北地区的北部和沿海
Ⅳ区(风能欠缺区)	四川、鄂西、湘西、贵北、南岭山地、南岭山地以南、云贵南部,雅鲁藏布江河谷,昌都地区,塔里木盆地西部,甘肃、陕西南部,河南、湖南西部,福建、广东、广西的山区

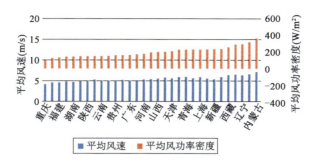

图 2-2 部分省(自治区、直辖市)风能资源平均值

国家发展改革委发布的《关于完善风力发电上网电价政策的通知》中要求按风能资源状况和工程建设条件,将全国分为四类风能资源区,如表 2-4 所示。对比分析两种资源区划分方法,第二种划分结果是陆地风能资源的分区,并考虑了工程建设条件,是第一种划分结果的子集,综合考虑第二种划分方法更具参考意义。

我国风力资源区域划分(根据标杆上网电价划分) 表 2-4

资源区	地区
Ⅰ类资源区	内蒙古自治区除赤峰市、通辽市、兴安盟、呼伦贝尔市以外其他地区,新疆维吾尔自治区乌鲁木齐市、伊犁哈萨克自治州、昌吉回族自治州、克拉玛依市、石河子市
Ⅱ类资源区	河北省张家口市、承德市,内蒙古自治区赤峰市、通辽市、兴安盟、呼伦贝尔市,甘肃省张掖市、嘉峪关市、酒泉市
Ⅲ类资源区	吉林省白城市、松原市,黑龙江省鸡西市、双鸭山市、七台河市、绥化市、伊春市、大兴安岭地区,甘肃省除张掖市、嘉峪关市、酒泉市以外其他地区,新疆维吾尔自治区除乌鲁木齐市、伊犁哈萨克自治州、昌吉回族自治州、克拉玛依市、石河子市以外其他地区,宁夏回族自治区
Ⅳ类资源区	除Ⅰ类、Ⅱ类、Ⅲ类资源区以外的其他地区

2)风光资源本身条件指标

(1)太阳能。

太阳能资源本身受到气候、海拔、温度、沙尘等因素的影响,从太阳能规模化开发潜力的宏观分析角度,以太阳能光伏利用为主导,从资源的丰富度、稳定度和保障度3个方面选取太阳能资源的年辐射量,日照时数和有效日照天数。

资源丰富度。太阳能资源的丰富程度是影响太阳能大规模利用的首要因素,也是评估太阳能资源潜力的最主要的评估因素。由于光伏发电中光照产生的电流强度与光强成正比,所以太阳能资源的丰富程度主要取决于太阳光强,物理指标为单位时间的太阳能总辐射量。太阳能总辐射量分为水平辐照强度、垂直辐照强度、最佳倾角辐照强度,选取水平辐照强度为表征太阳能资源丰富程度的评估指标。

资源稳定度。太阳能受到天气、气候、地形等因素的影响,具备明显的时间变化规律和季节变化规律。通过日照时数来衡量太阳能资源潜力的稳定性。日照时数刻画日照的总时长,揭示的是太阳能资源稳定程度的区域差异。

资源保障度。每日的有效日照时间如果过短，一般日照时间低于 3h，则太阳能就缺少开发利用价值。日照时数中包含了无开发潜力时间。从资源保障的角度考虑，本书将大于或等于 3h 的有效日照天数作为太阳能资源潜力保障度的评估因素，反映太阳能实际可供利用的天数。

在其他层面同等的情况下，辐射量、日照时数、年有效日照天数数值越大，表明区域太阳能资源本身条件越好，也有利于区域太能的开发利用。

（2）风能。

在风能资源评估中，主要从风能资源的丰富度、风能资源的可利用度、风能资源稳定度、风能资源变化趋势评价风能资源自身特征属性。环境影响因素主要考虑地形、植被和土地覆盖情况，在公路交通中主要考虑风资源属性。

风能丰富度。通常采用平均风速、风功率密度等指标进行刻画。本文选取 10m 高度处的年均风速、风功率密度作为风能资源丰富度的评价指标。

风能可利用度。主要以有效风小时数/频率表征其可利用价值。可利用度越高，风资源开发潜力越大。一个地区年均风速很大但有效风频率很低，这种情况下，该区域并不适合发展风电。所以选取多年年均有效风频率对其进行刻画。

风能稳定度。评估风能资源开发潜力必须考虑风能的稳定程度，不稳定的风能不但不利于采集风能，降低风力发电的转换效率，还可能对装置产生损害。主要利用风功率密度在时间序列的离散度和主风向频率对其刻画。

风能变化趋势。风能资源在不同年份有差异，通过时间序列风功率密度的拟合，分析风能的变化趋势和幅度。变化趋势呈正增长或区域稳定不变相比于有降低趋势的区域有开发潜力。

3）公路交通可用空间对于多态资源禀赋约束分析

按照我国太阳能资源区划分，以及我国高速公路分布情况，首都辐射线大多数位于光资源Ⅱ区、Ⅲ区，南北纵线和东西横线大多数地区位于光资源Ⅰ区，少部分地区位于Ⅲ区，地区环线和都市圈环线则均有分布。

按照我国风能资源区划分，以及我国高速公路分布情况，首都辐射线大多数位于光资源Ⅱ区、Ⅰ区，南北纵线大多数地区位于光资源Ⅲ区、Ⅳ区，东西横线多数区域位于Ⅳ区，少数区域位于Ⅰ区。地区环线和都市圈环线则均有分布。

根据高速公路分布情况和太阳能风能分布情况，我国高速公路有 40% 左右位于Ⅰ类、Ⅱ类太阳能丰富资源地区。超过 40% 的高速公路位于风能资源可利用的地区。

2.1.3　公路交通可用多态资源禀赋评估方法构建

1）基于网格的最小评估单位构建

基于气象环境的网格化方法，对全国高速公路及服务区收费站进行划分，将高速公路按照坐标网格匹配。数据集进行网格化构建,形成基于统一网格的最小评估单位,如图 2-3 所示。

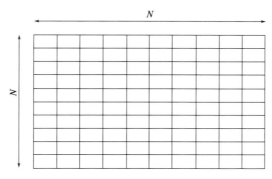

图 2-3 基于路网建立 $N \times N$ 的矩阵网络

通过网格化方法,按照大地坐标系,将全国按照经纬度划分为 $N \times N$ 的矩阵网络。可调节维度的矩阵网络,通过数据驱动适配最优矩阵维度。

2)公路交通可用多态资源禀赋指标构建

经过对公路交通风光资源禀赋能力的影响因素的分析和表征指标的研究,最终形成公路交通多态资源禀赋能力综合评估指标,从三个基本方面构建指标体系,分别为自然资源条件特性、公路交通特性和其他特性。除了发电材料是一个固定的指标,主要描述自然资源利用度,主要体现在丰富度的可利用条件上。其他的指标均具备位置属性,所有指标和位置的相关程度极高,均体现空间维度的不同。综合评估指标体系表征风光资源禀赋统一的评估(图 2-4),对于公路交通多态能源综合应用提供相应的支持。

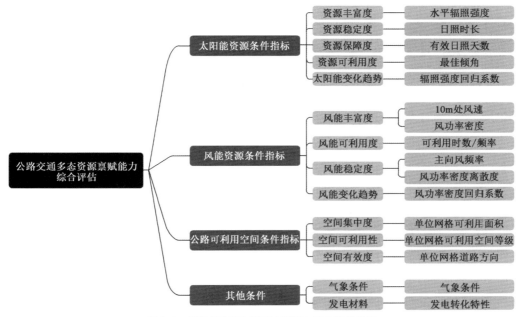

图 2-4 公路交通多态资源禀赋能力综合评估指标

自然资源指标只保留太阳能资源条件，作为公路交通太阳能资源禀赋评估指标体系，如图 2-5 所示。针对太阳能禀赋能力应用提供相应支撑。

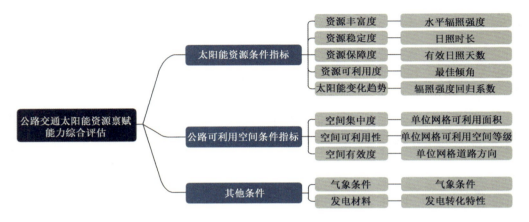

图 2-5　公路交通太阳能资源禀赋能力评估

自然资源指标只保留风能资源条件，作为公路交通风能资源禀赋评估指标体系，如图 2-6 所示。针对风能禀赋能力应用提供相应支撑。

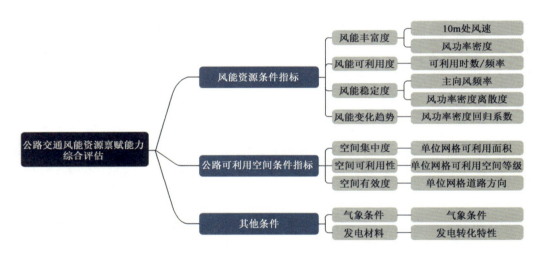

图 2-6　公路交通风能资源禀赋能力综合评估

3）相关评价因子的量化

（1）有效风能密度。

风功率密度不受风机影响，是与风向垂直的单位面积中风所具有的功率。不仅考虑风速大小，同时也考虑不同月份空气密度的变化，一般通过数据统计方法或者基于双参数威布尔参数方法计算：

$$f(v) = \frac{k}{c} \left(\frac{v}{c}\right)^{k-1} \exp\left[-\left(\frac{v}{c}\right)^{k}\right] \tag{2-1}$$

式中,$f(v)$ 为风速 v 出现的概率,c 和 k 分别为威布尔分布的尺度参数和形状参数。其曲线图如图 2-7 所示。

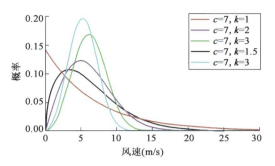

图 2-7 威布尔概率密度曲线

威布尔的双参数一般用于估计年均风功率密度,已知时间序列风速的基础上,求解 k 和 c 的估算,利用均值标准差方法计算:

$$\left(\frac{\sigma}{\mu}\right)^2 = \frac{\Gamma\left(1+\frac{2}{k}\right)}{\left[\Gamma\left(1+\frac{1}{k}\right)\right]^2} - 1 \tag{2-2}$$

$$c = \frac{\mu}{\Gamma\left(1+\frac{1}{k}\right)} \tag{2-3}$$

式中,μ 为均值;σ 为标准差;Γ 为伽马函数。

基于统计学的风功率密度的数据表达式可表示为:

$$W = \frac{1}{2}\rho \cdot v_i^3 \tag{2-4}$$

式中,W 为风功率密度,单位为 W/m^2;ρ 为空气密度,单位为 kg/m^3;v 为风速,单位为 m/s。

有效风功率密度为风速在 3~20m/s 内时的风功率密度:

$$W = \frac{1}{2n}\sum_{k=1}^{12}\sum_{i=1}^{n_k}\rho_k \cdot v_{ki}^3 \tag{2-5}$$

式中,n 为月有效风速内的记录次数。

空气密度 ρ 与温度和气压相关,其表达式为:

$$\rho_k = \frac{P_k}{RT_k} \tag{2-6}$$

式中,P_k 为压强,单位为 Pa;R 为气体常数,取 297J/(kg·K);T_k 为空气温度,单位为 K。

基于威布尔参数方法的风功率密度计算式可表示为:

$$W = \frac{1}{2}\rho c^3 \Gamma\left(\frac{3}{k}+1\right) \tag{2-7}$$

(2)有效风频率。

通常情况下,风速过小不足以带动风机转动,超过一定风速时考虑到安全性,要停止风机转速,分别称为风机的切入风速和切除风速。最常用的有效风速区间是 3～25m/s。有效风频率表示出现在切入和切出风速之间的累计频率。基于威布尔参数的计算方法可表示为:

$$t = N\left[\exp\left(-\frac{v_1}{c}\right) - \exp\left(-\frac{v_2}{c}k\right)\right] \tag{2-8}$$

式中,t 为有效风小时数;N 为累计小时总数;v_1 和 v_2 分别表示切入风速和切出风速;k 和 c 为威布尔分布参数。

(3)风功率密度离散度。

风功率密度离散度反应风功率密度数据间的离散程度,无量纲,值越小表示数据离散程度越小。计算式可表示为:

$$C_v = \frac{S}{\bar{x}} \tag{2-9}$$

$$S = \sqrt{\frac{\sum_{i=1}^{n}(x_i - \bar{x})^2}{n-1}} \tag{2-10}$$

式中,C_v 表示风功率密度离散度,S 表示标准差,$\bar{x}$ 表示均值,x_i 表示单个数据,n 为数据个数。

4)基于 K-means 和 resnet50 的公路交通可用多态资源禀赋评估方法

基于 K-means 的多态资源禀赋分级标准模式如图 2-8 所示。

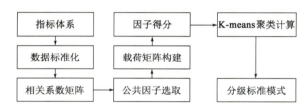

图 2-8　基于 K-means 的多态资源禀赋分级模式

根据相关系数矩阵的值将原始变量按照值大小进行分组,同一组相关性较高,不同组相关性较低,引入公共因子和特殊因子,构建载荷矩阵,通过聚类方法进行分级。

(1)指标标准化。

基于公路交通可用多态资源禀赋指标的构建,考虑不同指标之间的单位、属性均不相同,对所有影响因子进行标准化处理,消除量纲的影响。利用极差标准化方法进行标准化。值定义在 0～1 之间,值越大表示越有影响力,分正向指标和负向指标的标准化,可以表示为:

$$y = \frac{X - X_{\min}}{X_{\max} - X_{\min}} \tag{2-11}$$

$$y = \frac{X_{\max} - X}{X_{\max} - X_{\min}} \tag{2-12}$$

式(2-11)为正向指标的极差标准化方法,式(2-12)为负向指标的极差标准化方法,y 为标准化后的值。

（2）模型过程。

有 n 个样本，每个样本有 p 个观测指标，指标间有较强的相关性，进行数据标准化，使得标准化后的变量均值为 0，方差为 1，消除量纲的影响：

$$X = (X_1, X_2, \cdots, X_p) \tag{2-13}$$

X 是可观测值，根据公式(2-14)：

$$\text{cov}(X_i, X_j) = E(X_i X_j) - E(X_i)E(X_j) \tag{2-14}$$

计算变量间的协方差矩阵为 R。

$$X_i = a_{i1}F_1 + a_{i2}F_2 + \cdots + a_{im}F_m + \varepsilon_i \quad (i = 1, 2, \cdots, p) \tag{2-15}$$

式中，$F_1, F_2, \cdots, F_m$ 为公共因子；ε_i 为 X_i 的特殊因子；X_i 为可测变量。公共因子是不可直接观测但又客观存在的共同影响因素，每一个变量都可以表示成公共因子的线性函数与特殊因子之和。

根据特定方法求出公共因子序列：

$$F = (F_1, F_2, \cdots, F_m) \tag{2-16}$$

式中，F_i 是不可观测变量，各个分量的均值为 0，协方差矩阵为单位矩阵，各分量相互独立。

确定特殊因子 ε_i：

$$\varepsilon = (\varepsilon_1, \varepsilon_2, \cdots, \varepsilon_p) \tag{2-17}$$

式中所有的 ε_i 和 F 都相互独立，且每个分量的均值为 0，协方差矩阵是对角矩阵：

$$\text{cov}(\varepsilon) = \text{diag}(\sigma_{11}^2, \sigma_{22}^2, \cdots, \sigma_{pp}^2) \tag{2-18}$$

此刻的模型表述为：

$$\begin{cases} X_1 = a_{11}F_1 + a_{12}F_2 + L + a_{1m} + \varepsilon_1 \\ X_2 = a_{21}F_1 + a_{22}F_2 + L + a_{2m} + \varepsilon_2 \\ \cdots\cdots \\ X_p = a_{p1}F_1 + a_{p2}F_2 + L + a_{pm} + \varepsilon_p \\ X = AF + \varepsilon \end{cases} \tag{2-19}$$

式中，a_{ij} 为因子载荷，绝对值越大说明 X 和 F 的相依程度越大

计算公共度和剩余方差：

$$\text{var}(X_i) = \sum_{k=1}^{m} a_{ik}^2 + \text{var}(\varepsilon_i) = 1 \tag{2-20}$$

$$D(ax + by) = a^2 D(x) + b^2 D(y) \tag{2-21}$$

所以定义共同度为：

$$h_i^2 = \sum_{k=1}^{m} a_{ik}^2 \tag{2-22}$$

剩余方差 σ_i 为：

$$\sigma_i^2 = \text{var}(\varepsilon_i) \tag{2-23}$$

共同度越大表示原始变量的依赖性越大，原始变量的共性越明显。

计算公共因子的方差贡献：

$$g_j^2 = \sum_{k=1}^{p} a_{kj}^2 \tag{2-24}$$

g_j^2 表示公共因子 F 对每一个 X 所提供的方差总和，即 F 对 X 的方差贡献，可以衡量公共因子之间相对重要性的子表，将所有公共因子的 g_j^2 算出来并取最大的公共因子。

由于初始因子载荷阵结构不够简明，各因子的含义不突出。为此采用方差大正交旋转变化，使各变量在某个因子上产生较高载荷，而在其余因子上载荷较小，得到旋转后因子载荷矩阵式（2-25），图 2-9 为因子旋转示意图。

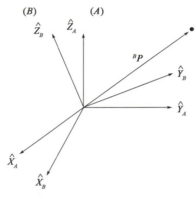

图 2-9　因子旋转示意图

$$\begin{cases} F_1 = d_{11}F_1 + d_{12}F_2 + L + d_{1m}F_m \\ F_2 = d_{21}F_1 + d_{22}F_2 + L + d_{2m}F_m \\ \cdots\cdots \\ F_p = d_{p1}F_1 + d_{p2}F_2 + L + d_{pm}F_m \end{cases} \tag{2-25}$$

计算因子得分，因为载荷矩阵一般较为复杂且具有临近奇异的趋势，公共因子个数少于原始变量个数，是不可观测的隐变量，因此不能直接求得公共因子和原始变量精确表示的线性组合，一般用回归思想求线性组合系数估计值：

$$F_j = \beta_{j1}X_1 + \beta_{j2}X_2 + \cdots + \beta_{jp}X_p \tag{2-26}$$

由上述综合得到因子载荷矩阵式：

$$F = A^T R^{-1} X \tag{2-27}$$

式中，A 为载荷矩阵，R 为原始相关系数矩阵，这样就估计出公共因子的得分，将一组数据 X 代入求得因子得分，根据因子得分的高低确定因子载荷矩阵，相当于在原来 p 维的基础上替换成立少数的公共因子维度。

最终通过 K-means 聚类方法，得到公路交通多态资源禀赋分级标准模式。

5) 基于 resnet50-CRF（CRF 为条件随机场）的公路交通可用多态资源禀赋判断模型

对于公路交通可用多态资源禀赋能力评估，基于构建的评估指标体系，通过解码层进行特征抽取，加入历史数据的影响，通过 resnet50 模型进行指分级判断，再通过 Decode + 全连接层，判断网络区块的能力禀赋级别，最后在 CRF 层通过专家判断的特征函数，对结果数据进行修正，如图 2-10 所示。

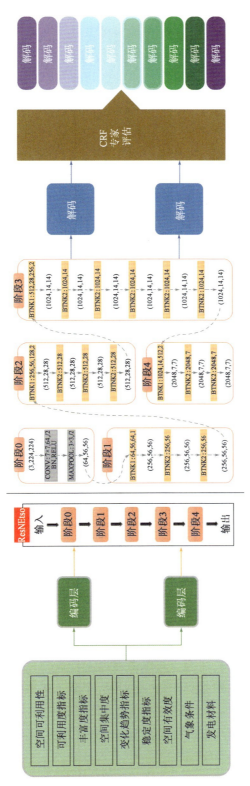

图 2-10 基于 Resnet50-CTF 的公路交通可用多态资源禀赋判断模型

2.2 结合资源禀赋时空分布约束的公路交通能源供给部署方法

2.2.1 不同类型公路交通陆域自然资源开发空间研究

1) 公路交通系统可用空间分析

公路是连接城市之间、城市建成区与城市所属县、乡或机场等地区的道路。公路由于自身属性特征,与停车区、服务区等空间联系紧密,其可利用空间也较为充足。以高速公路为代表,按照公路的相对物理位置关系来划分公路空间,可将空间划分为道路路面、道路两侧缓冲区、服务区、停车区、养护工区、收费站、边坡及边沟、中央隔离带、道路上部空间等。

(1) 道路缓冲区。

道路两侧缓冲区根据道路类型的不同,定位为安全保护区或非建筑控制区等。这类空间首要目的是帮助维护和管理道路交通的正常运行。道路两侧缓冲区面积广阔且相对连续,可以容纳多种能源技术应用,而且该区域和道路本身关系密切,目前承载部分基础设施的建设。按照我国《公路安全保护条例》中规定任何单位和个人不得破坏、损坏、非法占用或者非法利用公路、公路用地和公路附属设施。道路缓冲区定义为公路建筑控制区。公路建筑控制区范围规定,从公路用地外缘起向外的距离标准为:国道不小于20m;省道不小于15m;县道不小于10m;乡道不小于5m。

属于高速公路的,公路建筑控制区的范围从公路用地外缘起向外的距离标准不少于30m。

公路弯道内侧、互通立交以及平面交叉道口的建筑控制区范围根据安全视距等要求确定。

道路缓冲区的用地统计方法初步估计可以用长宽乘积方法,通过道路缓冲两侧的总宽度与道路长度相乘的方法计算缓冲区可利用面积。但是需要考虑隧道、桥梁、互通等特殊结构物的影响,以及用地坡度、光照、朝向、植被覆盖等问题。道路缓冲区可以作为自然禀赋应用的空间区域。

(2) 道路路面。

道路路面是交通生产型空间,需要直接承载交通工具通行,主要包括行车道和路肩。行车道总宽度取决于车道数量,一般根据车速、交通量、车型比例等进行设计。根据设计速度,公路的车道宽度一般在3~3.75m。设计速度超过80km/h时,车道宽度为3.75m。高速公路的车道宽度一般为3.75m,应急车道一般为3.5m。高速公路的车道数大于或等于4,目前以4车道、6车道为主,部分路段为8车道及以上。

公路路肩位于行车道外缘,一般情况下高速公路的右侧硬路肩作为应急车道。如果是分离式路基,会设置左侧路肩,左侧路肩宽度一般在 0.75~1m;如果是单向 8 车道高速公路,左侧路肩宽度不小于 2.5m。通过合理的技术应用开发,路面空间也可以作为能量提取的承载空间,可以作为自然禀赋应用的空间区域。截至 2021 年年底,全国公路总里程达 528 万 km,其中高速公路里程约 16.1 万 km。可利用空间极大。

(3)边坡。

高速公路路堤高 1.5~3m 时边坡为 1∶4~1∶3,公路路堤高 4m 时边坡为 1∶2,路旁无障碍安全地带,应在防护栅以外至少 6~12m。

(4)中间带。

高速公路整体式路基断面必须设置中间带,中间带由两条左侧路缘带和中央分隔带组成,左侧路缘带设计宽度一般为 0.5~0.75m。中央隔离带没有具体规定,中央隔离带宽度一般为 1.5~3m,该空间无法进行常规应用。部分分离式路基道路中央隔离带较宽,一般在隧道出入口的中央隔离带也较为宽阔,可进行自然禀赋能源应用。

(5)服务区及停车区。

公路服务区指专门为乘客和驾驶员停留休息的场所,应提供停车场、公共厕所、加油站、车辆修理所、餐饮与小卖部等设施,平均间距约 50km,最大间距不宜大于 60km。服务区不同于道路两侧的线性空间的特点,是另外开辟出来的一片进行公路服务的区域。服务区的建筑规模根据交通量、交通组成、沿线城镇布局、用地条件等因素确定。服务区用地和建筑面积不宜超过表 2-5 中的规定。

服务区用地面积和建筑面积　　　　表 2-5

服务设施	用地面积(hm^2/处)	建筑面积(m^2/处)
服务区	4.0000~5.3333	5500~6500

注:$1hm^2 = 10000m^2$。

四车道服务区用地面积采用下限值,六车道高速公路采用上限值。八车道高速公路服务区用地和建筑面积可根据交通量和交通组成确定,但分别不宜超过 8.000hm^2/处和 8000m^2/处。

停车区应设置停车场、公共厕所、长凳等,给道路使用者提供最低限度的服务。停车区可在服务区之间布设一处或者多处,平均间距不宜大于 15km,最大间距不宜大于 25km。停车区无须对称布置。停车区的用地和建筑面积不宜超过表 2-6 中的规定。

停车区用地面积和建筑面积　　　　表 2-6

服务设施	用地面积(hm^2/处)	建筑面积(m^2/处)
停车区	1.0000~1.2000	60~100

服务区和停车区是非线性路权用地的公共场所,拥有较为合适的自然资源禀赋应用的集中空间,尤其是服务区本身具有较高的消纳能力,适合作为自然资源禀赋应用的空间区域。

(6)收费站。

收费站是用来对通行车辆收取通行费用的设施,包括收费通道、收费广场、收费站房等。收费广场建有收费岛、收费亭、收费天棚等,其中收费天棚的总长度原则与广场宽度保持一致并能覆盖最外侧车道。以图 2-11 为例,该覆盖十条收费车道的天棚长度为 55.2m。天棚宽度最小值为 14m,一般参考值见表 2-7。一般情况下,天棚的投影面积应大于收费岛长度与收费广场宽度之积的 60%。

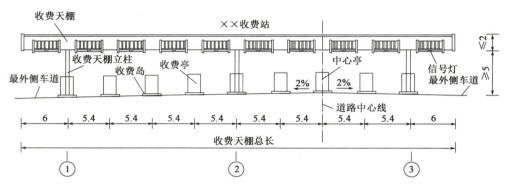

图 2-11　收费天棚立面图(尺寸单位:m)

收费天棚宽度参考值　　　　　　　　　　　　　　　　　　表 2-7

地区	宽度(m)	地区	宽度(m)
一般地区	16～18	大型广场	20～24
沿海地区	18～20		

收费站一般有附属房建设施,用于工作人员办公用,含停车场和房建。

收费站是非线性路权用地的公共场所,拥有较为合适的自然资源禀赋应用的集中空间,本身具有较高的消纳能力,适合作为自然资源禀赋应用的空间区域。

(7)道路上部空间。

道路上部空间指道路及附属设施垂直投影上方空间。可以通过光伏走廊等技术实现自然禀赋的能源化。除太阳能外,道路上方空间还可以利用风能等能源设施进行发电。目前在隧道出入口等特定空间已经有相应的应用案例。按照利用空间属性,将高速公路可利用空间分成两类,一类为场区空间,主要包含收费站、服务区、停车区等空间;一类为线性空间,主要是根据道路本身分布特性,有道路、边坡、道路缓冲区和中间带等,如图 2-12 所示。场区空间主要有空地、房顶、停车棚、收费天棚等相对独立的能复用的空间,宏观测算主要是场区空间的数量和可利用空间的面积。线性空间主要是地面本身和上部空间,从宏观的角度主要测算长度和宽度和不利用位置,从而计算可利用空间面积。

根据道路公路交通空间沿着线性用地布局的空间类型与自然禀赋相结合有自身优势,结合方式也有一定的特点。根据公路交通空间和自然禀赋能源技术结合方式按照复杂程度分为直接可利用型、空间混合利用型、改造利用型。每种结合方式适用于不同类型的公路交通空间,对于自然禀赋技术应用也有一定的选择性,均有鲜明的特性。

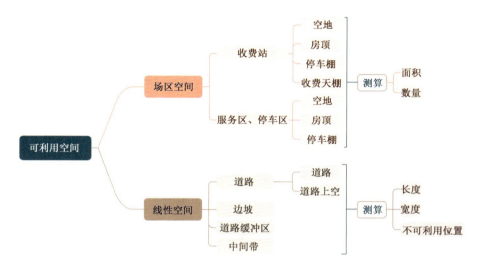

图 2-12 可利用空间分类与测算

(1) 直接可利用型。

直接利用公路交通空间节约出的土地进行能源开发。这种开发与传统的土地能源开发没有差别,对于公路交通来说,需要考虑的是开发面积的规模化问题,以及对于分布式开发的设施布设和运维进行考虑,还要考虑对于交通的影响。

典型的场景就是道路缓冲区,缓冲区一般呈线性分布,相对开阔,目前属于可开发的闲置用地,高速公路的缓冲区需要考虑政策和土地使用限制,可利用性较高。

公路路肩外边坡属于直接可利用型,但是需要考虑坡度和公路朝向,东西朝向公路南侧边坡利用性较高,北部利用性低,南北朝向公路,东西两侧边坡可利用程度类似和季节的相关性较大,需要同步考虑太阳辐射角度等参数。

另外,中央隔离带也属于直接可利用型,需要考虑可用面积以及方位。服务区的未开发空地及边坡均为直接可利用型。

(2) 空间利用混合型。

针对多类型基础设施空间,可适度开发用于能源资产。本质上与传统能源应用没有差别。通过支架、棚架等结构,与交通空间进行混合建设。

服务区空间结合主要指服务区的建筑区与自然资源禀赋结合。对于服务区房建,通过建筑光伏一体化建设,考虑环境美观和能源利用结合或者楼顶太阳能光伏进行结合。在停车场等区域进行光伏棚架系统建设,实现车棚和太阳能综合应用。

收费站区域空间结合,收费站房建屋顶光伏,以及收费天棚顶进行光伏改造,面向收费站能源应用供给。

（3）改造利用型。

可充分利用交通空间内的自然能源,进行交通空间改造开发。太阳能公路就是通过新材料的应用与公路路面材料结合,进行公路能源化,在路面加装太阳能电池板系统搜集路面太阳能量。

针对路面上部空间,可采用公路棚架走廊技术,结合利用太阳能和风能,实现公路上空的空间能源化利用。技术成熟度较低。

根据目前技术成熟度、政策条件、工程条件和已实施项目成熟性等因素,将高速公路可利用空间的可利用性进行打分排序,以便于做相应的数据分析,得分高的可利用条件更加成熟。

以公路基础设施空间进行划分,服务区>收费站>边坡>中间带>道路上部空间>道路本身。

2）可利用面积分析

（1）可利用面积划分。

根据网格划分,线性空间和场区空间被划分到不同的网格内。

①线性空间可利用面积。

线性空间包含道路路面、道路两侧缓冲区、边坡及边沟、中央隔离带、道路上部空间。可利用面积初步计算基本可以总结为长度宽度相乘法、横断面分析法和圆形面积分析法。长度宽度相乘法主要就是利用总长度乘以宽度来计算边际土地总面积。以全国高速公路路面为例,高速公路长 16 万 km,宽度按照 80% 为四车道、20% 为六车道及以上计算,高速公路路面/道路上部空间为 $16 \times (80\% \times 3.75 \times 4 + 3.5 \times 2 + 20\% \times 3.75 \times 6)/1000 \times 10000 = 3760 km^2$。在网格空间内可以同样计算相应的网格空间可用面积。

在实际测算过程中,利用 GIS（地理信息系统）对公路沿线进行面积缓冲,排除路网交叉、重合时的部分面积。

②场区空间可利用面积。

场区空间包括服务区、停车区、养护工区、收费站。需计算厂区内可利用面积,包含停车位、屋顶、空地、收费大棚等。通过相应面积相加得到场区空间可利用面积。根据经验取得,服务区可利用面积为 30%,收费站只计算收费大棚的面积。

（2）可利用空间等级。

根据上述研究,按照服务区>收费站>边坡>中间带>道路上部空间>道路本身的空间可利用性,当网格内出现服务区其等级为 +2,当网格内出现收费站其等级 +1,其他网格等级为 0。

2.2.2 多态能源供给部署方法

1）多态能源供给系统配置原则

（1）公路能源供给自洽率原则。

$$公路能源供给自洽率 = 清洁能源年出力电量/公路年总负荷用电量$$

设定指标目标为不小于30%自洽率。

（2）可再生能源利用效率原则。

系统可再生能源利用效率＝满足公路交通能源系统用能需求前提下实际使用的可再生能源/同时段内分布式可再生能源能够发出的总量×100%，可再生能源实际发电量、发电潜力通过典型氢服务区算例场景获得。

中期达到可再生能源利用效率为20%，完成时达到可再生能源利用效率为40%。

（3）系统运行成本经济性原则。

系统运行成本＝满足公路交通能源系统用能需求的主网功能成本＋分布式资源供能成本，公路交通能源系统用能需求、主网供能成本特性、分布式资源供能成本特性通过典型单服务区算例场景和多服务区算例场景获得。

系统运行成本C_N可表示为式(2-28)，中期达到系统运行成本降低2%，完成时系统运行成本降低5%。

$$C_N = C_{\text{initial}} + C_{\text{om}} \tag{2-28}$$

式中，C_{initial}为能源供给系统的等效年投资成本；C_{om}为能源供给系统的等效年运行和维护成本。

能源供给系统的等效年投资成本是每个供给源的等效年投资成本总和，其计算如下式所示：

$$C_{\text{initial}} = \frac{C_{\text{initial}}^{\text{PV}}}{n_1} + \frac{C_{\text{initial}}^{\text{bat}}}{n_2} + \frac{C_{\text{initial}}^{\text{wind}}}{n_3} + \frac{C_{\text{initial}}^{\text{PG}}}{n_4} \tag{2-29}$$

式中，$C_{\text{initial}}^{\text{PV}}$、$C_{\text{initial}}^{\text{bat}}$、$C_{\text{initial}}^{\text{wind}}$、$C_{\text{initial}}^{\text{PG}}$分别为光伏组件、储能系统、风力发电系统、主电网的等效年投资成本；n_k为每个供给源的使用寿命($k=1\sim5$)，每个部件的计算如下式所示：

$$C_{\text{initial}}^{\text{m}} = \sum_{t=1}^{T} \sum_{m=1}^{5} \frac{N_m P_m U_m r(1+r)^{L_m}}{r(1+r)^{L_m} - 1} \tag{2-30}$$

式中，N_m为能源供给系统中每个供给源的数量；P_m为每个供给源的额定输出功率；U_m为每个供给源的单位额定功率投资成本；L_m为每个供给源的使用寿命；r为资金折现率，取0.04。

能源供给系统的等效年运行和维护成本是每个供给源的等效年运行和维护成本的总和，其计算如下式所示：

$$C_{\text{om}} = \sum_{t=1}^{T} \sum_{m=1}^{5} N_m P_m M_m \tag{2-31}$$

式中，M_m是个供给源系统的运行和维护成本。

（4）系统运行可靠性指标。

能源供给系统的平均供电可靠性是指一年中高速公路负荷区获得的供电量与实际符合需求量之比，如下式所示：

$$\text{ASAI} = \frac{\sum_{t=1}^{T} Q(t) - \sum_{t=1}^{T} Q_1(t)}{\sum_{t=1}^{T} Q(t)} \tag{2-32}$$

式中，T 为时间周期，以小时计，全年取 8760；ASAI 为系统年平均供电可靠性指标；$Q(t)$ 为 t 时刻系统的负载需求量；$Q_1(t)$ 为 t 时刻的功率不足量。

2) 多态能源供给系统配置

（1）光伏发电系统配置。

定义地区光伏发电日照时间为年平均 h 小时计算，按照满足 30% 自洽率为前提条件，设定场区供电总负荷为 p 千瓦，光伏年出力/年总负荷≥30%，取 30% 进行计算。光伏年出力≥$p \times 24 \times 365 \times 30\%$。

满足系统可再生能源利用效率 20% 计算，满足公路交通能源系统用能需求前提下的实际使用的可再生能源/同时段内分布式可再生能源能够发出总量≥20%，按年均计算，指同年时段内光伏系统发电总量-弃光率，与场区内发电潜力的比。光伏年出力/发电潜力≥20%。光伏年出力在其他参数确定的情况下，与可利用面积成正比。光伏阵容量×(1 - 弃光率)≥光伏年出力/h/0.85。光伏系统利用效率参数设定为 0.85，弃光率与储能配置相关。

（2）风力发电系统配置。

陆域范围有限，无法建立大型风机，采用 30kW 垂直轴风力发电机，风轮直径 13m，高度大于 25m，工作风速范围为 2.5～45m/s。根据服务区可利用面积配置，一般配置 0～2 台。

（3）储能系统配置。

储能系统的储能容量和弃光率相关，是为平衡各发电单元和公路负载应用要求。蓄电池荷电状态条件为下式：

$$\text{SOC}_{\min} \leq \text{SOC}(t) \leq \text{SOC}_{\max} \tag{2-33}$$

式中，$\text{SOC}_{\min}$ 和 $\text{SOC}_{\max}$ 是蓄电池荷电状态的最小和最大值，分别取 0.1 和 0.9。

蓄电池的充放电功率如下：

$$0 \leq P_{\text{cbat}}(t) \leq N_{\text{bat}} P_{\max}^{c1} \tag{2-34}$$

$$0 \leq P_{\text{dbat}}(t) \leq N_{\text{bat}} P_{\max}^{d1} \tag{2-35}$$

式中，$P_{\max}^{c1}$ 和 $P_{\max}^{d1}$ 分别为单个蓄电池的最大充电、最大放电功率。下式为功率供需平衡方程：

$$P_{\text{pv}}(i) + P_{\text{dbat}}(i) + P_{\text{wind}}(i) + P_{\text{PG}}(i) = P_{\text{Load}}(i) + P_{\text{cbat}}(i) \tag{2-36}$$

式中，$P_{\text{pv}}(i)$ 为光伏出力；$P_{\text{dbat}}(i)$ 为蓄电池放电功率；$P_{\text{wind}}(i)$ 为风电出力；$P_{\text{PG}}(i)$ 为主网出力；$P_{\text{Load}}(i)$ 为公路聚集负载负荷；$P_{\text{cbat}}(i)$ 为蓄电池充电功率。

3）公路交通空间自然资源开发方式

(1) 场区空间自然资源禀赋开发。

高速公路场区自然禀赋可利用空间如图 2-13、图 2-14 所示,在收费站和服务区分别进行相关标识和利用。

图 2-13　收费站自然资源禀赋开发空间

图 2-14　服务区自然资源禀赋开发空间

(2) 线性空间自然能源禀赋开发。

如图 2-15 所示,公路交通线性可利用空间通过 GIS 标尺进行相关测算。

公路交通边坡、路面、路面上空等位置进行风光能源的利用开发,如图 2-16、图 2-17 所示。

图 2-15　线性空间可利用空间

图 2-16　高速公路光伏下边坡

图 2-17　光伏路面

公路上空光伏隧道的利用开发,如图 2-18 所示。

图 2-18　光伏隧道

风光公路棚架系统如图 2-19 所示。

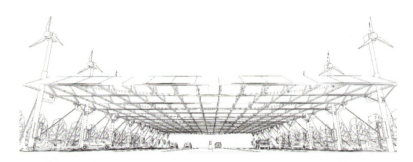

图 2-19　风光公路棚架系统

2.3　多态能源耦合的高弹性互补型供给模式研究

2.3.1　基于 GIS 的公路交通空间分布自然资源禀赋潜力研究

1）公路交通空间太阳能资源禀赋潜力分析

公路交通空间太阳能资源禀赋总量潜力测算。由于太阳能潜力与可利用空间相关,所以主要对可利用空间进行分别测算,从而进行太阳能资源潜力分析,根据公路交通空间可利用空间的测算方案,对于边坡、道路、道路上空、道路缓冲区、中间带初步进行长宽相乘面积测算,进而通过 GIS 进行测算。

对于服务区按照服务区面积乘经验比例进行初步测算。对于收费站,按照收费天棚面积进行测算。

（1）保守测算时,在道路边坡、服务区面积的 30%、收费站天棚进行铺设光伏设备。

通过对道路数据进行缓冲区设置,根据高速公路的特点,对单侧道路边坡设置7m,服务区统一按照占地面积6万 m^2 进行测算。收费站天棚按照10车道进行配置770m^2左右。

(2)一般测算时,在道路边坡、服务区面积的40%、收费站天棚、中间带铺设光伏设备。GIS测算时,设置道路数据缓冲区,边坡和中间带宽度合计为16m。

(3)激进测算时,在道路边坡、服务区面积的50%、收费站天棚、中间带、道路缓冲区全部铺设光伏设备,道路本身全部铺设光伏路面或者道路上方铺设光伏隧道。

道路数据缓冲区设置边坡、中间带、道路缓冲区、路面宽度统一为98m,不同测算方法下高速公路可利用面积如表2-8所示。

不同测算方法下高速公路可利用面积 表2-8

编号	类型	名称	里程	保守测算	一般测算	激进测算
G1	首都放射线	京哈高速公路	1209	1692.6	1934.4	11848.2
G2		京沪高速公路	1261.99	1766.786	2019.184	12367.502
G3		京台高速公路	2030	2842	3248	19894
G4		京港澳高速公路	2285	3199	3656	22393
G5		京昆高速公路	2865	4011	4584	28077
G6		京藏高速公路	3718	5205.2	5948.8	36436.4
G7		京新高速公路	2768	3875.2	4428.8	27126.4
G11	北南纵线	鹤大高速公路	1474	2063.6	2358.4	14445.2
G15		沈海高速公路	3710	5194	5936	36358
G25		长深高速公路	3585	5019	5736	35133
G35		济广高速公路	2110	2954	3376	20678
G45		大广高速公路	3550	4970	5680	34790
G55		二广高速公路	2685	3759	4296	26313
G59		呼北高速公路	2628	3679.2	4204.8	25754.4
G65		包茂高速公路	3003	4204.2	4804.8	29429.4
G69		银百高速公路	2281	3193.4	3649.6	22353.8
G75		兰海高速公路	2650	3710	4240	25970
G85		银昆高速公路	2322	3250.8	3715.2	22755.6
G10	东西横线	绥满高速公路	295	413	472	2891
G12		珲乌高速公路	925	1295	1480	9065
G16		丹锡高速公路	960	1344	1536	9408
G18		荣乌高速公路	1820	2548	2912	17836
G20		青银高速公路	1610	2254	2576	15778
G22		青兰高速公路	1795	2513	2872	17591
G30		连霍高速公路	4244	5941.6	6790.4	41591.2
G36		宁洛高速公路	772	1080.8	1235.2	7565.6
G40		沪陕高速公路	1490	2086	2384	14602

续上表

编号	类型	名称	里程	保守测算	一般测算	激进测算
G42	东西横线	沪蓉高速公路	1966	2752.4	3145.6	19266.8
G50		沪渝高速公路	1768	2475.2	2828.8	17326.4
G56		杭瑞高速公路	3404	4765.6	5446.4	33359.2
G60		沪昆高速公路	2730	3822	4368	26754
G70		福银高速公路	2485	3479	3976	24353
G72		泉南高速公路	1635	2289	2616	16023
G76		厦蓉高速公路	2295	3213	3672	22491
G78		汕昆高速公路	1825	2555	2920	17885
G80		广昆高速公路	1386	1940.4	2217.6	13582.8

年输出功率可按照逐时辐射量和逐时转换效率进行测算，如式(2-37)所示：

$$E_{\text{pv,out}} = A_{\text{pv,s}} \int_1^{8760} G(t)\eta(t)\,\mathrm{d}t \tag{2-37}$$

式中，$G(t)$为逐时辐射量，$\eta(t)$为逐时转换效率。

2) 公路交通空间风能资源禀赋潜力分析

公路交通空间风能资源禀赋潜力测算。由于风能的应用主要通过风机转换，风机在高速公路的应用主要通过小型或者微型风机，在高速公路两侧或者场区内进行部分布设。

保守测算，在风能Ⅰ类资源区，每隔500m布设风力发电设备；在风能Ⅱ类资源区，每隔1km布设风力发电设备；在其他地区道路两侧每隔2km布设风力发电设备；在场区内布设1台风力发电设备。

一般测算，在风能Ⅰ类、Ⅱ类资源区，每隔500m布设风力发电设备；在其他资源区道路两侧每隔1km布设风力发电设备；在场区内布设2台风力发电设备。

激进测算，在道路两侧每隔500m布设风力发电设备；在场区内布设3台风力发电设备。

根据激进测试方式，可建设349000座风力发电设备，可按照逐年输出功率进行测算，如式(2-38)所示。

根据贝茨理论，理论风能利用系数约为0.593。考虑典型风力发电装置风机效率为70%，传动效率和发电机效率为80%，所以装置的风能利用系数为0.332。高速公路小型风力发电设备扫风面积一般为1.2m²左右。

$$P = 0.5 C_p \rho S v^3 \tag{2-38}$$

式中，C_p为风能利用系数，取0.332；ρ为空气密度；S为扫风面积；v为风速。

2.3.2 基于地理位置特点的多态能源供给精准预测研究

1) 获取气象信息和发电量数据

针对已获取的气象站点信息，可以根据风电、太阳能电厂位置，具体分析电厂周边的风能、电能变化。

获取中国区域融合日照时数的高分辨率(10km)地表太阳辐射数据集(1983—2017),本数据集是一个包含34年(1983.7—2017.6)的全国高分辨率地表太阳辐射数据集,其分辨率为10km,数据单位为W/m²。主要包含点位的地表太阳辐射数据。

获取全球高分辨率(3h,10km)地表太阳辐射数据集(1983—2018),该数据集主要反映长时间序列、高分辨率的地表太阳辐照数据集,和中国区域融合日照时数的高分辨率太阳辐射数据集综合使用。

获取中国地面气候资料日值数据集,包含中国各个基准、基本气象站1951年1月以来气压、气温、降水量、蒸发量、相对湿度、风向风速、日照时数和0cm地温要素的日值数据。

获取中国区域地面气象要素驱动数据集,包括近地面气温、近地面气压、近地面全风速等数据,时间分辨率为3h,水平空间分辨率为0.1°。

获取风力相关信息,2019年某些月份(精确到日期、小时以及上一个小时)特定气象站点获取的瞬时最大风力、最大风力时间点、平均风力等,如图2-20所示。

站点ID	代码	时间	最大风向(°)	最大风速(m/s)	最大风速时间	平均风向(°)	平均风速(m/s)	温度(°C)	能见度(m)
28DDB042-CBE1-42CB-A0E9-	54857	2019/1/1 0:00	28	5.3	2019/1/1 23:01	29	2.7	-2.8	14929
28DDB042-CBE1-42CB-A0E9-	54857	2019/1/1 1:00	349	4.8	2019/1/2 0:23	348	1.9	-2.7	16240
28DDB042-CBE1-42CB-A0E9-	54857	2019/1/1 2:00	356	4	2019/1/2 1:15	356	2.1	-2.7	15302
28DDB042-CBE1-42CB-A0E9-	54857	2019/1/1 3:00	330	5.1	2019/1/2 2:39	333	2.8	-2.9	16813
28DDB042-CBE1-42CB-A0E9-	54857	2019/1/1 4:00	333	5.5	2019/1/2 3:57	340	4.1	-3	11439
28DDB042-CBE1-42CB-A0E9-	54857	2019/1/1 5:00	341	6.2	2019/1/2 4:52	344	4	-3.4	12129
28DDB042-CBE1-42CB-A0E9-	54857	2019/1/1 6:00	342	5.7	2019/1/2 5:30	350	3.1	-3.6	10751
28DDB042-CBE1-42CB-A0E9-	54857	2019/1/1 7:00	351	5.4	2019/1/2 6:04	342	3.5	-3.7	9952
28DDB042-CBE1-42CB-A0E9-	54857	2019/1/1 8:00	348	5.6	2019/1/2 7:22	353	3.6	-3.6	7099
28DDB042-CBE1-42CB-A0E9-	54857	2019/1/1 9:00	347	6.9	2019/1/2 8:58	342	4.6	-3.7	5406
28DDB042-CBE1-42CB-A0E9-	54857	2019/1/1 10:00	343	6.7	2019/1/1 9:50	327	4.1	-2.9	9409
28DDB042-CBE1-42CB-A0E9-	54857	2019/1/1 11:00	353	7.6	2019/1/1 10:32	335	3.7	-2.2	8418
28DDB042-CBE1-42CB-A0E9-	54857	2019/1/1 12:00	325	7.5	2019/1/1 11:50	336	4.4	-1.6	9963
28DDB042-CBE1-42CB-A0E9-	54857	2019/1/1 13:00	330	8.2	2019/1/1 12:43	329	4.4	-0.7	11653
28DDB042-CBE1-42CB-A0E9-	54857	2019/1/1 14:00	311	8.7	2019/1/1 13:22	338	4.8	-0.3	12376
28DDB042-CBE1-42CB-A0E9-	54857	2019/1/1 15:00	355	9.6	2019/1/1 15:00	345	5.7	-0.2	12309
28DDB042-CBE1-42CB-A0E9-	54857	2019/1/1 16:00	345	9	2019/1/1 15:03	340	5	-0.1	13111
28DDB042-CBE1-42CB-A0E9-	54857	2019/1/1 17:00	345	9.8	2019/1/1 16:24	353	6	-0.6	13545
28DDB042-CBE1-42CB-A0E9-	54857	2019/1/1 18:00	353	9.8	2019/1/1 17:30	348	5.8	-1	13647
28DDB042-CBE1-42CB-A0E9-	54857	2019/1/1 19:00	351	8.5	2019/1/1 18:01	355	3.5	-1.4	13485
28DDB042-CBE1-42CB-A0E9-	54857	2019/1/1 20:00	18	7.3	2019/1/1 19:49	6	3.3	-1.7	14178
28DDB042-CBE1-42CB-A0E9-	54857	2019/1/1 21:00	11	7.6	2019/1/1 20:05	6	3.1	-1.9	13488
28DDB042-CBE1-42CB-A0E9-	54857	2019/1/1 22:00	3	5.4	2019/1/1 21:01	12	2.8	-2.1	12115
28DDB042-CBE1-42CB-A0E9-	54857	2019/1/1 23:00	9	4.9	2019/1/1 22:08	345	2.4	-2.1	12419
28DDB042-CBE1-42CB-A0E9-	54857	2019/1/2 0:00	338	4.4	2019/1/1 23:06	338	2.4	-2.3	10309
28DDB042-CBE1-42CB-A0E9-	54857	2019/1/2 1:00	346	4.7	2019/1/3 0:35	343	2.7	-2.5	11538

图2-20 某地区风力相关数据

获取太阳能相关信息,2013年某些月气象站点的日照时长(站点名、每天总日照时长)等,如图2-21所示。

2)建立风能和太阳能发电预测模型

基于获取的风力和日照时长数据,分别建立与风力/太阳能发电的发电量之间的关系,基于时序数据,建立并对比线性回归、支持向量机(Support Vector Machine,SVM)模型和长短期记忆网络(Long Short-Term Memory,LSTM)模型,通过过往变化规律为判断依据,计算未来发电量,如图2-22所示。

3)模型校验中间结果

风能、太阳能预测初步完成:在已有风能数据中,准确率大约90%,交叉熵控制在0.3左右,基本可以预测 6h 内的风力变化,模型校验中间结果如图 2-23 所示,为极端大风天气场景下能源供给需求的分析和研究提供了理论基础。

站点	纬度	经度	海拔高度	年	月	日	日照时长
50136	5258	12231	4330	2013	10	1	3
50136	5258	12231	4330	2013	10	2	14
50136	5258	12231	4330	2013	10	3	101
50136	5258	12231	4330	2013	10	4	0
50136	5258	12231	4330	2013	10	5	74
50136	5258	12231	4330	2013	10	6	3
50136	5258	12231	4330	2013	10	7	69
50136	5258	12231	4330	2013	10	8	38
50136	5258	12231	4330	2013	10	9	74
50136	5258	12231	4330	2013	10	10	55
50136	5258	12231	4330	2013	10	11	88
50136	5258	12231	4330	2013	10	12	82
50136	5258	12231	4330	2013	10	13	0
50136	5258	12231	4330	2013	10	14	94
50136	5258	12231	4330	2013	10	15	88
50136	5258	12231	4330	2013	10	16	95
50136	5258	12231	4330	2013	10	17	96
50136	5258	12231	4330	2013	10	18	79
50136	5258	12231	4330	2013	10	19	93
50136	5258	12231	4330	2013	10	20	92
50136	5258	12231	4330	2013	10	21	80
50136	5258	12231	4330	2013	10	22	0
50136	5258	12231	4330	2013	10	23	58
50136	5258	12231	4330	2013	10	24	77
50136	5258	12231	4330	2013	10	25	77
50136	5258	12231	4330	2013	10	26	21
50136	5258	12231	4330	2013	10	27	41
50136	5258	12231	4330	2013	10	28	83
50136	5258	12231	4330	2013	10	29	78
50136	5258	12231	4330	2013	10	30	0
50136	5258	12231	4330	2013	10	31	73
50246	5221	12443	3619	2013	10	1	46

图 2-21　某地区太阳能相关数据截屏

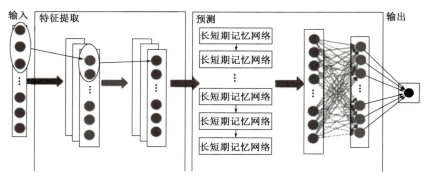

图 2-22　风力/太阳能预测模型

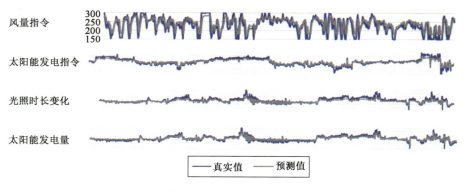

图 2-23　模型校验中间结果

4）实际发电负荷输出（图 2-24）

根据模型分析结果得到的数据比原数据更为平滑、数据更为稳定；同时比原数据数值略高，误差在正负 1.5~2 之间，整体准确率 79%，损失值 6.52。

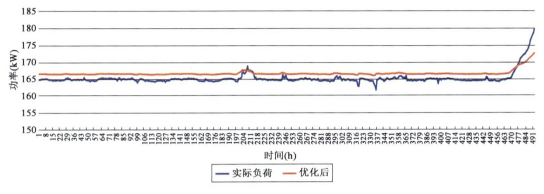

图 2-24　实际发电负荷输出

2.3.3　能源约束的公路交通应用场景

基于对当前高速公路服役状态感知需求和预警设施特性分析，综合考虑我国地区经济与人口特征、电网分布特征，可将我国高速公路因不同场景状态、服役需求及设备自身特性等实际情况划分为 5 种供能-用能模式。将公路应用场景按照能源约束进行分类，如表 2-9 所示。

能源约束的公路交通应用场景分类　　　　　　　　　表 2-9

模式	能源约束的公路交通应用场景分类
强电网与用能相匹配模式 A	合理间距布设 A1
	长距离密布 A2
	大规模集中部署 A3
	大功率用电点 A4
弱电网+设施集中模式 B	偏远弱网设备集中地区 B1
	离网大规模感知设施 B2
电网与设施分散模式 C	大间距路段
	长距离供电
	供电臂末端
	多偶发地带的离网长距离独立节点
能源受限与负载激增模式 D	面向新基建激增设备移动监测感知
能源受限与应急模式 E	移动监测感知

1）强电网与用能相匹配模式 A

如图 2-25 所示，当所在高速公路处于强电网条件下，隧道、桥梁、服务区等场景的感知设施根据服役状态需要合理配置并按照相应交通工程规范均匀分布，这种模式供能与用能相适应，这种模式下当前电网可以完全满足高速公路服役状态和负荷的需要。

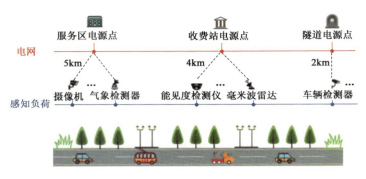

图 2-25　强电网与用能相匹配模式 A

2）弱电网与设施集中模式 B

如图 2-26 所示,当高速公路处于偏远地区,感知设施根据服役状态配置比较集中时,设施受既有能源的影响和依赖性高,供电质量难以满足负荷需要。在高速公路的高边坡、急弯处、长大下坡等特殊场景极易发生交通事故,服役状态感知监测尤其重要,由于供电、施工等难题导致不适合于远距离大面积布设,无法满足现有服役功能需求。

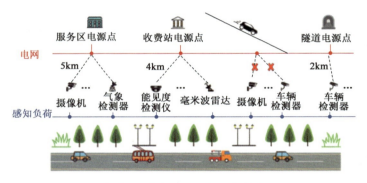

图 2-26　弱电网与设施集中模式 B

3）电网与设施分散模式 C

如图 2-27 所示,基于高速公路线长面广特点,目前公路沿线设施用能主要取自于就近收费站、服务区、隧道等,然而基于不同路段对于服役状态的需求,在部分高速公路的感知设施呈现大间距、长距离供电、分布于供电臂末端等特点,这种远距离供电传输模式需要增加线路成本,并且线路过长造成线路损耗较大。

4）能源受限与负载激增模式 D

如图 2-28 所示,随着新基建、智慧公路、车路协同、5G 等的快速发展,新型负载数量激增,无人机、移动检测车等快速移动感知设备不断涌现,高速公路能源需求呈现剧增态势和多样化趋势,然而既有能源供给建设成本高、智能化水平低,无法满足现有的供电需求。

5）能源受限与应急模式 E

如图 2-29 所示,高速公路环境复杂,包含自然灾害、暴雪极寒、高温潮湿等,在这些场景下易导致现有市电无法供给,从而影响高速公路服役状态的感知和预警。

2 公路交通时空分布约束下多态能源资源禀赋的耦合供给研究

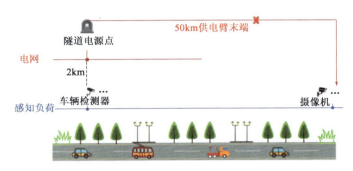

图 2-27　电网与设施分散模式 C

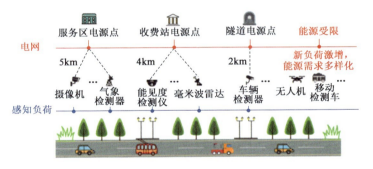

图 2-28　能源受限与负载激增模式 D

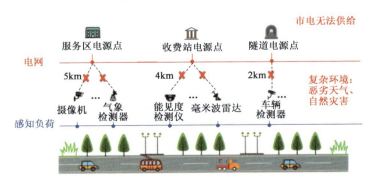

图 2-29　能源受限与应急模式 E

2.3.4 构建多态能源耦合供给模式研究

1)多态能源耦合供给规划设计

为了合理规划多态能源供给在工程中的科学合理应用,考虑能源供给端为主电网、光伏发电、风力发电,能源调配端为储能,能源消耗端为负载用电、用热、制氢,如图 2-30 所示。

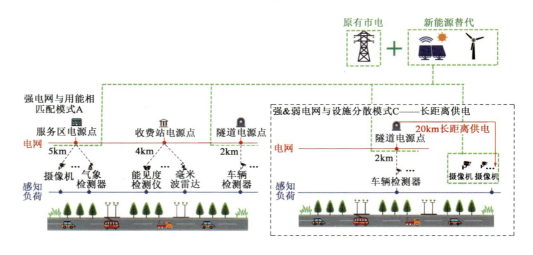

图 2-30 原有市电+新能源替代模式

场景一:主电网为主要的能源输入,光伏可再生能源为次要的能源输入,风能配合作为能源输入,为公路交通各负荷聚集场景供能。

场景二:主电网为主要的能源输入,光伏可再生能源为次要的能源输入,风能配合作为能源输入,为公路交通各负荷聚集场景供能,通过储能进行功率调节与存储多余能量。

针对模式 A,现有高速公路已有市电且基于服役状态已布设感知设施,可利用沿线自然禀赋,构建市电与新能源融合供给系统,提高清洁能源利用比例,降低市电依赖;针对模式 C 构建新能源融合系统有效替代现有远距离传输模式,减少传输成本,提高效率。

场景三:可再生能源为主要的能源输入,主电网作为次要的能源输入,为公路交通各负荷聚集场景供能,通过储能进行功率调节与存储多余能量,如图 2-31 所示。

随着高速公路数字化和智慧化发展,针对模式 D,构建"源-网-荷-储"协同互动的一体化能源供给体系,优先引入光伏、风力发电、储能等新能源对感知系统进行能源保障,并将多余能源进行存储,而当清洁能源不足时无缝切换到市电进行补充。针对结构损毁和交通事故等模式 E,可构建优先新能源和市电作为补充的多源融合供电系统,实现非常态场景下移动监测手段的站级部署、间隔站部署,扩充诱导管控和应急手段。

场景四:可再生能源为全部的能源输入,为公路交通各负荷聚集场景供能,通过储能进行功率调节与存储多余能量,如图 2-32 所示。

2 公路交通时空分布约束下多态能源资源禀赋的耦合供给研究

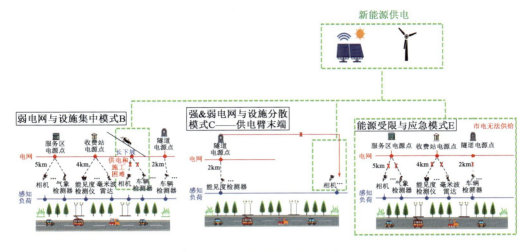

图 2-31 优先新能源+市电补充模式

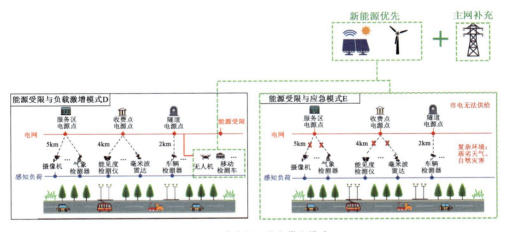

图 2-32 多态能源独立供电模式

针对模式C，原有电网无法满足供电需求导致无法布设感知设备，可结合感知预警设备对能源的使用需求，构建离网的集中与分布式多态能源独立供电系统，将太阳能、风能等清洁能源发电设备与储能设备结合，并通过多能变换一体化设备，为不同感知负荷供电；针对模式E，当由于自然灾害导致市电无法供给时同样可以构建独立多源融合供电系统，以最低用电维持公路系统运转，提升应急救援能力。

2）不同场景下多态能源耦合供给模式

考虑到交通能源需求与电力网络铺设实际情况，大负荷地区一定处于强电网地区，结合预测场景，公路交通与能源供给协同演进的应用模式将在资源丰富区与一般区共同面对强电网大负荷、强电网小负荷、弱电网小负荷、无电网小负荷的功能需求。在光资源丰富区与一般区，公路交通与能源供给协同演进的应用模式基本相同，仅存在发电量的差异。针对强电网大负荷、强电网小负荷、弱电网小负荷、无电网小负荷等应用场景，分析公路交通能源供给协同应用模式，如表2-10所示。

不同场景下公路交通能源供给协同应用模式 表 2-10

资源属性	电网属性	负荷属性	运行模式
资源丰富区	强电网	大负荷	全额自用、网电补缺
	强电网	小负荷	上网为主、自用为辅
	弱电网	小负荷	提升外送、降低弃光
	无电网	小负荷	光储协同、发用平衡
资源一般区	强电网	大负荷	全额自用、网电补缺
	强电网	小负荷	上网为主、自用为辅
	弱电网	小负荷	提升外送、降低弃光
	无电网	小负荷	光储协同、发用平衡

2.3.5 多态能源耦合供给与储能能量转换技术研究

新能源发电具有不确定性和时段性，发电量会随着气候因素而改变，为了保障能源自洽系统运行的稳定性和经济性，在能源自洽系统中设置储能装置进行电能的实时调控。通过储能系统的调度，不仅可以起到一个削峰填谷的作用，还可以避开峰时电价，提高能源自洽系统的经济性。

1）风光储荷的多时间尺度能量平衡机制

在考虑风光不确定性情况下提出了一种风光储荷优化调控机制，由储能电池、风电光伏机组等设备构成，以日前—日内多时间尺度调控进行优化调控，滚动修正日前调度计划方案，如图 2-33 所示。

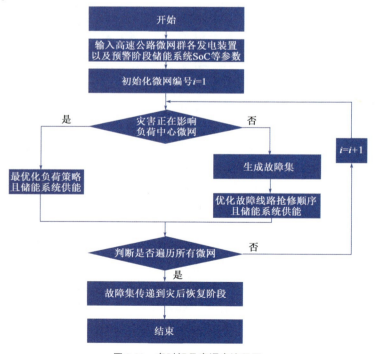

图 2-33　多时间尺度调度流程图

（1）日前调度阶段。

第一步，将某一段历史风电、光伏功率数据进行模态分解，结合历史数据对风光功率特征、模态分量进行预测，最后将各分量集成预测得到日前、日内风光功率预测值。

第二步，由于风光功率预测的误差值满足正态分布，采用拉丁超立方抽样算法产生大量场景值，最终得到多种不同的风光功率典型场景。

第三步，日前以风电、光伏日前出力场景值为依据，进行微网优化调度，时间尺度为1h，周期为1d，得到日前各机组出力计划值。

（2）日内调度阶段。

由于储能设备在微网调度中会频繁进行充电、放电之间的状态变化，一般情况维护成本较高，所以在日内滚动优化调度时认为储能出力计划值与日前调度计划值一样不变，不考虑将储能设备纳入日内修正方案中，只考虑微网中柴油发电机出力以及与电网功率交互的变化来进行滚动优化调度，修正日前出力计划值。

2）多态下的风光储荷能量平衡机制

多态下的高速公路风光储荷微网能量平衡机制可以划分为正常、预警、紧急三种状态。

（1）正常状态能量平衡机制。

正常状态下采用移动储能车联系高速公路沿线各个微网，解决各个微网间负荷与发电量不平衡的问题。

（2）预警阶段能量平衡机制。

为使各负荷中心储能系统能够在灾害影响期间，尽可能长时间地对微网内负荷供电，预警阶段首先考虑通过调度能量移动储能车对即将封闭路段负荷中心微网的储能系统尽可能的充电，使其荷电状态达到最大，同时还需兼顾移动储能车的移动路径最短。

预警阶段高速公路微网群能量平衡机制（图2-34）具体流程如下：

①步骤1：输入灾害相关数据，确定灾害影响范围、影响时长、影响路径等。

②步骤2：根据高速公路沿线各微网地理位置分布以及灾害影响范围，划分高速公路封闭路段与可通行路段。

③步骤3：确定负荷中心微网及资源富集微网的能量供求情况。

④步骤4：求解灾前移动储能车以封闭路段负荷中心微网储能最大为目标的能量调度。

⑤步骤5：确定预警阶段封闭路段内各负荷中心微网条线路累积故障率。

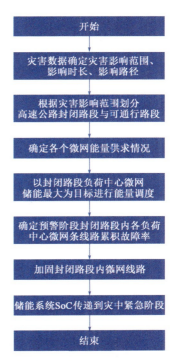

图2-34　预警阶段能量平衡机制

⑥步骤6：选取各微网故障率最高的数条线路作为该微网的薄弱线路进行加固。

⑦步骤7：将预警阶段储能系统SoC（荷电状态）传递到灾中紧急阶段。

（3）灾中紧急阶段能量平衡机制。

灾中紧急阶段随着灾害影响范围移动，封闭路段内的微网依次遭到破坏，微网内线路受损严重且移动储能车禁止通行。由于微网线路故障致使系统划分成多个孤岛，各孤岛内功率平衡难以保证，需削减孤岛内的负荷以保证功率平衡。因此，灾中紧急阶段的能量平衡需依据预警阶段能量调度后各储能装置及系统的荷电状态，以总负荷削减量最小为目标削减部分节点负荷。

灾中紧急阶段高速公路微网群能量平衡机制具体流程如下（图2-35）：

①步骤1：输入高速公路微网群柴油发电机、风机、光伏以及预警阶段储能系统SoC等参数。

②步骤2：初始化微网编号$i=1$。

③步骤3：判断若灾害正在影响负荷中心微网，则转到步骤4；否则，转到步骤5。

④步骤4：求解灾中紧急阶段故障状态下高速公路微网群封闭路段内负荷中心微网的最优切负荷策略，并且通过储能系统对高速公路微网供能。

⑤步骤5：根据负荷中心微网故障线路，生成故障集。

⑥步骤6：灾害对部分负荷中心微网造成破坏且过境该微网后，按照正常负荷曲线与灾中实际负荷曲线围成面积最小的原则抢修故障集中的故障线路，并且通过储能系统对高速公路微网供能。

⑦步骤7：判断是否遍历所有微网，若为是则转到步骤8；否则令返回步骤3。

⑧步骤8：将灾中紧急阶段的故障集传递到灾后恢复阶段。

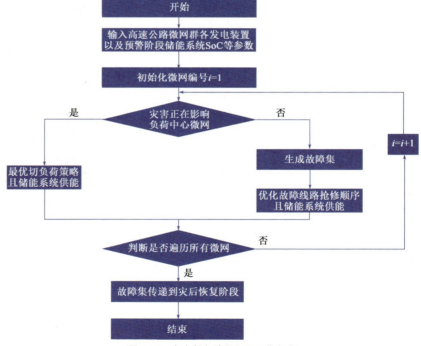

图2-35 灾中紧急阶段能量平衡机制

3）集群互补的风光储荷车能量平衡机制

由于目前高速公路用能多从中低压配电网直接取电，但目前电网的电力来源仍以火电为主，从中低压配电网直接取电的用能模式较难满足交通系统的低碳发展要求。另外，在一些弱电网、无电网地区建设输配电线路为高速公路运行系统供能也需要大量投资。为充分利用高速公路系统资产（如服务区屋顶、高速公路边坡、隧道出入口）能源化潜力，通过建立微电网实现分散接入并有效管理分布式风/光可再生能源，可有效提高高速公路系统的绿色、高效用能水平。但由于可再生能源产能的随机性和高速公路中关键设备的用能波动性（如电动汽车充换电负荷），为实现高速公路可靠用能，上述微电网均需配置相当数量的储能设备和备用柴发机组，因此整体来说高速公路孤岛微电网的运行经济性较差。

高速公路运行系统常配备一定数量的运维车辆以满足道路运维、应急救援等需求，这些运维车辆大部分时间处于闲置状态。但目前已有的高速公路微电网调度策略仅仅考虑调度微电网自身的可再生能源机组、柴油发电机组和储能设备等实现供能，并没有考虑运维车辆在微网间能量互济的作用。在这种背景下，提出一种集群互补的风光储荷车能量平衡机制，在满足电动运维车的高速公路运维需求前提下，通过优化调度电动运维车实现高速公路微电网间换电电池灵活转运，并配合各微网可再生能源机组、柴油发电机组和储能设备调度实现微网群的能量互济和高效运行目的。

集群互补的风光储荷车能量平衡机制如图 2-36 所示。其中，各微网（这里以服务区为例）由光伏、风机、电池组和柴机联合供能，以满足服务区常规负荷和电动汽车换电负荷需求。换电站是每个微网的核心组成部分，各微网的电池组都存放在换电站中，且换电站直接与微网相连。换电站主要包含充放电设备和电池更换装置，可以帮助电动汽车和电动运维车（EOMV）卸载/装载电池组（电动汽车只能卸载/装载一块电池，而 EOMV 容量较大，可卸载/装载多块电池），并对站内电池组进行充放电。电动运维车在满足高速公路运维工作需求之外，通过优化运输和置换微网群电池组，实现高速公路微网群能量互济。具体模式为：将满电电池组运输至重负荷/可再生能源出力较小微网区域进行放电，以实现负荷供电支援；将空电电池组运送至轻负荷/可再生能源出力较大微网进行充电，以促进可再生能源消纳。另外在高速公路发生灾害的紧急情况下，电动运维车可以通过灵活调度将满电电池运往重要负荷所在微网，保障重要负荷的供电。基于上述模式，可实现高速公路微网群间协调供电和能量支援。

以图 2-36 为例，服务区 1 所在微网能量不足，满电电池大量消耗，积压了较多空电电池；而服务区 2 所在微网能量富余，已经没有多余空电电池来消纳过剩的可再生能源。在常规的微网调控机制下，服务区 1 所在微网必须启动后备柴油发电机以保障供能，而服务区 2 所在微网则必须弃风以维持微网安全运行。在提出的集群互补的风光储荷车能量平衡机制下，电动运维车可通过优化调度先在服务区 2 所在微网卸载空电电池、装载满电电池（或停留充电),后到达服务区 1 所在微网卸载满电电池、装载空电电池(或停留放电),实现能量由服务区 2 至服务区 1 的转移(虚拟能量流以黑色虚线的形式在图中展示)。

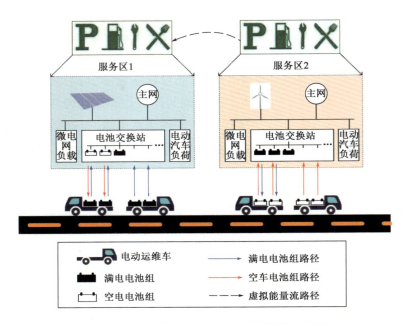

图 2-36　集群互补的风光储荷车能量平衡机制示意图

4)基于经济性的源-网-荷-储调度

根据峰谷电价政策,为了提高服务区运行的经济性,应该尽量避免在高峰时段接入外网获取能量,尽可能在低谷时段获取足够的能量供给,供能源自洽系统在高电价时段运用,该举措不仅可以提高能源自洽系统的经济性,还可以实现削峰填谷提高电力系统运行的稳定性。

但储能装置容量有限,并且能进行源-网-荷-储调度的容量仅为 40%,能源自洽系统向外部售电电价会较相于谷段电价更低,因此应合理地根据系统负荷曲线制定储能装置充电计划,尽可能保证自身发出的电能得到充分利用,减少从外部电网获取的能量。

认为能源自洽系统于每天 23:00 开始做第二天的储能计划,假设储能系统能在 23:00 至第二天 7:00 点前充至所需要的任意 SOC。储能系统在平峰电价时应尽量不从外部电网中获取能量,若实在需要从外部电网中获取电量应选择在平段获取电量,避开高峰电价。

优化源-网-荷-储策略前后,系统的成本变化如图 2-37 所示。

可见优化后能源自洽系统的运行成本大幅下降,有利于节约成本,提高能源自洽系统运行的经济性。

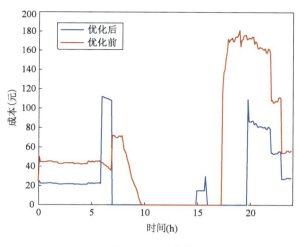

图 2-37 成本曲线

2.4 本章小结

本章对公路交通多态资源禀赋评估方法做了相关研究。研究太阳能和风能的资源特性,以及结合高速公路分布特点,构建基于地理信息系统的网格化的评估单元,结合神经网络和专家经验模型对风光缝补特征进行分析,实现公路交通风光资源禀赋的评估,构建资源潜力挖掘策略,提出最大化利用自然能源资源禀赋的供给部署方法。

3 公路交通用能类型与规模需求预测

公路交通多能源自洽系统构型设计与应用

3.1 公路交通运转运维设施设备分类

公路交通运转运维设施设备是实现公路交通通行费收缴、道路监控、数据信息传送、安全保障、信息采集和服务等功能的主要载体,按照专业类别的不同和实现功能的差异性可分为收费设施、监控设施、通信设施、供配电设施、照明设施和隧道机电设施(包括隧道照明、通风、消防等设施)。同时,按照这些设施的空间分布特点又可分为收费站设施、管理中心设施、服务区设施、办公生活区设施、隧道设施和沿线设施等类型。

由公路交通运转运维设施设备的构成结合高速公路运营管理的功能可知,高速公路的运营管理是通过各种机电设备微观功能或多种机电设备的系统功能联合协调完成的。从空间位置分布看,这些运营管理设施具有明显的集中管理特点,以便于多种设施设备从系统层面实现运营管理功能。

收费站是高速公路重要的基础设施,是各种信息流动的汇接点,也是实现高速公路通行费收缴功能的主要载体。收费站通常具有收费系统参数管理、数据传输与处理、收费工作人员交接班管理、收费报表统计/查询/打印管理、数据备份与恢复管理、站内非接触式 IC(Integrated Circuit Card,集成电路卡)管理、票证与通行券管理、数据联合核查管理、通行券不可读(坏卡)/超时/车牌查询管理、客户服务管理、计重收费管理等功能。同时收费站下辖收费车道,因此还应具备半自动收费车道系统基本功能、计重收费车道系统基本功能、电子不停车收费车道系统基本功能、车道非现金支付功能和车道信息查询功能等。收费站运营管理设施的规模通常由长期交通量、收费车道数、收费人员数量、收费站的设备种类、收费站建设面积等因素确定。

管理中心是高速公路的心脏,收费分中心、监控分中心和通信分中心通常汇聚于此。管理中心的功能包括:对所辖区域及路段道路、交通、环境等信息收集、处理,制定控制策略,采取相应措施以及信息发布的功能;按照预案处理所辖路段各种突发事件的功能;对所辖区域或路段的收费业务进行管理的功能;对所辖区域或路段的机电设备进行日常运营维护的功能;对所辖区域或路段的路面、安全设施等进行日常维护的功能;对所辖区域或路段的路政进行管理的功能。管理中心运营管理设施的规模通常由长期交通量、运营管理线路长度、收费站的数量、区域路网密度等因素确定。

服务区是高速公路为使用者提供服务的基础设施，具有保障行车安全、保证运输效率、缓解驾驶员疲劳、维检修车辆服务等功能，主要由办公与生活设施组成。服务区运营管理设施的规模通常由长期交通量、运营管理线路长度、区域路网密度和沿线城市分布等因素确定。

隧道是高速公路穿越山地或重丘时，为缩短里程、节约建设用地、减少环境破坏而修建的重要构造物。高速公路隧道在实现缩短行车时间、提高行车舒适性的同时，由于其空间封闭、环境局限、线形差异大、行驶条件恶劣、污染噪声大、安全疏散和紧急救援困难等特殊条件，因此隧道的运营管理应具备的功能包括：车辆正常通行和紧急状况下的隧道照明功能；车辆正常通行和紧急状况下的隧道通风功能；火灾状况下的消防功能；及时采集隧道内交通流、交通环境和主要设备设施运行状态的各种信息，并通过控制预案对各种机电设备进行控制的功能。隧道运营管理设施的规模通常由交通量、车辆通行速度、隧道长度等因素确定。

按照专业类别划分公路交通运转运维设施设备如表3-1所示。

公路交通运转运维设施设备组成表 表3-1

运转运维设施	运转运维设备	运转运维功能	空间分布
监控设施	车辆检测器	交通流量监测	沿线
	气象监测器	交通气象监测	沿线
	闭路电视监视系统	交通视频监视	沿线
	可变标志	交通控制信息发布	沿线
	公路交通情况调查设备	交通流参数检测	沿线
	路段监控中心设备	道路监控中心	管理中心
	大屏幕系统	监控中心视频显示	管理中心
	地图板	交通参数显示	管理中心
通信设施	光纤数字传输系统	数据信息干线传输	收费站、管理中心
	以太网网络平台系统	数据信息传输	收费站、管理中心
	数字交换系统	电话语音信息传输	收费站、管理中心
	通信电源	为通信设备提供电源保障	收费站、管理中心
	路侧感知通信设备	为路侧感知计算设备提供通信服务	沿线
收费设施	入口车道设备	控制通行车辆驶入并记录相关信息	收费站
	出口车道设备	控制通行车辆驶出、收缴通行费并记录相关信息	收费站
	收费站设备	管理收费站所辖收费车道	收费站
	路段收费中心设备	管理收费中心所辖收费站	管理中心
	MTC（人工收费）卡及发卡编码系统	通行卡初始化	管理中心

续上表

运转运维设施	运转运维设备	运转运维功能	空间分布
收费设施	有线对讲紧急报警系统	收费人员语音通信和紧急情况报警	收费站
	闭路电视监视系统	收费站广场和收费车道视频信息监视	收费站
	车牌自动识别系统	通行车号牌自动识别并记录	收费站
	ETC（电子不停车收费）系统	自动控制通行车辆驶入驶出、自动收缴通行费并记录相关信息	收费站
	计重收费系统	按照通行车辆的载重信息收缴通行费并记录相关信息	收费站
低压供配电设施	低压供配电	为收费站用电设备提供电能传输	收费站
	电力监控系统	监控电能传输质量	收费站
照明设施	服务区照明	为服务区提供照明服务，保障服务区行车、生活和工作安全	服务区
	收费广场照明	为收费广场提供照明服务、保障收费广场行车、工作安全	收费站
	收费天棚照明	为收费车道提供照明服务、保障收费广场行车、工作安全	收费站
隧道机电设施	车辆检测器	隧道交通流监测	隧道
	闭路电视监视系统	隧道交通视频监视	隧道
	紧急电话与广播系统	紧急事件报警与广播	隧道
	CO/VI（一氧化碳/能见度）风速风向检测器	环境信息监测	隧道
	环境照度检测器	环境信息检测	隧道
	手动火灾报警设备	火灾报警	隧道
	自动火灾报警设备	火灾报警	隧道
	发光诱导标	行车或行人通行诱导	隧道
	隧道外可变信息标志	隧道外交通控制信息发布	隧道
	隧道内可变信息标志	隧道内交通控制信息发布	隧道
	交通信号灯	控制驶入隧道信息发布	隧道
	车道控制标志	隧道内控制通行车道信息发布	隧道

续上表

运转运维设施	运转运维设备	运转运维功能	空间分布
隧道机电设施	通风设施	隧道内环境调节、火灾状况紧急通风	隧道
	照明设施	为隧道内提供照明服务，保障隧道内行车安全	隧道
	消防设施	消防救援	隧道
	本地控制器	隧道内设备控制、数据信息传输	隧道
	低压供配电	为隧道内用电设备提供电能传输	隧道
	电力监控系统	监控电能传输质量	隧道

公路交通运转运维设施设备除具有较强的专业属性以外，还具有明显的空间分布特性，多数设施设备具有空间的集中性，也为开展能耗和节能研究提供了空间角度的切入点。

按照空间分布划分公路交通运输运维设施设备如图 3-1 所示。

3.1.1 以公路交通运转运维载体/能耗统计范围/工作领域/能源形态进行分类

公路交通运转运维期间能源消耗可分为以下类型：

(1) 根据实现高速公路营运功能的载体可以分为收费站、养护中心、营运管理中心、服务区与停车区、生活区、沿线设施等，各类设施为高速公路正常运行产生相应的能源消耗。隧道作为主要耗能设施，可以单独列出进行考虑。

(2) 根据高速公路营运期能源消耗的统计范围可将其能耗分为直接能源消耗和间接能源消耗，直接能源消耗指的是日常营运过程中产生的能源消耗，以电能消耗为主；间接能源消耗主要指由交通工具产生的能耗，以石油消耗为主。

(3) 根据高速公路营运期产生能耗的工作领域不同可将其能耗分为日常营运能耗、养护维修能耗、附属设施能耗等 3 类，其中日常营运能耗包括照明、通风、监控、通信、收费、供配电等保障高速公路正常运行的工作。

(4) 从能源性质角度分析总结高速公路营运期的能耗，主要包括电能、石油、养护原料、燃气、水等。

构建了公路交通运转运维过程的能耗体系如表 3-2 所示。

3.1.2 公路交通运转运维设备与功耗

项目主要用能系统为服务设施用能系统、管理设施用能系统、隧道用能系统、连接线用能系统。主要用能设备包括通风、照明、监控、空调等，如表 3-3 所示。

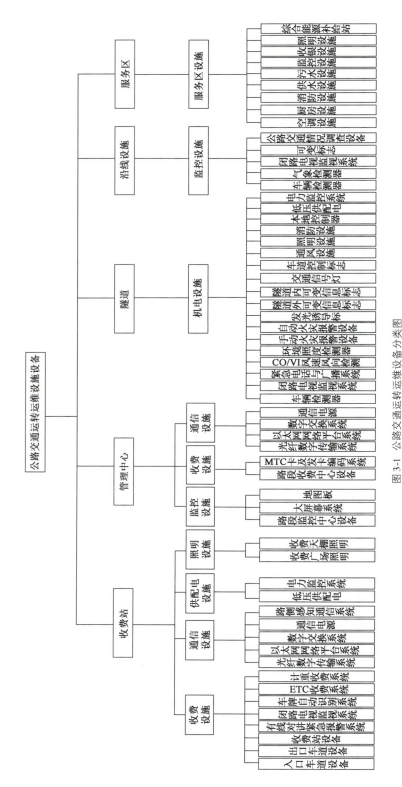

图 3-1 公路交通运转运维设备分类图

3 公路交通用能类型与规模需求预测

公路交通运转运维过程的能耗体系表　　　　　　表3-2

耗能设施	影响因素				能耗统计		
	设施规模	设施设备	环境影响	交通特性	耗能项目	耗能设备	能耗种类
服务区/停车区	服务区/停车区面积级别、工作人员数量、流动人员数量	生活及办公设备设施选型及数量、供电方式、供暖供热系统	污水处理方式、垃圾处理方式等	所处区域/路段交通量	综合服务楼、卫生间	照明、办公、餐饮相关设施设备	电、水、燃气
					综合能源服务站	车辆能源补给	柴油、汽油、水、电、氢、燃气
					停车场	照明	电
					维修间	相关设施设备	电、水
隧道	长度/路面及墙面、纵坡	控制、布设方式及灯具、风机选型	洞口亮度、气候、植被覆盖情况、地形地貌、空气质量	隧道近、远期设计交通量、设计车速，主要影响照明通风设计参数	照明系统	照明灯具	电
					通风系统	风机	电
					监控系统	监控设备	电
					消防系统	消防设备	电、水
					供电系统	供配电设备	电
					交通安全设施	交通信号灯等	电
收费站	建设面积、自动化程度及收费亭、收费车道、工作人员数量	收费设备选型、广场照明灯具选型及布设方式	收费站周围气候、温度、光照特征	交通量、服务水平	收费车道	收费设备	电
					收费监控系统	监控设备	电
					照明系统	照明灯具	电
					收费站供配电系统	供配电设备	电
养护中心	养护路段里程数	养护模式、实施水平、管理技术	养护路段所处自然环境、气候特征	养护路段交通量	养护运维	养护装备、运维设施	燃油、电、氢、水、养护材料
沿线设施	主路段总里程数	监控及通信设备布设间距	路段光照、气候特征	路段交通量	监控系统	监控设备	电
					通信设备	通信设备	电
					照明设备	照明灯具	电
					交通安全设施	交通安全设备	电
生活区	建设面积、员工数量、车辆数	生活设施选型、数量及布设控制	自然地理特征及气候、污水及垃圾处理方式等	—	生活能耗	生活、办公设备	水、电、热
					用车能耗	交通通勤	燃油、电、氢
营运管理中心	建设面积、工作人员数量、运营保障车数辆	办公设备选型及数量、办公自动化程度、营运管理自动化程度	周围气候特征和地形地貌特征	营运管理路段交通量等	办公	办公设备设施	电、水、热
路侧感知计算设施	主路段总里程数、服务区/停车区面积级别	路侧感知及通信设备覆盖范围及密度	感知路段所处自然环境、气候特征	路段交通量	感知、通信、计算系统及附属设施	感知、通信、计算设备	电

公路交通运转运维设备与功耗表　　　　　表 3-3

序号	设备名称	功率(kW)
一	通风设备	
1	射流风机	30
2	轴流风机	110
二	照明灯具	
1	路灯	0.2
2	隧道用 LED 灯	0.001
3	隧道用高压钠灯 100W	0.1
4	隧道用无极灯 100W	0.1
5	隧道用无极灯 200W	0.2
6	隧道用无极灯 400W	0.4
7	无极荧光灯	0.04
8	红外感应 LED 灯	0.02
9	自充电式无极灯	0.1
三	监控设施	
1	变焦摄像机(包括解码器、云台防护罩等)	0.3
2	彩色定焦摄像机(包括设备箱、支架、防护罩等)	0.2
3	悬臂式可变情报板	4.5
四	其他	
1	信号灯	0.2
2	光强检测仪	0.15
3	CO/VI 检测仪	0.15
4	风向风速仪	0.15
5	可变限速标志	1
6	区域控制器	0.5
7	工业交换机	0.05
8	隧道紧急电话(包括功放)	0.18
9	隧道广播扬声器	0.025
10	远端光端机	0.05
11	车道控制灯	0.15
12	车行横洞标志	0.01
13	人行横洞标志	0.01
14	紧急停车带标志	0.01
15	疏散标示标志	0.02
16	消防设备指示标志	0.02
17	中央空调	2~5
18	1 匹空调	0.8
19	2 匹空调	1.8
20	3 匹空调	2.8

3.2 能源自洽公路交通运转运维过程供需平衡分析——以公路隧道为例

基于可再生能源供电的高速公路隧道运营供需平衡分析是基于攀大高速公路(四川段)5座隧道的供给侧和需求侧的综合分析。在供给侧,采用了光伏这一可再生清洁能源产生电能,并计算了沿线铺设的光伏设施在一年内所能产生的电能。在需求侧,对于高速公路隧道机电系统的能耗进行测算,包括高速公路隧道通风系统、照明系统以及监控系统和其他机电系统。对供给侧和需求侧的供需平衡关系进行分析,判断光伏发电能够给需求侧供给多少的电能、是否达到供需平衡、在不平衡的情况下为保证高速公路隧道机电系统的正常运营需要从电网补充多少电能。

3.2.1 光伏公路隧道发电模型建立

根据《光伏发电站设计规范》(GB 50797—2012)中光伏发电站上网电量计算公式进行计算,其中同样给出了光伏电站上网发电量的指导性公式:

$$E_P = H_A \times \frac{P_{AZ}}{E_S} \times K \tag{3-1}$$

式中,H_A 为水平面太阳能总辐射量,单位为 $kW \cdot h/m^2$(峰值小时数);E_P 为上网发电量,单位为 $kW \cdot h$;E_S 为标准条件下的辐照度(常数为 $1kW \cdot h/m^2$);P_{AZ} 为组件安装容量,单位为 kWp;K 为综合效率系数。

综合效率系数 K 包括:光伏组件类型修正系数、光伏方阵的倾角、方位角修正系数、光伏发电系统可用率、光照利用率、逆变器效率、集电线路损耗、升压变压器损耗、光伏组件表面污染修正系数、光伏组件转换效率修正系数。太阳能的辐射总量可以通过 MATLAB 软件以上述公式为基础编程计算得到,标准条件下的辐照度可以根据《太阳能 在不同接受条件下的太阳光谱辐照度标准 第1部分:大气质量1.5的法向直接日射辐照度和半球向日射辐照度》(GB/T 17683.1—1999)中给出的标准得到,组件安装容量已知,综合效率系数在粗略非精细计算的情况下,取 0.8~0.85 的近似值,可以选择使用该方案进行光伏发电量的计算。

查询四川部分城市每日峰值太阳照射时间如表3-4所示。

四川日照峰值时数表(部分)　　　　　　　　　　表3-4

市名	一月	二月	三月	四月	五月	六月	七月	八月	九月	十月	十一月	十二月	平均日照(h)	海拔(m)	纬度(°)	经度(°)
攀枝花	4.52	5.2	5.73	6.17	5.87	5.16	4.54	4.56	3.89	4.05	4.17	4.16	4.83	1094	26.58	101.72
成都	2.35	2.6	3.14	3.93	4.28	4.08	4.2	3.9	2.96	2.46	2.22	2.04	3.18	494	30.57	104.06
资阳	2.35	2.6	3.14	3.93	4.28	4.08	4.2	3.9	2.96	2.46	2.22	2.04	3.18	364	30.13	104.63

续上表

市名	一月	二月	三月	四月	五月	六月	七月	八月	九月	十月	十一月	十二月	平均日照(h)	海拔(m)	纬度(°)	经度(°)
自贡	2.22	2.59	3.18	4.07	4.29	3.93	4.2	3.88	2.98	2.38	2.18	1.94	3.16	307	29.34	104.78
内江	2.08	2.47	3.15	3.93	4.2	3.98	4.44	4.16	3.11	2.33	2.08	1.8	3.15	342	29.58	105.06
南充	1.95	2.32	3.08	3.76	4.15	4.01	4.57	4.38	3.12	2.35	1.99	1.75	3.12	318	30.84	106.11
广安	1.95	2.32	3.08	3.76	4.15	4.01	4.57	4.38	3.12	2.35	1.99	1.75	3.12	294	30.46	106.63

由表3-4可知,攀枝花地区的峰值日照时间每天在4~5h内,该段时间内光伏输出能够达到额定输出,可视为有效时间段,结合绘制的辐射曲线,可以计算每天的峰值日照时段的太阳辐射量。

以每天的13:00为峰值顶峰,前后2h内的时段为峰值时段,即每天11:00—15:00,将这段时间内的太阳能辐射量累加起来即为当天能够实际用于光伏发电的辐射量。

利用仿真软件,以攀枝花南站的地理坐标为例,分别计算一年中每月1号、15号、30号的当日总辐射量和峰值总辐射量,并分别计算其平均值,可知在攀枝花南站每天能够实际用于发电的平均太阳辐射量的理论值约为 $5.6 kW \cdot h/m^2$。

从表3-5的结果还可以看出,该地区每年的3月到9月是太阳辐射能最为丰富的时段,其值均高于年平均值,而10月到次年2月则为太阳辐射能较弱的时段,其值均低于年平均值。

攀枝花南站全年典型日总辐射量以及峰值辐射量 表3-5

月份	号数	当日总辐射量($kW \cdot h/m^2$)	日峰值时间辐射量($kW \cdot h/m^2$)	月份	号数	当日总辐射量($kW \cdot h/m^2$)	日峰值时间辐射量($kW \cdot h/m^2$)
1	1	3.30914	2.47	7	15	7.57336	4.59073
1	15	3.50814	2.59331	7	30	7.40835	4.54769
1	30	3.88567	2.82153	8	1	7.37863	4.53898
2	1	3.94705	2.85818	8	15	7.11406	4.45167
2	15	4.44084	3.14417	8	30	6.71597	4.29637
2	30	5.0485	3.48133	9	1	6.65424	4.27027
3	1	5.0067	3.45866	9	15	6.16955	4.05198
3	15	5.59263	3.76829	9	30	5.57134	3.7573
3	30	6.18885	4.06115	10	1	5.52978	3.73593
4	1	6.26297	4.09572	10	15	4.94363	3.42423
4	15	6.73155	4.30298	10	30	4.3453	3.08966
4	30	7.12525	4.45591	11	1	4.27119	3.04715
5	1	7.14731	4.4637	11	15	3.81142	2.77716
5	15	7.40138	4.54576	11	30	3.46067	2.56403
5	30	7.56956	4.58992	12	1	3.44325	2.55328
6	1	7.58487	4.59338	12	15	3.28371	2.45418
6	15	7.65141	4.60702	平均值		5.6851917	3.7259658
7	1	7.64744	4.60625				

年发电总量 E_P 计算如下：

$$E_P = 3.725 \times \frac{2.68 \times 10^3}{802.71 \times 10^{-3}} \times 0.8 \times 365 = 3631493.32 (\text{kW} \cdot \text{h}) \tag{3-2}$$

将此计算结果与现已投入运营的光伏发电站年发电量作对比，符合规律，故该结果具有一定参考性。

3.2.2 公路隧道通风系统能耗分析

1）设置机械通风的判定

攀大高速公路（四川段）各隧道的长度见表3-6。

攀大高速公路（四川段）各隧道的长度　　　　　　表3-6

隧道名称	左线长度(m)	右线长度(m)
总发隧道	4634	4657
中坝隧道	5084	5087
宝鼎隧道	8775	8762
平洞隧道	4685	4716
半边街隧道	1832	1815

对于 G5 京昆高速在攀枝花市境内的金江枢纽至总发枢纽之间的大浸沟隧道、团堡山隧道、龙树湾隧道和三棵树隧道等，若认为上下行交通量大致相等，则其单向年平均日交通量均在 6000~7000 辆。由于攀大高速公路（四川段）的 5 座隧道多穿越煤层，5 座隧道中有 3 座隧道为瓦斯隧道。为保证隧道的正常通风，防止瓦斯中的烷烃、硫化氢等有害气体影响隧道安全，现将 AADT 和 K 值取最大值，攀大高速公路上隧道的设计小时交通量如式(3-3)、式(3-4)所示：

$$N = 7000 \times 18\% = 1260 (\text{veh/h}) \tag{3-3}$$

取长度最短的半边街隧道右线 $L = 1815\text{m}$。

$$L \cdot N = 1815 \times 1260 = 2.3 \times 10^6 \geqslant 2 \times 10^6 \tag{3-4}$$

可知攀大高速公路（四川段）的 5 座隧道的左右两洞满足设置机械通风的条件。

2）通风方式的选择

我国已建成的长度大于 5000m 的高速公路隧道普遍采用"通风井送排式 + 射流风机"组合通风方式。攀大高速公路（四川段）的各隧道拟采用如表3-7 所示的通风方式。

攀大高速公路(四川段)的各隧道的通风方式　　　　　　　　　　　　　　　表 3-7

隧道名称	左线长度(m)	左线通风方式	右线长度(m)	右线通风方式
总发隧道	4634	全射流式	4657	全射流式
中坝隧道	5084	全射流式	5087	全射流式
宝鼎隧道	8775	通风井送排式+射流风机	4010+4752=8762(含深度为218m的竖井)	通风井送排式+射流风机
平洞隧道	4685	全射流式	4716	全射流式
半边街隧道	1832	全射流式	1815	全射流式

虽然中坝隧道左右两线长度均超过 5000m，但超出并不多，且隧道不含竖井等设施，故此处仍采用全射流式通风。事实上，国内外均有超过 5000m 的隧道采取全射流纵向通风方式的例子，如张涿高速分水岭隧道右线(6844m)；意大利 Aosta 隧道(7.6km 单洞)；挪威 Fodness 隧道(6.5km)等。

3）通风标准

隧道长度为 $1000m < L \leqslant 3000m$ 时，可按线性内插法取值。交通阻滞时，阻滞段的平均 CO 设计浓度 δ_{CO} 可根据表 3-8 取 $150 cm^3/m^3$，同时经历时间不宜超过 20min。

攀大高速公路(四川段)隧道各洞的 CO 设计浓度 δ_{CO}　　　　　　　表 3-8

隧道名称	左线长度(m)	左线 δ_{CO}(cm³/m³)	右线长度(m)	右线 δ_{CO}(cm³/m³)
总发隧道	4634	100	4657	100
中坝隧道	5084	100	5087	100
宝鼎隧道	8775	100	8762	100
平洞隧道	4685	100	4716	100
半边街隧道	1832	129.2	1815	129.6

计算所得的各隧道烟尘排放量如表 3-9 所示。

各隧道烟尘排放量 Q_{VI}　　　　　　　　　　　　　　　表 3-9

隧道名称	左线长度(m)	左线 Q_{VI}(m²/s)	右线长度(m)	右线 Q_{VI}(m²/s)
总发隧道	4634	2.595	4657	2.608
中坝隧道	5084	2.847	5087	2.848
宝鼎隧道	8775	4.914	8762	4.907
平洞隧道	4685	2.624	4716	2.641
半边街隧道	1832	1.026	1815	1.016

各隧道稀释烟尘需风量应按标准计算，如表 3-10 所示。

各隧道稀释烟尘的需风量 $Q_{req(VI)}$　　　表3-10

隧道名称	左线长度(m)	左线 $Q_{req(VI)}$ (m³/s)	右线长度(m)	右线 $Q_{req(VI)}$ (m³/s)
总发隧道	4634	399.23	4657	401.23
中坝隧道	5084	438.00	5087	438.15
宝鼎隧道	8775	756.00	8762	754.92
平洞隧道	4685	403.69	4716	406.31
半边街隧道	1832	157.85	1815	156.30

各隧道 CO 排放量应按标准计算,如表3-11所示。

各隧道 CO 排放量 Q_{CO}　　　表3-11

隧道名称	左线长度(m)	左线 Q_{CO} (m³/s)	右线长度(m)	右线 Q_{CO} (m³/s)
总发隧道	4634	0.0388	4657	0.0390
中坝隧道	5084	0.0425	5087	0.0426
宝鼎隧道	8775	0.0734	8762	0.0733
平洞隧道	4685	0.0391	4716	0.0395
半边街隧道	1832	0.0153	1815	0.0152

各隧道稀释 CO 的需风量应按标准计算如表3-12所示。

各隧道稀释 CO 的需风量 $Q_{req(CO)}$　　　表3-12

隧道名称	左线长度(m)	左线 $Q_{req(CO)}$ (m³/s)	右线长度(m)	右线 $Q_{req(CO)}$ (m³/s)
总发隧道	4634	484.36	4657	486.86
中坝隧道	5084	530.55	5087	531.80
宝鼎隧道	8775	916.29	8762	915.04
平洞隧道	4685	488.10	4716	493.10
半边街隧道	1832	148.05	1815	147.09

各隧道最大需风量如表3-13所示。

各隧道最大需风量 Q_r　　　表3-13

隧道名称	左线长度(m)		左线 Q_r (m³/s)		右线长度(m)		右线 Q_r (m³/s)	
总发隧道	4634		484.36		4657		486.86	
中坝隧道	5084		530.55		5087		531.80	
宝鼎隧道	4016	4759	419.35	496.98	4010	4752	418.78	496.26
平洞隧道	4685		488.10		4716		493.10	
半边街隧道	1832		157.85		1815		156.30	

各隧道设计风速如表3-14所示。

各隧道设计风速 v_r　　　　　　　　　　　　　　　　　　　　　　表 3-14

隧道名称	左线长度(m)		左线 v_r(m/s)		右线长度(m)		右线 v_r(m/s)	
总发隧道	4634		6.92		4657		6.96	
中坝隧道	5084		7.58		5087		7.60	
宝鼎隧道	4016	4759	5.99	7.10	4010	4752	5.98	7.09
平洞隧道	4685		6.97		4716		7.04	
半边街隧道	1832		2.26		1815		2.23	

4) 通风计算

计算所得的各隧道内自然通风力 Δp_m 如表 3-15 所示。

各隧道内自然通风力 Δp_m　　　　　　　　　　　　　　　　　　　　　　表 3-15

隧道名称	左线长度(m)		左线 Δp_m(N/m²)		右线长度(m)		右线 Δp_m(N/m²)	
总发隧道	4634		-26.13		4657		+26.25	
中坝隧道	5084		-28.39		5087		+28.40	
宝鼎隧道	4016	4759	-23.03	-26.76	4010	4752	+23.00	+26.72
平洞隧道	4685		+26.39		4716		-26.54	
半边街隧道	1832		+12.06		1815		-11.98	

考虑到攀枝花市一般盛行南风和东风,结合攀大高速公路(四川段)隧道的走向,对于南北走向的半边街隧道、平洞隧道,其左线认为是阻力,右线认为是动力;对于东西走向的总发隧道、中坝隧道、宝鼎隧道,其左线认为是动力,右线认为是阻力。

计算得到各隧道交通通风力 Δp_t 如表 3-16 所示。

各隧道交通通风力 Δp_t　　　　　　　　　　　　　　　　　　　　　　表 3-16

隧道名称	左线长度(m)		左线 Δp_t(N/m²)		右线长度(m)		右线 Δp_t(N/m²)	
总发隧道	4634		+130.98		4657		+131.65	
中坝隧道	5084		+143.72		5087		+143.80	
宝鼎隧道	4016	4759	+113.53	+134.53	4010	4752	+113.36	+134.33
平洞隧道	4685		+132.44		4716		+133.32	
半边街隧道	1832		+64.49		1815		+63.99	

计算得到各隧道通风阻力 Δp_r 如表 3-17 所示。

各隧道通风阻力 Δp_r　　　　　　　　　　　　　　　　　　　　　　表 3-17

隧道名称	左线长度(m)		左线 Δp_r(N/m²)		右线长度(m)		右线 Δp_r(N/m²)	
总发隧道	4634		298.11		4657		299.51	
中坝隧道	5084		325.39		5087		325.57	
宝鼎隧道	4016	4759	260.66	305.69	4010	4752	260.30	305.27
平洞隧道	4685		301.21		4716		303.08	
半边街隧道	1832		103.12		1815		103.02	

射流风机群总升压力计算如表 3-18 所示。

射流风机群总升压力 $\sum \Delta p_j$　　　　　　　　　　　表 3-18

隧道名称	左线长度(m)		左线 $\sum \Delta p_j$ (N/m²)		右线长度(m)		右线 $\sum \Delta p_j$ (N/m²)	
总发隧道	4634		141.00		4657		194.11	
中坝隧道	5084		153.28		5087		210.17	
宝鼎隧道	4016	4759	124.10	144.40	4010	4752	169.94	197.66
平洞隧道	4685		195.16		4716		143.22	
半边街隧道	1832		50.69		1815		27.05	

选用四川某公司生产的 SDS-INO.10K4Pa1 射流风机,其参数如表 3-19 所示。

SDS-INO.10K4Pa1 射流风机参数表　　　　　　　　　　　表 3-19

机号	转速 (r/min)	风量 (m³/s)	出口风速 (m/s)	推力 (N)	配用功率 (kW)	噪声 (dB)
10K	1470	39	41	1650	55	75

在满足隧道设计风速 v_r 的条件下,各隧道所需射流风机台数 i 计算如表 3-20 所示。

各隧道所需射流风机台数 i　　　　　　　　　　　表 3-20

隧道名称	左线长度(m)		左线 i(台)		右线长度(m)		右线 i(台)	
总发隧道	4634		10		4657		13	
中坝隧道	5084		11		5087		15	
宝鼎隧道	4016	4759	9	10	4010	4752	12	14
平洞隧道	4685		13		4716		10	
半边街隧道	1832		3		1815		2	

选用四川某公司生产的 SDZF-TP-NO.12.5 轴流风机作为排风机,SDZF-TP-NO.14 轴流风机作为送风机,其参数如表 3-21 所示。

SDZF-TP-NO.12.5 及 SDZF-TP-NO.14 轴流风机参数表　　　表 3-21

风机型号	电机转速 (r/min)	电机功率 (kW)	风量 (m³/min)	风压 (N/m²)
SDZF-TP-NO.12.5	1450	110×2	1000~2912	500~6500
SDZF-TP-NO.14	1450	160×2	2113~4116	1078~6860

为使左右两线得以共用隧道竖井,在换气横通道处选用两台 SDZF-TP-NO.12.5 轴流风机。攀大高速公路(四川段)隧道通风系统所用的风机和总功率如表 3-22 所示。

攀大高速公路(四川段)隧道通风系统配机功率 表3-22

隧道名称	左右线	主洞/竖井	风机类型	风机数(台)	配机功率(kW)	通风总功率(kW)
总发隧道	左线	主洞	射流风机	10	550	1265
	右线	主洞	射流风机	13	715	
中坝隧道	左线	主洞	射流风机	11	605	1430
	右线	主洞	射流风机	15	825	
平洞隧道	左线	主洞	射流风机	13	715	1265
	右线	主洞	射流风机	10	550	
半边街隧道	左线	主洞	射流风机	3	165	275
	右线	主洞	射流风机	2	110	
宝鼎隧道	左线	主洞	射流风机	19	1045	4555
	右线	主洞	射流风机	26	1430	
		竖井(排风)	轴流风机	3	660	
		竖井(送风)	轴流风机	3	960	
		换气横通道	轴流风机	2	440	

故攀大高速公路(四川段)的5座隧道的隧道通风系统的总功率为8790kW。

5)隧道通风系统能耗

考虑到攀大高速公路(四川段)目前正处在建成和正式收费运营初期,且道路途经地区人口相对稀疏,因此交通量较少。由于交通量因素且缺乏传感器数据,故此处采用定时(时序)控制的方式控制隧道风机完成通风。

每台风机应间隔启动,启动时间间隔不宜小于30s。由于启动间隔相对风机的定时控制周期很短,计算时忽略不计,预测交通量为7000veh/d。在世界各国(包括中国)的城市道路中,机动车的高峰小时比率一般都在10%左右,郊区一般大于市中心区。

假设一天内隧道交通量的高峰时间为4h,其余时段为非高峰时间。假设其小时交通量占当日交通量的百分比为3%,将隧道分为3个通风段,I段为隧道的最中心段,III段为出入口段。

为计算和控制方便起见,每个通风段的长度均为隧道长度的1/3,保证风量和风速的前提下,隧道风机控制方案及负荷如表3-23所示。

攀大高速公路(四川段)隧道风机控制方案及负荷 表3-23

通风控制时段	通风段	实际功率/额定功率	风机控制周期(min)	周期内风机开启时长(min)	功率(kW)
高峰时段	I段	1	60	30	5205
	II段	1/3			
	III段	1/6			
其他时段	I段	1/3			1465
	II段	1/9			
	III段	1/18			

故年通风能耗 W 为：

$$W = \left(5205 \times \frac{1}{2} \times 4 + 1465 \times \frac{1}{2} \times 20\right) \times 365 = 9.147 \times 10^6 (\mathrm{kW \cdot h}) \tag{3-5}$$

根据其他已建成隧道的预期能耗进行估算和验证方案合理性。新疆东天山隧道的通风系统装机功率为8207kW，根据中交一公司的预测数据，其20年预期能耗为 $1.2344 \times 10^5 \mathrm{kW \cdot h}$，计算风机按每天全负荷输出的工作时间 t 为：

$$t = \frac{W}{P} = \frac{1.2344 \times 10^5}{20 \times 365 \times 8207} = 2.06 (\mathrm{h}) \tag{3-6}$$

轴流风机、射流风机按每天全负荷工作2.06h计。对于攀大隧道（四川段）隧道群，装机总功率为8790kW，据此计算其年耗电量 W_1 为：

$$W_1 = 8790 \times 2.06 \times 365 = 6.609 \times 10^6 (\mathrm{kW \cdot h}) \tag{3-7}$$

对于交通量较大的隧道，在预测和进行通风方式优化时，其轴流风机、射流风机按每天全负荷工作4h计。对于攀大隧道（四川段）隧道群，其年耗电量 W_2 为：

$$W_2 = 8790 \times 4 \times 365 = 12.833 \times 10^6 (\mathrm{kW \cdot h}) \tag{3-8}$$

考虑到攀大隧道（四川段）开通时间不长，车流量较小，达不到按4h计的标准，但其交通量也较地处新疆非人口密集区的东天山隧道大。在初期缺乏具体传感器数据时，采用此估算数据能够保有一定的裕量，在后期交通运营稳定且有大量交通量和传感器数据时可持续优化通风方案。

3.2.3 公路隧道照明系统能耗分析

1）隧道照明设置要求

攀大高速公路各隧道入口段设计亮度如表3-24所示。

各隧道入口段设计亮度 表3-24

隧道名称	左线入口段 TH1 的亮度（cd/m²）	左线入口段 TH2 的亮度（cd/m²）	右线入口段 TH1 的亮度（cd/m²）	右线入口段 TH2 的亮度（cd/m²）
总发隧道	76.0	38.0	57.0	28.5
中坝隧道	76.0	38.0	57.0	28.5
宝鼎隧道	57.0	28.5	76.0	38.0
平洞隧道	76.0	38.0	57.0	28.5
半边街隧道	76.0	38.0	57.0	28.5

各隧道照明设计的洞外亮度如表3-25所示。

各隧道照明设计的洞外亮度　　　　　　　　　　　　　　　表3-25

隧道名称	左线 $L_{20}(S)$ (cd/m^2)	右线 $L_{20}(S)$ (cd/m^2)
总发隧道	4000	3000
中坝隧道	4000	3000
宝鼎隧道	3000	4000
平洞隧道	4000	3000
半边街隧道	4000	3000

洞外亮度应结合地理位置及地形来考虑。由于攀枝花市山地面积较大,隧道的洞口天空面积百分比通常较低,这里取天空面积百分比为10%,并结合隧道的朝向。

各隧道入口长度如表3-26所示。

各隧道入口段长度　　　　　　　　　　　　　　　　表3-26

隧道名称	左线入口段 TH1 长度(m)	左线入口段 TH2 长度(m)	右线入口段 TH1 长度(m)	右线入口段 TH2 长度(m)
总发隧道	16.72	16.72	16.72	16.72
中坝隧道	16.72	16.72	16.72	16.72
宝鼎隧道	16.72	16.72	16.72	16.72
平洞隧道	16.72	16.72	16.72	16.72
半边街隧道	16.72	16.72	16.72	16.72

(1)过渡段照明。

①过渡段亮度。

过渡段宜按渐变递减原则划分为 TR1、TR2、TR3 三个照明段,与之对应的亮度计算如表3-27所示。

各隧道过渡段设计亮度　　　　　　　　　　　　　　　表3-27

隧道名称	左线 TR1 的亮度(cd/m^2)	左线 TR2 的亮度(cd/m^2)	左线 TR3 的亮度(cd/m^2)	右线 TR1 的亮度(cd/m^2)	右线 TR2 的亮度(cd/m^2)	右线 TR3 的亮度(cd/m^2)
总发隧道	11.40	3.80	1.52	8.55	2.85	1.14
中坝隧道	11.40	3.80	1.52	8.55	2.85	1.14
宝鼎隧道	8.55	2.85	1.14	11.40	3.80	1.52
平洞隧道	11.40	3.80	1.52	8.55	2.85	1.14
半边街隧道	11.40	3.80	1.52	8.55	2.85	1.14

②过渡段长度。

各隧道过渡段长度计算如表3-28所示。

各隧道过渡段长度

表 3-28

隧道名称	左线 TR1 的长度(m)	左线 TR2 的长度(m)	左线 TR3 的长度(m)	右线 TR1 的长度(m)	右线 TR2 的长度(m)	右线 TR3 的长度(m)
总发隧道	44.48	66.67	100.00	44.48	66.67	100.00
中坝隧道	44.48	66.67	100.00	44.48	66.67	100.00
宝鼎隧道	44.48	66.67	100.00	44.48	66.67	100.00
平洞隧道	44.48	66.67	100.00	44.48	66.67	100.00
半边街隧道	44.48	66.67	100.00	44.48	66.67	100.00

（2）中间段照明。

按照公路隧道照明设计细则，单向交通中间段照明亮度根据按表 3-29 取值。

中间段亮度表 L_{in} (cd/m^2)

表 3-29

设计速度 (km/h)	L_{in}		
	$N \geqslant 650$ [veh/(h·ln)]	350 [veh/(h·ln)] < N < 1200 [veh/(h·ln)]	$N \leqslant 350$ [veh/(h·ln)]
120	10.0	6.0	4.5
100	6.5	4.5	3.0
80	3.5	2.5	1.5
60	2.0	1.5	1.0
20 ~ 40	1.0	1.0	1.0

这里 L_{in} 取 1.5 cd/m^2。单向交通且以设计速度通过隧道时间超过 135s 时，隧道中间宜分为两个照明段，与之对应的长度如表 3-30 所示。

中间段两个照明段长度及亮度取值

表 3-30

项目	长度	亮度(cd/m^2)
中间段第一段照明	设计速度下 30s 行车距离	L_{in}
中间段第二段照明	余下的中间段长度	80% L_{in}，且不低于 1.0 cd/m^2

设计速度为 60km/h，在 135s 内的行车距离为 2250m，因此，除半边街隧道外的隧道均应设置两段中间段照明。80% L_{in} = 1.2 cd/m^2。

（3）出口段照明。

隧道各照明段长度及亮度计算如表 3-31、表 3-32 所示。

隧道各照明段长度(m)

表 3-31

隧道	左右线	入口一段	入口二段	过渡一段	过渡二段	过渡三段	中间一段	中间二段	出口一段	出口二段
总发隧道	左线	16.7	16.7	44.5	66.7	100.0	2250	2079.4	30	30
	右线	16.7	16.7	44.5	66.7	100.0	2250	2102.4	30	30

续上表

隧道	左右线	入口一段	入口二段	过渡一段	过渡二段	过渡三段	中间一段	中间二段	出口一段	出口二段
中坝隧道	左线	16.7	16.7	44.5	66.7	100.0	2250	2562.4	30	30
	右线	16.7	16.7	44.5	66.7	100.0	2250	2532.4	30	30
宝鼎隧道	左线	16.7	16.7	44.5	66.7	100.0	2250	6220.4	30	30
	右线	16.7	16.7	44.5	66.7	100.0	2250	6207.4	30	30
平洞隧道	左线	16.7	16.7	44.5	66.7	100.0	2250	2130.4	30	30
	右线	16.7	16.7	44.5	66.7	100.0	2250	2161.4	30	30
半边街隧道	左线	16.7	16.7	44.5	66.7	100.0	1527.4	—	30	30
	右线	16.7	16.7	44.5	66.7	100.0	1510.4	—	30	30

隧道各照明段亮度(cd/m^2) 表3-32

隧道	左右线	入口一段	入口二段	过渡一段	过渡二段	过渡三段	中间一段	中间二段	出口一段	出口二段
总发隧道	左线	76.0	38.0	11.40	3.80	1.52	1.50	1.20	4.5	7.5
	右线	57.0	28.5	8.55	2.85	1.50	1.50	1.20	4.5	7.5
中坝隧道	左线	76.0	38.0	11.40	3.80	1.52	1.50	1.20	4.5	7.5
	右线	57.0	28.5	8.55	2.85	1.50	1.50	1.20	4.5	7.5
宝鼎隧道	左线	57.0	28.5	8.55	2.85	1.50	1.50	1.20	4.5	7.5
	右线	76.0	38.0	11.40	3.80	1.52	1.50	1.20	4.5	7.5
平洞隧道	左线	76.0	38.0	11.40	3.80	1.52	1.50	1.20	4.5	7.5
	右线	57.0	28.5	8.55	2.85	1.50	1.50	1.20	4.5	7.5
半边街隧道	左线	76.0	38.0	11.40	3.80	1.52	1.50	—	4.5	7.5
	右线	57.0	28.5	8.55	2.85	1.50	1.50	—	4.5	7.5

注：为保证中间段的亮度符合标准，将过渡三段中不足 1.50 cd/m^2 的调整至 1.50 cd/m^2。

(4)其他照明。

①紧急停车带和横通道照明。

紧急停车带照明宜采用显色指数高的光源，其亮度不应低于 4.0 cd/m^2。横通道亮度不应低于 1.0 cd/m^2。

②应急照明与洞外引道照明。

长度 $L>500m$ 的高速公路隧道应设置应急照明系统，采用不间断供电系统。应急照明亮度不应小于中间段亮度的 10%，不应低于 0.2 cd/m^2。

应急照明可利用部分基本照明灯具。应急照明亮度不应小于中间段亮度的 10%，且不应低于 0.2 cd/m^2。对于设计速度为 60km/h 的隧道，取亮度 0.2 cd/m^2。

对于设计速度为 60km/h 的公路隧道，按设计规范亮度不宜低于 0.5 cd/m^2；长度不宜短于 96m。

2）照明计算

本工程采用上鸿照明 SDK 系列 LED（发光二极管）光源的灯具，参数如表3-33所示。

3 公路交通用能类型与规模需求预测

SDK 系列 LED 隧道灯参数表 表 3-33

功率 (W)	输入电压 (V)	抗浪涌 (kV)	整体光效 (lm/W)	色温 (K)	防护等级
50/100/150/200	AC85~265	4~6	130	2700~6500	IP65

根据计算结果和隧道照明工程设计实例,各隧道照明系统设置如表 3-34 所示。

总发隧道照明系统设置 表 3-34

左右线	照明段	长度 (m)	设计亮度 (cd/m²)	功率 (W)	布置 方式	灯距 (m)	灯具 数量(个)	总功率 (W)
左线	TH1	16.7	76	200	双侧对称	1.5	12×2	4800
	TH2	16.7	38	200	双侧对称	3.0	6×2	2400
	TR1	44.5	11.4	100	双侧对称	4.5	10×2	2000
	TR2	66.7	3.8	50	双侧对称	6.0	12×2	1200
	TR3	100	1.52	50	双侧对称	10.0	10×2	1000
	IN1	2250	1.5	50	双侧对称	10.0	225×2	22500
	IN2	2079.4	1.2	50	双侧对称	12.0	174×2	17400
	EX1	30	4.5	100	双侧对称	10.0	3×2	600
	EX2	30	7.5	100	双侧对称	5.0	6×2	1200
右线	TH1	16.7	57	150	双侧对称	1.5	12×2	3600
	TH2	16.7	28.5	150	双侧对称	3.0	6×2	1800
	TR1	44.5	8.6	100	双侧对称	6.0	8×2	1600
	TR2	66.7	2.9	50	双侧对称	9.0	8×2	800
	TR3	100	1.5	50	双侧对称	10.0	10×2	1000
	IN1	2250	1.5	50	双侧对称	10.0	225×2	22500
	IN2	2102.4	1.2	50	双侧对称	12.0	176×2	17600
	EX1	30	4.5	100	双侧对称	10.0	3×2	600
	EX2	30	7.5	100	双侧对称	5.0	6×2	1200

总发隧道照明系统左线总功率为 53.1kW,右线总功率为 50.7 kW,总计 103.8kW。攀大高速公路(四川段)的 5 座隧道的隧道照明系统设置及功率如表 3-35~表 3-39 所示。

中坝隧道照明系统设置 表 3-35

左右线	照明段	长度 (m)	设计亮度 (cd/m²)	功率 (W)	布置 方式	灯距 (m)	灯具数量 (个)	总功率 (W)
左线	TH1	16.7	76	200	双侧对称	1.5	12×2	4800
	TH2	16.7	38	200	双侧对称	3.0	6×2	2400
	TR1	44.5	11.4	100	双侧对称	4.5	10×2	2000
	TR2	66.7	3.8	50	双侧对称	6.0	12×2	1200
	TR3	100	1.52	50	双侧对称	10.0	10×2	1000

续上表

左右线	照明段	长度（m）	设计亮度（cd/m²）	功率（W）	布置方式	灯距（m）	灯具数量（个）	总功率（W）
左线	IN1	2250	1.5	50	双侧对称	10.0	225×2	22500
	IN2	2562.4	1.2	50	双侧对称	12.0	214×2	21400
	EX1	30	4.5	100	双侧对称	10.0	3×2	600
	EX2	30	7.5	100	双侧对称	5.0	6×2	1200
右线	TH1	16.7	57	150	双侧对称	1.5	12×2	3600
	TH2	16.7	28.5	150	双侧对称	3.0	6×2	1800
	TR1	44.5	8.6	100	双侧对称	6.0	8×2	1600
	TR2	66.7	2.9	50	双侧对称	9.0	8×2	800
	TR3	100	1.5	50	双侧对称	10.0	10×2	1000
	IN1	2250	1.5	50	双侧对称	10.0	225×2	22500
	IN2	2532.4	1.2	50	双侧对称	12.0	212×2	21200
	EX1	30	4.5	100	双侧对称	10.0	3×2	600
	EX2	30	7.5	100	双侧对称	5.0	6×2	1200

宝鼎隧道照明系统设置　　　　表3-36

左右线	照明段	长度（m）	设计亮度（cd/m²）	灯具功率（W）	布置方式	灯距（m）	灯具数量（个）	总功率（W）
左线	TH1	16.7	57	150	双侧对称	1.5	12×2	3600
	TH2	16.7	28.5	150	双侧对称	3.0	6×2	1800
	TR1	44.5	8.6	100	双侧对称	6.0	8×2	1600
	TR2	66.7	2.9	50	双侧对称	9.0	8×2	800
	TR3	100	1.5	50	双侧对称	10.0	10×2	1000
	IN1	2250	1.5	50	双侧对称	10.0	225×2	22500
	IN2	6220.4	1.2	50	双侧对称	12.0	519×2	51900
	EX1	30	4.5	100	双侧对称	10.0	3×2	600
	EX2	30	7.5	100	双侧对称	5.0	6×2	1200
右线	TH1	16.7	76	200	双侧对称	1.5	12×2	4800
	TH2	16.7	38	200	双侧对称	3.0	6×2	2400
	TR1	44.5	11.4	100	双侧对称	4.5	10×2	2000
	TR2	66.7	3.8	50	双侧对称	6.0	12×2	1200
	TR3	100	1.52	50	双侧对称	10.0	10×2	1000
	IN1	2250	1.5	50	双侧对称	10.0	225×2	22500
	IN2	6207.4	1.2	50	双侧对称	12.0	518×2	51800
	EX1	30	4.5	100	双侧对称	10.0	3×2	600
	EX2	30	7.5	100	双侧对称	5.0	6×2	1200

可得中坝隧道照明系统左线总功率为57.1kW，右线总功率为54.3 kW，总计111.4kW；宝鼎隧道照明系统左线总功率为85.0kW，右线总功率为87.5 kW，总计172.5kW。

平洞隧道照明系统设置　　　　　　　　　　　　　　　　表3-37

左右线	照明段	长度（m）	设计亮度（cd/m²）	功率（W）	布置方式	灯距（m）	灯具数量（个）	总功率（W）
左线	TH1	16.7	76	200	双侧对称	1.5	12×2	4800
	TH2	16.7	38	200	双侧对称	3.0	6×2	2400
	TR1	44.5	11.4	100	双侧对称	4.5	10×2	2000
	TR2	66.7	3.8	50	双侧对称	6.0	12×2	1200
	TR3	100	1.52	50	双侧对称	10.0	10×2	1000
	IN1	2250	1.5	50	双侧对称	10.0	225×2	22500
	IN2	2130.4	1.2	50	双侧对称	12.0	178×2	17800
	EX1	30	4.5	100	双侧对称	10.0	3×2	600
	EX2	30	7.5	100	双侧对称	5.0	6×2	1200
右线	TH1	16.7	57	150	双侧对称	1.5	12×2	3600
	TH2	16.7	28.5	150	双侧对称	3.0	6×2	1800
	TR1	44.5	8.6	100	双侧对称	6.0	8×2	1600
	TR2	66.7	2.9	50	双侧对称	9.0	8×2	800
	TR3	100	1.5	50	双侧对称	10.0	10×2	1000
	IN1	2250	1.5	50	双侧对称	10.0	225×2	22500
	IN2	2161.4	1.2	50	双侧对称	12.0	181×2	18100
	EX1	30	4.5	100	双侧对称	10.0	3×2	600
	EX2	30	7.5	100	双侧对称	5.0	6×2	1200

半边街隧道照明系统设置　　　　　　　　　　　　　　　表3-38

左右线	照明段	长度（m）	设计亮度（cd/m²）	功率（W）	布置方式	灯距（m）	灯具数量（个）	总功率（W）
左线	TH1	16.7	76	200	双侧对称	1.5	12×2	4800
	TH2	16.7	38	200	双侧对称	3.0	6×2	2400
	TR1	44.5	11.4	100	双侧对称	4.5	10×2	2000
	TR2	66.7	3.8	50	双侧对称	6.0	12×2	1200
	TR3	100	1.52	50	双侧对称	10.0	10×2	1000
	IN1	1527.4	1.5	50	双侧对称	10.0	153×2	15300
	EX1	30	4.5	100	双侧对称	10.0	3×2	600
	EX2	30	7.5	100	双侧对称	5.0	6×2	1200
右线	TH1	16.7	57	150	双侧对称	1.5	12×2	3600
	TH2	16.7	28.5	150	双侧对称	3.0	6×2	1800

续上表

左右线	照明段	长度（m）	设计亮度（cd/m²）	功率（W）	布置方式	灯距（m）	灯具数量（个）	总功率（W）
右线	TR1	44.5	8.6	100	双侧对称	6.0	8×2	1600
	TR2	66.7	2.9	50	双侧对称	9.0	8×2	800
	TR3	100	1.5	50	双侧对称	10.0	10×2	1000
	IN1	1510.4	1.5	50	双侧对称	10.0	151×2	15100
	EX1	30	4.5	100	双侧对称	10.0	3×2	600
	EX2	30	7.5	100	双侧对称	5.0	6×2	1200

可得平洞隧道照明系统左线总功率为53.5kW，右线总功率为51.2kW，总计104.7kW；半边街隧道照明系统左线总功率为28.5kW，右线总功率为24.1kW，总计52.6kW。

攀大高速公路（四川段）隧道照明系统功率　　　　　表3-39

隧道名称	左右线	左/右线功率（kW）	隧道总功率（kW）
总发隧道	左线	53.1	103.8
	右线	50.7	
中坝隧道	左线	57.1	111.4
	右线	54.6	
宝鼎隧道	左线	85.0	172.5
	右线	87.5	
平洞隧道	左线	53.5	104.7
	右线	51.2	
半边街隧道	左线	28.5	52.6
	右线	24.1	

故攀大高速公路（四川段）的5座隧道的隧道照明系统的总功率为545.1kW。

3）隧道照明系统能耗计算

隧道照明供电控制模式可根据工程实际情况，本着既满足不同时段交通量的使用要求又达到节电的效果，从而降低公路隧道的运营成本的原则，考虑长隧道光环境变化及驾驶员视觉体验等因素，照明采取白天、傍晚、夜间的三级控制模式（表3-40），分别采用1、1/2、1/3的照明方式。

攀大高速公路（四川段）隧道照明分级控制模式下负荷情况　　　　　表3-40

照明控制模式	实际功率/额定功率	照明系统功率（kW）	备注
白天	1	545.1	火灾或发生紧急交通状况时也采用此模式
傍晚	1/2	272.6	—
夜间	1/3	181.7	—

根据分级控制模式的选择,考虑年照明时间中白天、傍晚和夜间的时长,可得攀大高速公路(四川段)隧道照明分级控制模式下的耗电量,如表3-41所示。

攀大高速公路(四川段)隧道照明系统年耗电量统计　　　表3-41

照明控制模式	年照明时间(h)	照明系统功率(kW)	能耗(kW·h)
白天	3650	545.1	1989615
傍晚	730	272.6	198998
夜间	4380	181.7	795846
合计	8760	999.4	2984459

故隧道照明系统年耗电量约为 $2.984\times10^6 kW\cdot h$。

在《公路隧道照明设计细则》(JTG/T D70/2-01—2014)中规定,夜间交通量较小时,可以只开启应急照明灯以保证基本的照明需求。应急照明亮度不应小于中间段亮度的10%,且不应低于 $0.2\ cd/m^2$。若据此照明控制模式,其耗电量仍能进一步减小。在运营状态稳定且获得足够的交通量数据后可以做进一步的优化处理。

3.2.4 公路隧道监控及其他隧道机电系统能耗

高速公路隧道机电系统除了隧道通风系统和隧道照明系统以外,还包括隧道监控系统、隧道火灾报警系统、隧道供配电系统等。在分析过程中,也要考虑它们的能耗。大量工程实例表明:高速公路隧道机电系统的总能耗主要由通风和照明两大部分决定。根据隧道实际情况和需求的不同,在长大隧道及一些隧道群中,通风和照明的能耗可以占到隧道机电系统总能耗的80%。在预算的通风能耗和照明能耗后可据此估算其他隧道机电系统的能耗以及隧道机电系统的总能耗。

参考其他隧道工程设计的方案,隧道监控及其他用电负荷 P_{else} 按隧道通风及照明系统装机总容量的5%计算:

$$P_{else}=(545.1+8790)\times5\%=466.8(kW) \tag{3-9}$$

根据《工业与民用配电设计手册》,监控及其他负荷需要系数取0.6。经计算,隧道监控及其他设施年耗电为:

$$W_{else}=466.8\times24\times365\times0.6=2.454\times10^6(kW\cdot h) \tag{3-10}$$

结合隧道通风系统能耗计算、隧道照明系统能耗计算以及监控及其他隧道机电系统能耗计算,可大致得出攀大高速公路(四川段)中各隧道的年总耗电量为 $1.459\times10^7 kW\cdot h$。

3.2.5 公路隧道能耗状况分析及优化方案

从上述分析和计算不难看出,在考虑一定能耗裕量的情况下,攀大高速公路隧道机电系统的能耗如图3-2所示。

图 3-2 隧道机电系统各部分能耗占比情况(单位:10^6 kW·h)

现今的通风和照明系统设计方案已能够保证隧道的正常运营需求,在保留了一定裕量的情况下进行了年耗电量的计算。目前攀大高速公路(四川段)所有隧道的机电系统的耗电量处在一个很高的水平,已经超出了预估的全线用电量(1200×10^6 kW·h),需要在此基础上做出一定的改进,让能耗状况更符合预期。

监控系统及其他机电系统的状况仍维持现有水平,对通风系统和照明系统进行改进。根据攀大高速公路(四川段)目前运营情况可知,其交通量还远达不到设计交通量水平,整体上处于车流量较少的状态。

由照明系统的设计可知,一天内采用夜间照明模式的时间一般为 12h,考虑 4h 的高峰时间都在白天,白天的其他时段仍采取原控制方案,对于夜间交通量很低的状况,隧道风机的开启时间可进一步缩短,特别是对于相对短的隧道,可几乎不考虑机械通风。隧道风机控制优化方案及负荷如表 3-42 所示。

攀大高速公路(四川段)隧道风机控制优化方案及负荷　　　　　表 3-42

通风控制时段	通风段	实际功率/额定功率	风机控制周期(min)	周期内风机开启时长(min)	功率(kW)
高峰时段	Ⅰ段	1	60	30	5205
	Ⅱ段	1/3			
	Ⅲ段	1/6			
白天其他时段	Ⅰ段	1/3	60	30	1465
	Ⅱ段	1/9			
	Ⅲ段	1/18			
夜间时段	Ⅰ段	1/3	60	15	732.5
	Ⅱ段	1/9			
	Ⅲ段	1/18			

年通风能耗 W 为:

$$W = \left(5205 \times \frac{1}{2} \times 4 + 1465 \times \frac{1}{2} \times 8 + 732.5 \times \frac{1}{2} \times 12\right) \times 365 = 7.543 \times 10^6 (\text{kW} \cdot \text{h})$$

(3-11)

对于隧道照明系统,由设计规范可知在夜间单向交通隧道交通量不大于 350veh/(h·ln)时,可只开启应急照明灯具。应急照明亮度不应小于中间段亮度的 10%,且不应低于 0.2 cd/m²。假设夜间交通量很低,对于不同段不同功率整体采用应急照明的实际功率/额定功率不高于

1/10,这里取 1/10。隧道照明分级控制模式下优化方案负荷情况如表3-43 所示。

攀大高速公路(四川段)隧道照明分级控制模式下优化方案负荷情况　　表3-43

照明控制模式	实际功率/额定功率	照明系统功率(kW)	备注
白天	1	545.1	火灾或发生紧急交通状况时也采用此模式
傍晚	1/2	272.6	—
夜间	1/10	54.5	

此时攀大高速公路(四川段)隧道照明分级控制模式下的耗电量如表3-44 所示。

优化后的攀大高速公路(四川段)隧道照明系统年耗电量统计　　表3-44

照明控制模式	年照明时间(h)	照明系统功率(kW)	能耗(kW·h)
白天	3650	545.1	1989615
傍晚	730	272.6	198998
夜间	4380	54.5	238710
合计	8760	872.2	2427323

通过调节控制模式,能够初步减少能耗,但仍处于一个较高的水平。我们应该根据高速公路开通运营一段时间后得到的传感器检测数据以及交通流的相关数据来做进一步的调整,或根据实测的数据进行实时控制。根据通过布设在隧道内的 CO 检测器检测的 CO 值和烟雾透过率检测器检测的 VI 值,将隧道内当前的污染浓度与控制目标值比较,以不超过目标值为原则,经计算后给出控制方案,实施通风控制;根据实际测得的隧道洞内外亮度值,实时调节洞内照明系统,以满足驾驶员适应洞内外亮度差的需要。

3.3 公路交通运转运维设备性能-能耗均衡调度模型——以路侧感知计算设备为例

3.3.1 路侧感知设备能耗分析

在新型智能公路中,数字化路侧基础设施通过集成摄像头、激光雷达等环境感知设备收集途经车辆的信息,并使用路侧单元本地计算模块或者卸载至云端处理数据获取道路交通信息,为车路协同应用提供信息支持。据估算,2020 年仅路侧通信设施就消耗4.4TW·h的能源,排放230万t二氧化碳当量。首先对上述场景进行描述与分析,针对路侧单元任务卸载功耗与时延均衡调度优化问题中存在的随机变量建立系统模型;其次,使用马尔可夫链模型对路侧单元任务缓存队列的转移概率进行分析,进而对路侧单元平均功耗与任务完成平均时延进行分析,在不同车辆到达率下构建一个平均功率约束下的任务完成时延最小化问题并求解,得到最佳调度策略及其参数;最后在仿真中将该策略与其他调度策略进行对比分析。

路侧单元收集、处理途经车辆数据,为车路协同应用提供信息支持的场景如图 3-3 所示。路侧单元集成激光雷达、摄像头及毫米波雷达等感知设备获取途经车辆轨迹、行为等交通数据存入缓存区内形成一定大小的待处理任务,通过本地边缘计算节点的处理器处理任务或卸载至与基站相连的云端进行处理。

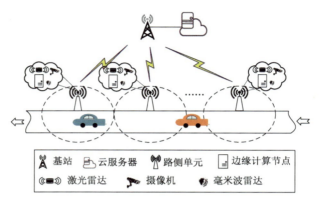

图 3-3　路侧单元传输调度场景

将连续的系统时间离散为等长时隙,在每个时隙开始时,若路侧单元缓存队列为空,则不进行任务处理或卸载的相关动作;若在时隙开始时,缓存队列不为空,则路侧单元根据传输调度策略决定任务处理的方式。

路侧单元任务处理的能量开销主要由本地计算与任务数据卸载至云端时的通信能耗构成,其中本地边缘计算节点处理单元的功率可视为固定,任务卸载至云端的发送功率与信道状态有关。若路侧单元在每个时隙同时采用本地处理与任务卸载,可使缓存队列中的任务尽快得到处理,具有较小的处理时延,但在信道条件不理想时容易导致较大的功率消耗;若仅在本地处理任务,或仅在信道较好时卸载任务,可使功率消耗减小,但在车辆到达概率较高时,随着缓存队列中任务快速累积,任务排队时延会显著增大。因此,路侧单元的功耗-时延均衡调度策略应同时考虑车辆到达概率、信道状态与缓存队列状态。

3.3.2　路侧感知设备性能-能耗均衡调度模型

路侧单元传输调度模型如图 3-4 所示。假设时隙长度为 τ,在每个时隙开始时,路侧单元根据车辆到达概率、信道状态与缓存队列状态,决定计算任务的处理方式。从图 3-4 可知路侧单元传输调度模型由车辆到达概率 ξ 与时隙 t 的车速状态 $s[t]$、数据到达状态 $e[t]$、缓存队列状态 $u[t]$、信道状态 $b[t]$ 与传输调度决策变量 $D[t]$ 组成,这些参变量将在车辆到达模型、车速状态模型、缓存队列模型、任务计算模型与传输调度模型中进行分析。

在高速公路场景下的车流具有车流密度较小、车辆行驶速度较高且车辆间互不影响的特点,不同车流密度下单车道的交通流状态分级如表 3-45 所示。结合高速公路车流特点,采用离散时间自由流模型来分析车辆到达过程。

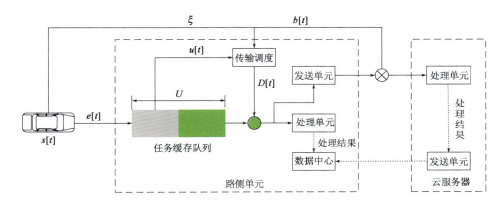

图 3-4　路侧单元传输调度模型

不同车流密度下单车道交通流状态分级　　　　　　　　表 3-45

车流密度（veh/km）	车速（km/h）	交通流状态
0~8	≥97	自由态
9~13	≥92	近乎自由态
14~19	≥87	稳定态
20~27	≥74	边界不稳定态
28~42	≥49	极度不稳定态
43~63	<49	静止态

目标是均衡路侧单元任务卸载中的功耗与时延。为防止路侧单元产生过大的功耗开销，设平均功耗约束为 $P_{\max}$，则优化问题可以表述为在平均功耗约束下寻找使任务平均完成时延最小化的最优参数 $\{f_{i,w}^{h\ *}\}$。

仿真分为两个部分：首先在不同车辆到达概率与平均功率约束下，使用 LINGO 软件对优化问题求解，得到平均功率约束与平均完成时延的变化曲线，用于分析最佳功率约束；其次将求解得到的路侧单元功耗—时延均衡传输调度策略（PDTS）与贪婪策略和 Q-learning 方法在不同车辆到达概率下进行仿真，从多方面进行对比分析。

仿真中车速区间取 [22.22, 33.33] m/s，即 [80, 120] km/h，并将其划分为 3 个车速区间。单个任务的数据量设置为 15MB，其要求的处理密度为 0.15gigacycles/Mbits，路侧单元本地处理器计算能力设置为 2.5GHz，云端服务器计算能力设置为 41.8GHz。具体的仿真参数设置如表 3-46 和表 3-47 所示。

发送功率参数　　　　　　　　表 3-46

通风能耗	1	2	3	4
η_w	0.135	0.232	0.239	0.394
P_w	0.04	0.08	0.16	0.14

仿真参数　　　　　　　　　　　　　　　　　表 3-47

参数名称	符号（单位）	参数取值
路侧单元缓存容量	U（个）	30
车速区间	$[V_{\min}, V_{\max}]$（m/s）	[22.22, 33.33]
车速标准差	σ_v	5.56
车辆到达概率	ξ	[0.1, 0.9]
时隙长度	τ（s）	1
车速状态数	Y（个）	3
任务大小	K（MB）	15
本地计算能力	f_l（GHz）	2.5
云计算能力	f_c（GHz）	41.8
处理密度	C（gigacycles/Mbits）	0.15
本地 CPU 功率	P_l（W）	1

优化问题中，在不同车辆到达概率下，通过取不同定值的平均功率约束并求解，可得到对应的最小任务平均完成时延$\overline{T}$，相应的变化曲线如图 3-5 所示。时延曲线整体随着功率的增大，经历了快速下降与缓慢下降直至不变两个过程。当车辆到达概率较小时（$\xi \in [0.1, 0.3]$），时延曲线变化较小，平均功率约束的改变对时延的影响不明显。当车辆到达概率较大时（$\xi \in [0.4, 0.9]$），时延曲线随功率增大下降明显，直至功率大于折衷点时，时延下降趋于平缓，折衷点的功率即为对应车辆到达概率下路侧单元的最佳功率约束值。

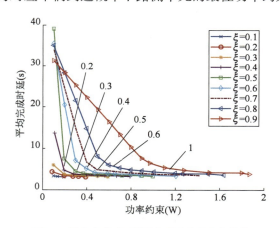

图 3-5　平均完成时延随平均功率约束变化曲线

利用所研究的路侧单元功耗-时延均衡调度策略与贪婪策略和 Q-learning 方法从缓存队列稳态概率的变化、任务平均排队时延、任务平均处理时延、任务平均完成时延与平均功耗方面进行对比分析。

贪婪策略不考虑车辆到达率、路侧单元缓存队列状态与信道状态，只要缓存队列有待处理任务时，其决策结果均为 $D[t] = (1,1)$，其传输调度参数表示见表 3-48。

贪婪策略能实现较低的时延，但由于不考虑信道状态，无法对路侧单元的平均功率进行控制。

平均功率约束参数取值　　　　　　　　　　　表 3-48

车辆到达概率 ξ	功率约束（W）	车辆到达概率 ξ	功率约束（W）
0	0	0.5	0.3
0.1	0.2	0.6	0.4
0.2	0.2	0.7	0.5
0.3	0.2	0.8	0.6
0.4	0.3	0.9	1

提出的路侧单元功耗—时延均衡调度策略以均衡任务处理功耗与完成时延为目标，在不同车辆到达概率下，根据路侧单元缓存队列状态与信道状态决定任务处理方式。仿真中车辆到达概率的变化范围取[0.1, 0.9]，三种调度策略的缓存队列稳态概率变化曲线如图 3-6 ~ 图 3-8 所示，任务的平均排队时延、平均计算时延以及平均完成时延的仿真结果如图 3-9 ~ 图 3-11 所示，路侧单元平均功率的仿真结果如图 3-12 所示。

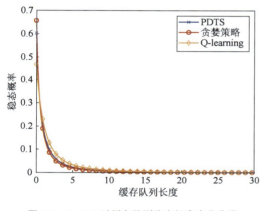

图 3-6　$\xi=0.3$ 时缓存队列稳态概率变化曲线

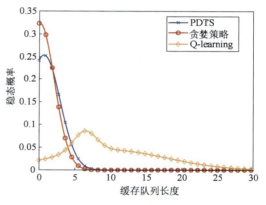

图 3-7　$\xi=0.6$ 时缓存队列稳态概率变化曲线

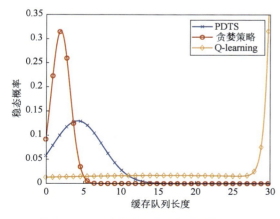

图 3-8　$\xi=0.9$ 时缓存队列稳态概率变化曲线

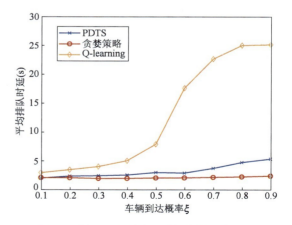

图 3-9　平均排队时延随车辆到达概率变化曲线

由于 Q-learning 方法的决策报酬与排队时延和计算时延有关，根据报酬矩阵函数路侧单元在同样的缓存队列长度下，倾向于报酬更大的动作，即计算时延更小的传输调度方式。如

图 3-9 所示,当车辆到达概率逐渐增大时,由于缓存队列的快速增长,排队时延增大,使 Q-learning 的平均排队时延显著大于其他两种方法。

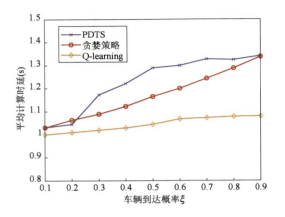

图 3-10 平均计算时延随车辆到达概率变化曲线　　图 3-11 平均完成时延随车辆到达概率变化曲线

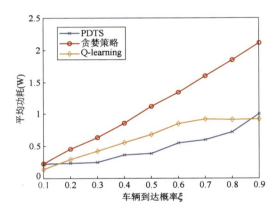

图 3-12 平均功耗随车辆到达概率变化曲线

对比图 3-10 与图 3-11 可知,PDTS 与贪婪策略主要通过影响排队时延来实现较小的总时延,Q-learning 方法则通过降低计算时延的方式来减少总时延,通过图 3-10 中可知通过降低计算时延的方式并不具有优势。在图 3-11 中,由于 Q-learning 偏好本地处理,很少通过在信道条件较好时卸载任务到云端处理来降低功耗,其平均功率随车辆到达概率的增加而增加。如图 3-11 与图 3-12 所示,与另外两种方法相比,贪婪策略产生的总时延最小,平均功率最大。贪婪策略不考虑功率消耗,同时在本地与云端执行计算任务,能在最短的时间内完成计算任务,其平均完成时延随车辆到达概率的变化较小,但其功率随车辆到达概率的增长极快。PDTS 能根据车辆到达概率动态地选择任务的计算方式,在车辆到达概率较低时,选择本地计算或能耗较低的云计算,当车辆到达概率较高时,本地计算与任务卸载到云端同时进行,并且扩大信道的选择范围。对比图 3-11 与图 3-12,PDTS 与贪婪策略相比,能以较小的时延增长换取大幅度的功耗降低;与 Q-learning 方法相比,能极大地降低总时延与功率消耗。

3.4 公路服务区电动汽车光伏换电站电池充电调度策略

随着新能源产业的快速发展,单晶硅制造成本降低,光伏面板的光电转化效率提高以及光伏发电装机规模扩大,由光伏发电产生的电能支撑换电站的电能需求具备可行性。所提的电动汽车换电站场景中,电能全部来自光伏发电并将产生的电能存储在换电站的储能设备中,利用存储的电能为换电站内的电池充电以服务前来换电的电动汽车。提出了一种可变功率充电控制策略,该策略需要考虑到光伏发电能力、储能设备储能状态、换电站维护的电池数量以及需求车辆到达率等因素,根据不同充电功率下电池充电速度以及电池损耗成本进行充电功率决策,控制策略的目标在于最小化换电站单日运行电池损耗成本,同时需要满足服务质量的约束。

3.4.1 光伏换电站系统场景

研究的公路交通服务区换电站系统如图 3-13 所示,包含光伏发电系统、储能设备、可变功率的电池充电舱、满电量电池舱以及换电舱,充电舱和满电量电池舱在逻辑上是相互独立的,在物理设备中可以共存在同一个电池舱中。通过光伏发电系统将太阳能转化为电能存储在储能设备中,电池充电舱利用储能设备内的电能选择一种充电功率为非满电量的电池充电,充满电的电池转移到满电量电池舱内,当有换电需求的电动汽车到达换电站后,通过换电舱内的换电机器人拆卸下电动汽车上的非满电量电池,并将满电量电池舱内的电池安装到电动汽车上,从而完成换电服务。本章的工作内容为对所提系统进行建模,并将其转化为约束马尔科夫决策过程,在考虑换电服务质量的同时通过选择电池充电功率方式最小化系统的运行过程中电池损耗成本。

图 3-13 系统场景图

3.4.2 光伏换电站系统模型

电动汽车光伏换电站系统中对电池充电功率的随机调度模型如图 3-14 所示，该模型由光伏发电能力 $e(t)$、储能设备电量队列状态 $E(t)$、满电量电池数量状态 $N_F(t)$、车辆到达状态 $c(t)$ 以及充电功率决策变量 $a(t)$ 构成。

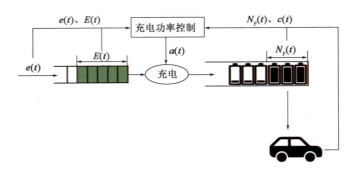

图 3-14 电池充电功率调度模型

针对电动汽车光伏换电站的实验分析分为两部分，首先绘制系统电池损耗成本随车辆到达率、车辆损失率约束阈值的变化曲线，其次绘制充电功率调度策略与固定充电功率调度策略下系统电池损耗成本随车辆到达率的变化曲线。

1）分析不同车辆到达率下系统平均成本变化

换电站内电池数量参考蔚来汽车换电站，设定多组车辆到达率 λ，分别求解不同车辆到达率 λ 下的系统平均电池损耗成本，系统平均成本随车辆到达率变化曲线如表 3-49 所示。表中，$N_E(B)$ 为储能设备的总容量，代表以 B 为单位的储能上限；μ 为光伏发电能力；N_B 为最大电池数量；B 为每块电池的电能容量；P_m 为以低功率充电方式的充电功率；P_k 为以高功率充电方式的充电功率；P_{loss}^{th} 为车辆损失率阈值，通过车辆损失率阈值表示换电站服务质量。

车辆到达率实验参数表　　　　　　　　　　　表 3-49

$N_E(B)$	μ	N_B(块)	B(kW·h)	P_m(kW)	P_k(kW)	P_{loss}^{th}
10	0.5	10	60	12	54	0.2

根据图 3-15 中的曲线可以看出随着车辆到达率提高，更多的车辆到达换电站接受换电服务，换电站系统需要准备更多满电量电池以满足换电需求，调度策略通过进行高功率充电方式快速增加满电量电池数量，系统平均电池磨损成本随之升高。

2）分析不同车辆损失率约束下系统平均电池损耗成本变化

为研究不同车辆损失率约束下系统电池损耗成本的变化情况，设定如表 3-50 所示的参数，并在各种车辆损失率阈值约束下对最小化系统平均电池损耗成本进行求解，得到如图 3-16 所示变化曲线。

损失率实验参数表　　　　　　　　　　　　　　表 3-50

N_E(B)	μ	N_B(块)	B(kW·h)	P_m(kW)	P_k(kW)	λ
10	0.5	10	60	12	54	0.5

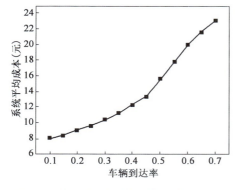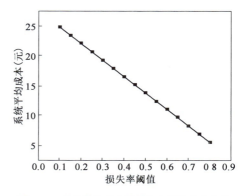

图 3-15　系统平均成本随车辆到达率变化曲线　　　图 3-16　系统平均成本随损失率阈值变化曲线

从图 3-16 中系统平均电池损耗成本随车辆损失率变化曲线可以看出，较低的车辆损失率约束意味着换电站系统需要为到达的车辆提供较高的服务质量，尽可能多地为电动汽车提供换电服务，减少换电站用户流失，因此需要准备更多的满电量电池，调度策略偏向于选择高功率充电方式补充满电量电池数量，产生更大的系统电池损耗成本。随着将车辆损失率阈值设定得更高，换电站系统对于电动汽车无法被服务的容忍度提高，只需要准备更少的满电量电池，调度策略偏向于选择对电池损耗更少的低功率充电方式或在该时隙不充电，因此系统平均成本随着损失率阈值的提高呈下降趋势。

3.4.3　模型对比分析

在本研究中，考虑了换电站系统中多种功率的充电方式的调度问题，同时需要考虑不同充电功率下对电池损耗的不同，将系统平均电池损耗成本作为优化目标，通过调度充电功率在满足车辆损失率约束的同时求解使系统平均成本最小化的决策集。通过设定如表 3-51 所示的系统仿真参数对比可变功率充电调度策略与固定充电功率调度策略。

对比实验参数表　　　　　　　　　　　　　　表 3-51

充电策略	N_E(B)	μ	N_B(块)	B(kW·h)	P_m(kW)	P_k(kW)	P_{loss}^{th}
可变功率	10	0.5	10	60	12	54	0.2
固定功率	10	0.5	10	60	—	54	0.2

计算结果如图 3-17 所示，可知在相同车辆到达率下，可变功率充电调度策略下的系统平均成本均低于固定充电功率调度策略下的系统平均成本，因为在相同车辆损失率约束下可变功率充电策略可以根据车辆到达率选择成本更低的低功率充电方式或不充电，满电量电池只需满足最低服务质量即可，不需要保留多余的满电量电池。随着车辆到达率的提高，有更多

的车辆到达换电站,为了满足车辆损失率约束、尽可能地服务更多的电动汽车,换电站系统需要更多的满电量电池,因此为了快速增加满电量电池,会选择充电时间更短的高功率充电方式,这样换电站系统的平均成本也会随之升高。

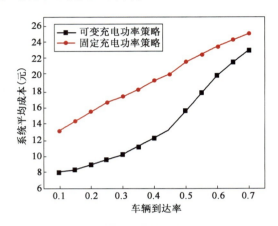

图 3-17　在不同策略下系统平均成本对比

3.5　本章小结

本章对公路交通运转运维设施设备进行分类,通过分析不同的公路交通运转运维设施设备对能源类型和规模的需求,提出多场景驱动下能源需求及依赖关系的最优匹配算法,以可再生能源的功能条件为约束设计公路交通运转运维设施设备群体协同控制系统主要功能和任务。

支撑公路交通高效运转的绿色能源自洽系统构型与协同规划

4

公路交通多能源自洽系统构型设计与应用

4.1 公路交通自洽能源系统供需能源协同驱动的时空耦合特性分析

公路交通系统与能源系统之间存在着密切的时空耦合关系，这意味着交通需求和能源供应在时空维度上的相互依赖和协同发展。在时间维度上，交通需求的变化会直接影响能源的需求和消耗；同时，能源供应的变化也会对交通系统的运行产生重要影响。不同时间段内交通和能源之间的相互作用关系可为优化能源利用和交通运行提供参考。在空间维度上，公路交通系统和能源系统的空间分布存在一定的耦合关系。交通需求呈现出区域性差异，不同地区的资源禀赋和经济条件存在差异性，导致能源供应也具有区域性的特点。不同地域内公路交通和能源之间的相互作用机制，为合理规划能源供应和交通网络布局提供支持。公路交通的发展与能源供应的关系是互相支撑的紧密关系。通过分析两者之间的时空耦合特性，可以找到交通和能源之间的协同驱动关系，促进交通能源耦合的优化协调，有助于实现绿色、高效、可持续的交通能源系统。

4.1.1 高速公路灵活性负荷时空耦合特性研究——时空网络模型

电动汽车分别在交通系统和能源系统中扮演着推动可持续交通和能源发展的角色，通过决策电动汽车出行路线和充电行为，促使交通系统与能源系统之间形成紧密的耦合关系，因此，电动汽车被视为交通-能源耦合系统的重要灵活性资源。本书建立了一个基于时空网络的模型来模拟电动汽车的路线和充电决策。与城市道路交通中普遍采用的网络模型相比，高速公路中电动汽车的路线和充电路线由于其独特的网络拓扑结构而有所不同。两个显著特征可以概括如下：

（1）不可逆路径。路由决策是单向的。换句话说，电动汽车不能在高速公路系统中倒退行驶。

（2）单一路线性。每个OD（起点和目的地）对只有一个路线选择。每辆电动汽车的路线决策是选择要停留和充电的服务区。

为了表征这两个特征，本书提出了一个时空网络模型，并用相应的玩具网络对其进行说明。如图4-1所示，考虑一条设有两个充电站的高速公路。为了表征单个电动汽车的时空旅行决策,将路径模型转换为时空网络模型。使用红色箭头表示充电弧,使用黑色箭头表示行程弧。换句话说,通过使电动汽车穿过充电弧来模拟电动汽车的充电行为。同样,我们通过电动汽车行程弧模拟电动汽车在高速公路网络上的移动。

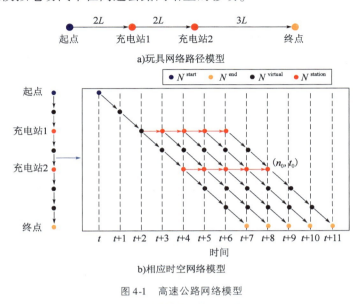

图 4-1 高速公路网络模型

注:L 表示距离的单位长度。

4.1.2 考虑高速公路充电排队行为的电动汽车时空耦合特性研究

本节对上节时空网络的建模进行优化,同时考虑高速公路场景下电动汽车充电排队行为的多服务区综合能源系统运行优化的数学模型。运行框架如图 4-2 所示,服务区运营商配备储能蓄热设备、热电联产机组(CHP)、电制冷机等能源设备,优化目标是最小化运行成本。服务区的热负荷由 CHP 来提供,冷负荷由电制冷机提供。每个服务区根据自身的地理位置和服务区环境配有光伏、风电和储能装置,服务区通过最小化服务区排队充电队列长度来引导电动汽车充电,以消纳公路沿线的可再生能源。如果充电站某个时刻可以利用的旦能不能满足服务区正常运营的需求,则剩余的所需电量将从主网中购买。该部分同样采用节点边际电价(LMP)作为服务区运营商的购电价格。

为了描述高速公路电动汽车的旅行、充电、排队等多个决策行为,提出了一个基于高速公路背景下的时-空-电三维网络流模型。

首先,引入虚拟节点归一化高速公路的长度单元,作为后续三维网络流模型构建的基础,如图 4-3 所示。

在图 4-4 中,进一步对引入虚拟节点的道路模型进行维度拓展,增加时间维度和电动汽车电量维度。用有向图 $G = (N, F)$ 来表示拓展后的三维网络流模型。有向图 G 可有效地捕获电动汽车的各种决策行为,并跟踪电动汽车的电池荷电状态。

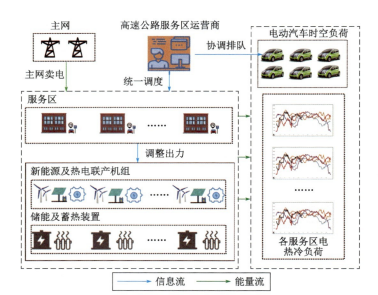

图 4-2 服务区自治运行优化框架

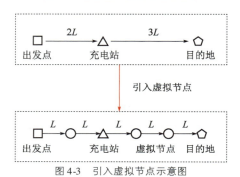

图 4-3 引入虚拟节点示意图

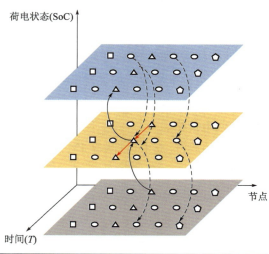

图 4-4 时-空-电三维网络流示意图

如图4-5所示,节点$(n,t,soc) \in N$在给定时间和荷电状态下对物理位置进行建模。边$f \in F$对给定时间和荷电状态下的道路连接和充电以及排队动作进行建模。节点集合N包含N_V节点和N_M节点两类,在N_V节点(起始节点、目的地节点、虚拟节点),只流入或流出行程弧f^{travel},即电动汽车只能驶向或者驶离该节点,在N_M节点(充电站节点),流入或流出行程弧、充电弧f^{charing}和排队弧f^{block}。如图4-4所示的网络流中,黑色虚线代表行程弧,从高层的荷电状态指向下一层荷电状态的下一个节点,并且在时间纬度增加1;黑色实线代表充电弧,由充电站节点的低层荷电状态指向上一层荷电状态的同一个充电站点,并且在时间纬度增加1;红色实线代表排队弧,由充电站节点的某一层荷电状态指向同层荷电状态的同一个充电站点,并且在时间纬度增加1。边f与点(n,t,soc)的对应关系由图4-5给出。

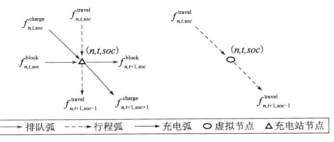

图4-5 网络流决策变量示意图

本书提出的数学模型中考虑了多个服务区的弃风弃光成本、储能运维成本、主网购电成本、热电联产机组发电成本以及电动汽车充电的补贴成本,如下:

$$\min C_{\mathrm{pv}}^{\mathrm{curtail}} + C_{\mathrm{wind}}^{\mathrm{curtail}} + C_{\mathrm{storage}}^{\mathrm{op}} + C_{\mathrm{grid}}^{\mathrm{cost}} + C^{\mathrm{chp}} + C_{\mathrm{ev}}^{\mathrm{charging}} \tag{4-1}$$

式中,$C_{\mathrm{pv}}^{\mathrm{curtail}}$表示弃光总成本;$C_{\mathrm{wind}}^{\mathrm{curtail}}$表示弃风总成本;$C_{\mathrm{storage}}^{\mathrm{op}}$表示储能运维总成本;$C_{\mathrm{grid}}^{\mathrm{cost}}$表示主网购电总成本;$C^{\mathrm{chp}}$表示热电联产机组发电总成本;$C_{\mathrm{ev}}^{\mathrm{charging}}$表示电动汽车充电补贴总成本。

式(4-2)至式(4-7)分别给出了各类成本的计算方法:

$$C_{\mathrm{ev}}^{\mathrm{charging}} = \sum_{t=1}^{T}\sum_{m=1}^{M} P_{t,m}^{\mathrm{ev}} \zeta_{t,m}^{\mathrm{subsidy}} \tag{4-2}$$

$$C^{\mathrm{chp}} = \sum_{m=1}^{M}\sum_{t=1}^{T} \left[\alpha (P_{t,m}^{\mathrm{chp}} + C_v H_{t,m}^{\mathrm{chp}})^2 + \beta (P_{t,m}^{\mathrm{chp}} + C_v H_{t,m}^{\mathrm{chp}}) + r \right] \tag{4-3}$$

$$C_{\mathrm{pv}}^{\mathrm{curtail}} = \sum_{t=1}^{T}\sum_{m=1}^{M} P_{t,m}^{\mathrm{pvcur}} \lambda^{\mathrm{pvcur}} \tag{4-4}$$

$$C_{\mathrm{wind}}^{\mathrm{curtail}} = \sum_{t=1}^{T}\sum_{m=1}^{M} P_{t,m}^{\mathrm{windcur}} \lambda^{\mathrm{wind}} \tag{4-5}$$

$$C_{\mathrm{grid}}^{\mathrm{cost}} = \sum_{t=1}^{T}\sum_{m=1}^{M} P_{t,m}^{\mathrm{grid}} \pi_{t,m}^{\mathrm{grid}} \tag{4-6}$$

$$C_{\mathrm{storage}}^{\mathrm{op}} = \sum_{t=1}^{T}\sum_{m=1}^{M} \lambda_{\mathrm{storage}}^{\mathrm{op}} (P^{\mathrm{disch}} + P_{t,m}^{\mathrm{ch}}) \tag{4-7}$$

$P_{t,m}^{\mathrm{ev}}$表示服务区m在时刻t的充电负荷;$\zeta_{t,m}^{\mathrm{subsidy}}$表示服务区$m$在时刻$t$的充电补贴金额;$\alpha,\beta,r,C_v$表示热电联产机组的运行参数;$P_{t,m}^{\mathrm{chp}}$、$H_{t,m}^{\mathrm{chp}}$分别表示服务区$m$的热电联产机组在$t$时刻的电功率和热功率;$\lambda^{\mathrm{pvcur}}$、$\lambda^{\mathrm{wind}}$分别表示单位弃光、弃风成本。$P_{t,m}^{\mathrm{grid}}$表示主网购电量;$\pi_{t,m}^{\mathrm{grid}}$表

示充电电价；$\lambda_{\text{storage}}^{\text{op}}$ 表示单位充放电功率下储能的运维成本；$P_{t,m}^{\text{disch}}$、$P_{t,m}^{\text{ch}}$ 表示服务区 m 的储能系统在 t 时刻的充电功率和放电功率。

4.1.3 高速公路自洽能源系统的供需特性分析与模型构建

能源供应与需求之间应该形成一种相互协调和平衡的状态。具体来说，这就是能源供应能够满足高速公路上电动汽车的充电需求，并且能够根据需求进行灵活调节和管理。

式(4-8)至式(4-10)分别表示了多个服务区的冷、热、电三种能源的功率平衡。公式左边表示各个服务区的能量注入，右边表示各个服务区的能量输出。值得注意的是，将电热锅炉和电制冷机的运行过程简化，用 η_h 表示服务区用热效率，η_{chil} 表示服务区电制冷机的效率。$P_{t,m}^{\text{wind}}$、$P_{t,m}^{\text{pv}}$、$P_{t,m}^{\text{pvcur}}$、$P_{t,m}^{\text{windcur}}$、$P_{t,m}^{\text{load}}$、$P_{t,m}^{\text{chil}}$ 分别表示服务区 m 在 t 时刻风电出力、光伏出力、弃光功率、弃风功率、服务区日常用能负荷以及服务区电制冷机的功率。$H_{t,m}^{\text{Space}}$、$H_{t,m}^{\text{Water}}$ 表示服务区空间热负荷（即室内暖气等集中供暖设施）和服务区热水负荷，$C_{t,m}^{\text{chilload}}$ 表示服务区冷负荷量。

$$P_{t,m}^{\text{chp}} + P_{t,m}^{\text{grid}} + P_{t,m}^{\text{wind}} + P_{t,m}^{\text{pv}} + P_{t,m}^{\text{disch}} = P_{t,m}^{\text{ev}} + P_{t,m}^{\text{ch}} + P_{t,m}^{\text{pvcur}} + P_{t,m}^{\text{windcur}} + P_{t,m}^{\text{load}} + P_{t,m}^{\text{chil}} + P_{t,m}^{\text{heat}} \quad \forall\, t, m \tag{4-8}$$

$$\eta_{\text{chp}} H_{t,m}^{\text{chp}} + \eta_{\text{heat}} P_{t,m}^{\text{heat}} + H_{t,m}^{\text{out}} = H_{t,m}^{\text{space}} + H_{t,m}^{\text{water}} + H_{t,m}^{\text{in}} \quad \forall\, t, m \tag{4-9}$$

$$\eta_{\text{chil}} P_{t,m}^{\text{chil}} = C_{t,m}^{\text{chilload}} \quad \forall\, t, m \tag{4-10}$$

式(4-11)至式(4-15)为各服务区储能设备 ESS（储能系统）的运行约束。$\text{SOC}_{t,m}$ 表示服务区 m 的储能系统在 t 时刻的容量状态。$\text{SOC}^{\min}$、$\text{SOC}^{\max}$ 分别表示储能装置的最小和最大容量状态。η_t^{ch}、η_t^{dch} 分别表示储能装置的充电和放电效率，表示储能的充放电状态，1 表示储能处于充电状态，0 表示储能处于放电状态。$P_{\max}^{\text{ch}}$、$P_{\max}^{\text{dch}}$ 分别表示储能装置的最大充电和放电功率。

$$\text{SOC}_{t+1,m} - \text{SOC}_{t,m} = P_{t,m}^{\text{ch}} \eta_t^{\text{ch}} - \frac{P_{t,m}^{\text{disch}}}{\eta_t^{\text{dch}}} \quad \forall\, t, m \tag{4-11}$$

$$\text{SOC}^{\min} \leqslant \text{SOC}_{t,m} \leqslant \text{SOC}^{\max} \quad \forall\, t, m \tag{4-12}$$

$$0 \leqslant P_{t,m}^{\text{ch}} \leqslant B_{t,m} P_{\max}^{\text{ch}} \quad \forall\, t, m \tag{4-13}$$

$$0 \leqslant P_{t,m}^{\text{disch}} \leqslant (1 - B_{t,m}) P_{\max}^{\text{dch}} \quad \forall\, t, m \tag{4-14}$$

$$\text{SOC}_{1,m} = \text{SOC}_{T,m} \quad \forall\, m \tag{4-15}$$

式(4-16)至式(4-20)为各服务区蓄热设备的运行约束。$\Phi_{t,m}$ 表示服务区 m 的储能系统在 t 时刻的容量状态。$\Phi^{\min}$、$\Phi^{\max}$ 分别表示蓄热装置的最小和最大容量状态。$H_{t,m}^{\text{in}}$、$H_{t,m}^{\text{out}}$ 分别表示服务区在 t 时刻蓄热装置的蓄热量和放热量大小。$B_{t,m}^{\text{heat}}$ 表示储能的充放电状态，1 表示储能处于充电状态，0 表示储能处于放电状态。$H_{\max}^{\text{in}}$、$H_{\max}^{\text{out}}$ 分别表示蓄热装置的最大蓄热和放热量。

$$\Phi_{t+1,m} - \Phi_{t,m} = H_{t,m}^{\text{in}} - H_{t,m}^{\text{out}} - \Delta H^{\text{loss}} \quad \forall\, t, m \tag{4-16}$$

$$\Phi^{\min} \leqslant \Phi_{t,m} \leqslant \Phi^{\max} \quad \forall\, t, m \tag{4-17}$$

$$0 \leqslant H_{t,m}^{\text{in}} \leqslant B_{t,m}^{\text{heat}} H_{\max}^{\text{in}} \quad \forall\, t, m \tag{4-18}$$

$$0 \leq H_{t,m}^{\text{out}} \leq (1 - B_{t,m}^{\text{heat}}) H_{\max}^{\text{out}} \quad \forall t, m \tag{4-19}$$

$$\Phi_{1,m} = \Phi_{T,m} \quad \forall m \tag{4-20}$$

假设所有服务区的热电联产机组为抽气式热电联产机组，图4-6刻画了该类型热电联产机组运行的可行域。

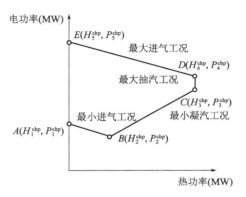

图 4-6 热电联产运行可行域

式(4-21)至式(4-25)表示热电联产机组 CHP 的运行约束。$P_{k,t,m}^{\text{chp}}$、$H_{k,t,m}^{\text{chp}}$ 分别表示服务区 m 的热电联产机组在 t 时刻在工况点 k 产生的电功率和热功率。$\eta_{k,t,m}$ 表示服务区 m 在 t 时刻第 k 个极值点的出力系数。式(4-25)表示热电联产机组的爬坡率约束，其中 D_m^{chp}、U_m^{chp} 分别表示热电联产机组的最大上爬坡和最大下爬坡能力。

$$P_{t,m}^{\text{chp}} = \sum_{k \in S} \eta_{k,t,m} P_{k,t,m}^{\text{chp}} \quad \forall t, m \tag{4-21}$$

$$H_{t,m}^{\text{chp}} = \sum_{k \in S} \eta_{k,t,m} H_{k,t,m}^{\text{chp}} \quad \forall t, m \tag{4-22}$$

$$\sum_{k \in S} \eta_{k,t,m} = 1; \forall t, m \tag{4-23}$$

$$0 \leq \eta_{k,t,m} \leq 1 \quad \forall t, m; k \in S \tag{4-24}$$

$$-D_m^{\text{chp}} \leq P_{t+1,m}^{\text{chp}} - P_{t,m}^{\text{chp}} \leq U_m^{\text{chp}}, \forall t, m \tag{4-25}$$

为方便综合能源系统调度模型的求解，我们假设高速公路服务区运营商可以完全协调电动汽车的充电和排队行为。在所提出的时-空-电三维网络流模型中，网络流平衡约束归纳为式(4-26)至式(4-27)。式(4-28)、式(4-29)表示服务区的最大排队流量和最大充电功率约束。式中 $\overline{f^{\text{block}}}$、$\overline{f^{\text{charge}}}$ 分别表示每个服务区每个时刻最大排队车辆数以及最大充电车辆数。式(4-30)至式(4-32)表示电动汽车在每个网络流节点中的初始车辆数。式中 f_0、f_1、f_2 分别表示网络流模型中行程弧、充电弧和排队弧的初始值。

$$f_{n,t,\text{soc}}^{\text{travel}} = f_{n+1,t+1,\text{soc}-1}^{\text{travel}} \quad \forall t \in T, n \in N_V, \text{soc} \in C \tag{4-26}$$

$$f_{n,t,\text{soc}}^{\text{travel}} + f_{n,t,\text{soc}}^{\text{block}} + f_{n,t,\text{soc}}^{\text{charge}} = f_{n,t+1,\text{soc}}^{\text{block}} + f_{n,t+1,\text{soc}+1}^{\text{charge}} + f_{n+1,t+1,\text{soc}-1}^{\text{travel}} \quad \forall t \in T, \forall n \in N_M, \text{soc} \in C \tag{4-27}$$

$$\sum_{\text{soc} \in C} f_{n,t,\text{soc}}^{\text{block}} \leq \overline{f^{\text{block}}} \quad \forall n \in N_M, t \in T \tag{4-28}$$

$$\sum_{\text{soc} \in C} f_{n,t,\text{soc}}^{\text{charge}} \leqslant \overline{f^{\text{charge}}} \quad \forall\, n \in N_M, t \in T \tag{4-29}$$

$$f_{n,t,\text{soc}}^{\text{travel}} = f_0 \quad \forall\, n \in N_V, t \in T, \text{soc} \in C \tag{4-30}$$

$$f_{n,t,\text{soc}}^{\text{charging}} = f_1 \quad \forall\, n \in N_M, t \in T, \text{soc} \in C \tag{4-31}$$

$$f_{n,t,\text{soc}}^{\text{block}} = f_2 \quad \forall\, n \in N_M, t \in T, \text{soc} \in C \tag{4-32}$$

4.2 支撑公路交通自洽能源系统构型设计的多能态灵活运行调节特性研究

4.2.1 多能态灵活运行调节特性的高速公路多服务区协同优化框架

随着分布式可再生能源的大力发展和部署，高速公路服务区有望就地消纳绿色清洁能源（例如高速公路路边或屋顶光伏资源和沿线风电资源）来提升供能自洽率。然而，由于可再生能源发电的间歇性和高速公路电动汽车充电需求的不协调，为有效利用这些分布式清洁能源带来了多重挑战。如何有效地管理高速公路交通的充电需求侧负荷并将其与可再生清洁能源相匹配成为应对这些挑战的潜在解决方案。

为了解决上述困难，本书提出了一种基于定价的高速公路多服务区协同优化运行策略，以促进可再生能源发电的消纳。在所提出的模型中，高速公路服务区运营商确定每个服务区充电站的收费定价政策和能源管理方案，从电网采购电力，同时考虑服务区内分布式可再生能源资源的利用率。每辆电动汽车都会优化出行成本，同时考虑充电成本和行驶限制。为了模拟高速公路服务区运营商和电动汽车之间的相互作用，我们建立了一个双层模型优化框架。

该优化框架如图 4-7 所示。我们假设高速公路服务区运营商是一个跨区域的垄断运营商，在高速公路沿线部署了分布式可再生资源，包括服务区内的光伏和风电资源。高速公路服务区运营商预测下一个工作日内该区域的电动汽车充电需求、可再生能源发电和批发电价的时空分布。同时，我们假设电动汽车向高速公路服务区运营商申报第二天的行程，这可以通过国家电网推出的 e 充电等移动应用程序进行。根据这些信息，高速公路服务区运营商优化了高速公路系统中每个充电站的收费定价策略，以最大限度地提高总运营利润。根据充电价格，每辆电动汽车针对申报的行程优化其路线和充电计划。

需要注意的是，高速公路服务区运营商的定价方案需要考虑电动汽车的价格响应行为，表征这个博弈过程。对此，开发了一个双层优化框架，其中上层模型描绘了高速公路服务区运营商决策过程，下层模型描绘了电动汽车的价格响应行为。为了简单起见，我们不考虑其中的不确定性。通过采用成熟的随机规划技术，可以很容易地将其纳入所提出的策略。

4 支撑公路交通高效运转的绿色能源自洽系统构型与协同规划

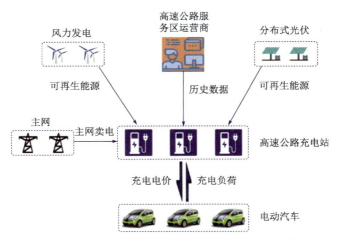

图 4-7 高速公路服务区运营商和电动汽车的优化运行框架

4.2.2 面向高速公路服务区自洽运行优化的双层模型

1）上层模型

在本小节中介绍上层模型的数学公式。上层的目标是最大化高速公路服务区运营商的收入，如式（4-33）中所定义。式（4-33）中的第一个项表示向电动汽车出售电量的收入，详细表示如式（4-34）所示。第二项表示高速公路服务区运营商从主电网购买电力的成本。

$$\max \sum_{t=1}^{T}\sum_{\varphi=1}^{\Phi}\sum_{m=1}^{M} W_{m,t,\varphi}^{\text{HCSO}} - \sum_{m=1}^{M}\sum_{t=1}^{T} \pi_{m,t}^{\text{grid}} \cdot P_{m,t}^{\text{grid}} \quad (4\text{-}33)$$

$$W_{m,t,\varphi}^{\text{HCSO}} = \pi_{m,t,\varphi}^{\text{HCSO}} \cdot P_{m,t}^{\text{HCSO}} \cdot I_{m,t,\varphi}^{\text{HCSO}} \quad (4\text{-}34)$$

其中，我们将式（4-34）线性化为如式（4-35）至式（4-37）所示。

$$W_{m,t,\varphi}^{\text{HCSO}} \geq \pi_{m,t,\varphi}^{\text{HCSO}} \cdot P_{m,\max} \cdot I_{m,t,\varphi}^{\text{HCSO}} + \pi_{m,t,\varphi}^{\text{HCSO}} \cdot P_{m,t}^{\text{HCSO}} - \pi_{m,t,\varphi}^{\text{HCSO}} \cdot P_{m,\max} \quad (4\text{-}35)$$

$$W_{m,t,\varphi}^{\text{HCSO}} \leq \pi_{m,t,\varphi}^{\text{HCSO}} \cdot P_{m,\max} \cdot I_{m,t,\varphi}^{\text{HCSO}} \quad \forall m,t,\varphi \quad (4\text{-}36)$$

$$W_{m,t,\varphi}^{\text{HCSO}} \leq \pi_{m,t,\varphi}^{\text{HCSO}} \cdot P_{m,t}^{\text{HCSO}} \quad \forall m,t,\varphi \quad (4\text{-}37)$$

对于收费定价过程，我们假设高速公路服务区运营商可以通过从一定数量的候选价格中进行选择来确定其特定位置和时间的定价策略。引入了一组二进制变量来指示是否在特定时间内为目标充电站选择特定价格，如约束（4-38）所示：

$$\sum_{\varphi=1}^{\Phi} I_{m,t,\varphi}^{\text{HCSO}} = 1 \quad \forall m,t \quad (4\text{-}38)$$

约束（4-39）表示保证了充电站的能量供应，考虑到高速公路服务区运营商是垄断运营商，我们增加了运营利润的上限约束，如式（4-40）所示，以避免高速公路服务区运营商在拟议的优化方案中过度收费。

$$P_{m,t}^{\text{pv}} + P_{m,t}^{\text{wind}} + P_{m,t}^{\text{grid}} \geq P_{m,t}^{\text{charge}} \quad \forall m,t \quad (4\text{-}39)$$

$$\sum_{t=1}^{T}\sum_{\varphi=1}^{\Phi}\sum_{m=1}^{M} W_{m,t,\varphi}^{\text{HCSO}} \leq W_{\max} \quad (4\text{-}40)$$

2)下层模型

下层模型代表在高速公路上行驶的电动汽车的运行情况。每辆电动汽车的目标是最大限度地降低其充电成本,如式(4-41)所示。

$$\min \sum_{n=1}^{M} \sum_{\varphi=1}^{\Phi} \sum_{t=1}^{T} W_{m,t,\varphi}^{\mathrm{HCSO}} \tag{4-41}$$

提出两种类型的 0-1 变量以保证高速公路上电动汽车的不可逆和单一路线特征。这些 0-1 变量的定义如图 4-8 所示。对于点 (n,t),$x_{n-1,t-1}^{\omega}$ 表示电动汽车 ω 在 t 时刻向节点 n 移动。$x_{n,t}^{\omega}$ 表示电动汽车 ω 在 t 时刻驶离 n 节点,如果节点 n 是一个充电站节点,则用变量 y 表示电动汽车的充电行为。与变量 x 相类似,$y_{n,t-1}^{\omega}$ 表示电动汽车 ω 在 $t-1$ 时刻在 n 节点充电,$y_{n,t}^{\omega}$ 表示电动汽车 ω 在 t 时刻继续在 n 节点充电。

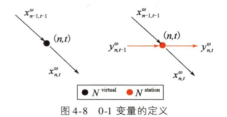

图 4-8 0-1 变量的定义

约束(4-42)为每辆电动汽车的出发时间。约束(4-43)和约束(4-44)确保电动汽车 ω 在 t 时刻必须处于行程弧或充电弧中。约束(4-45)和约束(4-46)保证时空网络中各交通节点的流量平衡。约束(4-47)表示每辆电动汽车到达目的地时荷电状态水平高于给定值,给定值由电动汽车车主的个人偏好所决定。约束(4-48)和约束(4-49)保证车辆充电不会超过时空网络中的限制。$P_{(n,t,\omega)}$ 表示时空网络中从车辆 ω 出发点到点 (n,t) 的所有路径的集合。约束(4-50)限制每个时间间隔内每辆电动汽车的最大充电功率。约束(4-51)表示上层变量和下层变量之间的耦合关系。

$$x_{n,t}^{\omega} = x_0 \quad \forall (n,t) \in N^{\mathrm{start}}, \forall \omega \in \Omega \tag{4-42}$$

$$\sum_{n \in N^v} x_{n,t}^{\omega} = 1 \quad \forall t, \omega \tag{4-43}$$

$$\sum_{n \in N^s} (x_{n,t}^{\omega} + y_{n,t}^{\omega}) = 1 \quad \forall t, \omega \tag{4-44}$$

$$x_{n-1,t-1}^{\omega} = x_{n,t}^{\omega} \quad \forall (n,t) \in N^{\mathrm{virtual}}, \forall \omega \in \Omega \tag{4-45}$$

$$x_{n-1,t-1}^{\omega} + y_{n,t-1}^{\omega} = x_{n,t}^{\omega} + y_{n,t}^{\omega} \quad \forall (n,t) \in N^{\mathrm{station}}, \forall \omega \in \Omega \tag{4-46}$$

$$E_{\omega}^{\mathrm{start}} - \xi^{-} \cdot \sum_{(n_x,t_x) \in A_x} x_{n,t}^{\omega} + \xi^{+} \cdot \sum_{(n_y,t_y) \in A_y} y_{n,t}^{\omega} \geqslant E_{\omega}^{\mathrm{end}} \quad \forall \omega \in \Omega \tag{4-47}$$

$$E_{\omega}^{\mathrm{start}} - \xi^{-} \cdot \sum_{(n_x,t_x) \in P_{(n,t,w)}} x_{n,t}^{\omega} + \xi^{+} \cdot \sum_{(n_y,t_y) \in P_{(n,t,w)}} y_{n,t}^{\omega} \geqslant E_{\omega}^{\mathrm{min}} \quad \forall \omega \in \Omega, p \in P, (n,t) \tag{4-48}$$

$$E_{\omega}^{\mathrm{start}} - \xi^{-} \cdot \sum_{(n_x,t_x) \in P_{(n,t,w)}} x_{n,t}^{\omega} + \xi^{+} \cdot \sum_{(n_y,t_y) \in P_{(n,t,w)}} y_{n,t}^{\omega} \leqslant E_{\omega}^{\mathrm{max}} \quad \forall \omega \in \Omega, p \in P, (n,t) \in N \tag{4-49}$$

$$\xi^{+} \times \sum_{\omega \in \Omega} y_{n,t}^{\omega} \leqslant P_{m,\max} \quad \forall (n,t) \in N^{\mathrm{station}} \tag{4-50}$$

$$P_{m,t}^{\mathrm{HCSO}} = \sum_{\omega=1}^{\Omega} \sum_{(n_y,t_y) \in A_y} y_{n,t}^{\omega} \quad \forall m,t \tag{4-51}$$

4 支撑公路交通高效运转的绿色能源自洽系统构型与协同规划

由于二进制变量在上下层模型中都存在,因此双层混合整数线性规划(BIMIP)很难直接解决。采用一种CCG(行列生成)算法通过不断迭代有效地解决BIMIP问题,该算法动态生成约束和变量,并通过迭代不断缩小上下界的差值,以此有效地求解该数学模型。

算法的主问题松弛了双层问题,并在每次迭代时添加约束。这些基于卡鲁什—库恩—塔克(KKT)条件的约束构成了一个扩展约束集,并不断地更新问题的下界。主问题表述如下:目标函数为式(4-33),最大化式(4-33),约束条件包括式(4-35)至式(4-40)及式(4-42)至式(4-50)。

$$P_{m,t}^{\text{HCSO}} \leqslant \sum_{\omega=1}^{\Omega} \sum_{(n_y,t_y) \in A_y} y_{n,t}^{\omega} \quad \forall m,t \tag{4-52}$$

$$P_{m,t}^{\text{HCSO}} \geqslant \sum_{\omega=1}^{\Omega} \sum_{(n_y,t_y) \in A_y} y_{n,t}^{\omega} \quad \forall m,t \tag{4-53}$$

$$\sum_{n=1}^{M}\sum_{\varphi=1}^{\Phi}\sum_{t=1}^{T} W_{m,t,\varphi}^{\text{HCSO},0} + \alpha \left(\sum_{(n_x,t_x) \in A_x} x_{n,t}^{\omega,0} + \sum_{(n_y,t_y) \in A_y} y_{n,t}^{\omega,0} \right)$$

$$\leqslant \sum_{n=1}^{M}\sum_{\varphi=1}^{\Phi}\sum_{t=1}^{T} W_{m,t,\varphi}^{\text{HCSO}} + \alpha \left(\sum_{(n_x,t_x) \in A_x} x_{n,t}^{\omega,j} + \sum_{(n_y,t_y) \in A_y} y_{n,t}^{\omega,j} \right) \quad \forall m,t,\varphi \tag{4-54}$$

$$\mu_{m,t,1}^{j} \geqslant 0 \quad \forall m,t \tag{4-55}$$

$$-\mu_{m,t,2}^{j} \geqslant 0 \quad \forall m,t \tag{4-56}$$

$$-\mu_{m,t,\varphi,3}^{j} \geqslant -1 \quad \forall m,t,\varphi \tag{4-57}$$

$$\pi_{m,t,\varphi}^{\text{HCSO}} \mu_{m,t,\varphi,3}^{j} \geqslant 0 \quad \forall m,t,\varphi \tag{4-58}$$

$$\mu_{m,t,\varphi,4}^{j} \geqslant -1 \quad \forall m,t,\varphi \tag{4-59}$$

$$\mu_{m,t,\varphi,5}^{j} \geqslant -1 \quad \forall m,t,\varphi \tag{4-60}$$

$$-\pi_{m,t,\varphi}^{\text{HCSO}} \mu_{m,t,\varphi,5}^{j} \geqslant 0 \quad \forall m,t,\varphi \tag{4-61}$$

$$P_{m,t}^{\text{charge}} \perp \mu_{m,t,1}^{j} \quad \forall m,t \tag{4-62}$$

$$P_{m,t}^{\text{charge}} \perp \mu_{m,t,2}^{j} \quad \forall m,t \tag{4-63}$$

$$(-\mu_{m,t,\varphi,3}^{j} + 1) \perp W_{m,t,\varphi}^{\text{HCSO}} \quad \forall m,t,\varphi \tag{4-64}$$

$$\pi_{m,t,\varphi}^{\text{HCSO}} \mu_{m,t,\varphi,3}^{j} \perp P_{m,t,\varphi}^{\text{HCSO}} \quad \forall m,t,\varphi \tag{4-65}$$

$$W_{m,t,\varphi}^{\text{HCSO}} \perp (\mu_{m,t,\varphi,4}^{j} + 1) \quad \forall m,t,\varphi \tag{4-66}$$

$$(\mu_{m,t,\varphi,5}^{j} + 1) \perp W_{m,t,\varphi}^{\text{HCSO}} \quad \forall m,t,\varphi \tag{4-67}$$

$$-\pi_{m,t,\varphi}^{\text{HCSO}} \mu_{m,t,\varphi,5}^{j} \perp P_{m,t,\varphi}^{\text{HCSO}} \quad \forall m,t,\varphi \tag{4-68}$$

$$\left(P_{m,t}^{\text{charge},j} - \sum_{\omega=1}^{\Omega} \sum_{(n_y,t_y) \in A_y} y_{n,t}^{\omega,j} \right) \perp \mu_{m,t,1}^{j} \quad \forall m,t \tag{4-69}$$

$$\left(P_{m,t}^{\text{charge},j} - \sum_{\omega=1}^{\Omega} \sum_{(n_y,t_y) \in A_y} y_{n,t}^{\omega,j} \right) \perp \mu_{m,t,1}^{j} \quad \forall m,t \tag{4-70}$$

$$\left(-W_{m,t,\varphi}^{\text{HCSO},j} + \pi_{m,t,\varphi}^{\text{HCSO},j} \cdot P_{m,\max} \cdot I_{m,t,\varphi}^{\text{HCSO}} + \pi_{m,t,\varphi}^{\text{HCSO}} \cdot P_{m,t}^{\text{HCSO},j} - \pi_{m,t,\varphi}^{\text{HCSO}} \cdot P_{m,\max} \right) \perp \mu_{m,t,\varphi,3}^{j} \quad \forall n,t,\varphi \tag{4-71}$$

$$\left(W_{m,t,\varphi}^{\text{HCSO},j} - \pi_{m,t,\varphi}^{\text{HCSO}} \cdot P_{m,\max} \cdot I_{m,t,\varphi}^{\text{HCSO}} \right) \perp \mu_{m,t,\varphi,4}^{j} \quad \forall m,t,\varphi \tag{4-72}$$

$$\left(W_{m,t,\varphi}^{HCSO,j} - \pi_{m,t,\varphi}^{HCSO} \cdot P_{m,t}^{HCSO,j}\right) \perp \mu_{m,t,\varphi,5}^{j} \quad \forall m,t,\varphi \qquad (4-73)$$

为了便于生成耦合约束(4-51)的对偶约束,我们将该约束重新表述为两个不等式约束,如式(4-52)、式(4-53)所示。其中 j 表示迭代次数,约束(4-54)至式(4-73)并非初始迭代时的约束,而是在迭代中不断添加。

在随后的迭代中,约束(4-54)至约束(4-73)加入主问题,并且问题不断迭代直到收敛。将约束(4-62)至约束(4-73)通过用式(4-74)中的线性约束集线性化,其中 M 是一个足够大的正常数。

$$a \geq 0, b \geq 0, a \leq kM, b \leq (1-k)M, k \in \{0,1\} \qquad (4-74)$$

基于上层问题中给出的电价,电动汽车优化其路径选择和充电决策,以最大限度地降低充电成本。电动汽车的响应行为表述为子问题,目标函数为式(4-41),最小化式(4-41),约束条件包括式(4-42)至式(4-50)及式(4-52)和式(4-53)。

$$W_{m,t,\varphi}^{HCSO} \geq \pi_{m,t,\varphi}^{HCSO} \cdot P_{m,\max} \cdot I_{m,t,\varphi}^{HCSO,*} + \pi_{m,t}^{HCSO} \cdot P_{m,t}^{HCSO} - \pi_{m,t,\varphi}^{HCSO} \cdot P_{m,\max} \quad \forall m,t,\varphi \qquad (4-75)$$

$$W_{m,t,\varphi}^{HCSO} \leq \pi_{m,t,\varphi}^{HCSO} \cdot P_{m,\max} \cdot I_{m,t,\varphi}^{HCSO,*} \quad \forall m,t,\varphi \qquad (4-76)$$

基于上述过程,将原来的双层优化问题分解为两个混合整数线性规划(MILP)问题。并采用 Gurobi 商用求解器进行求解。

4.2.3 考虑充电定价引导的高速公路交通用能灵活调节策略

选取了中国郑州到南京的一段高速公路网络来进行模拟仿真,并把该段高速公路抽象成一个7节点的单线网络模型。该高速公路全长约600km,有5个高速公路服务区,在图中用 CS1、CS2、CS3、CS4 和 CS5 来表示。由于凌晨0时到6时之间在高速公路上行驶的电动汽车数量较少,故在优化时对此时段忽略,以0.5h为一个优化时间段,将一天分为36个时间段。

考虑电动汽车充电站可以设置四档电价,同时假设所有服务区充电站都安装了分布式光伏资源,其中服务区3配备了风力发电机资源。每种可再生能源的装机容量设置为3MW。由于高速公路上的服务区在地理上分布跨度较大,因此每个服务区的可再生能源发电量由于其区域内的太阳辐射、风速以及其他因素而不同。图4-9给出在该算例中每个服务区的光伏和风电发电总量,其中 PV-CS1,…,PV-CS5 表示5个服务区的光伏发电量,Wind-CS3 表示服务区3的风电发电量。在车辆信息方面,假设车辆的出发时间遵循均匀分布。基于高速公路以封闭的方式运行的假设,则没有电动汽车从充电站节点流入。

采用两个算例来说明所提出的电动汽车充电导航方案的有效性,所提出的定价方案作为算例1(即充电价格在时空上有所不同)。在算例2中,所有服务区电动汽车充电站采用传统的分时(TOU,Time-of-use Pricing)价格作为定价方案。图4-10为每个服务区充电站充电负荷的优化结果。

4 支撑公路交通高效运转的绿色能源自洽系统构型与协同规划

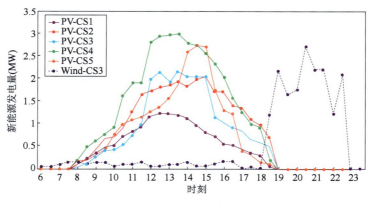

图 4-9 可再生能源发电量

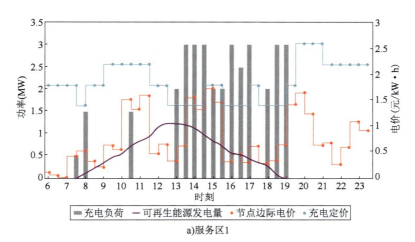

a) 服务区1

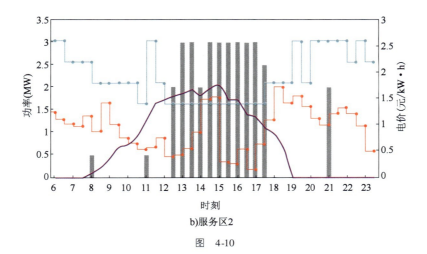

b) 服务区2

图 4-10

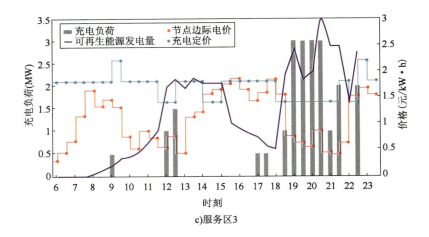

c)服务区3

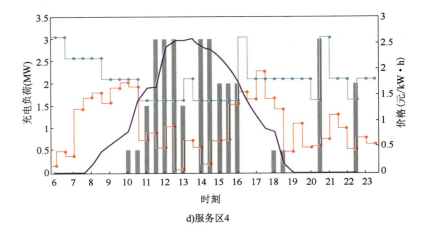

d)服务区4

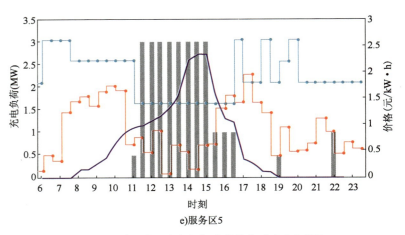

e)服务区5

图4-10 各服务区充电负荷、电价策略、节点电价情况

在所提出的充电定价方案下,充电负荷多集中在可再生能源发电量多的时间段。其次,充电负载也倾向于停留在节点边际电价(LMP)较低的时期。图4-11的优化结果对两个结论给出证明,充电负荷大多集中在服务区1的13:00—19:00,服务区2的13:00—17:00,服务区3的19:00—21:00,服务区4的11:00—16:00,服务区5的11:00—15:00。其中,服务区2、服务区3和服务区4的充电负荷的集中是由于该时段该地区的可再生能源发电量充足造成的,较低的LMP也对充电负荷的集中起着一定的作用,如服务区1和服务区5的充电负荷所示。时空充电价格可以引导充电负荷时空转移;以图4-11为例,从12:00到16:00有足够的光伏发电量,高速公路服务区运营商制定较低的价格以吸引更多的电动汽车充电。通过这种方式,可以提高可再生能源发电的利用率。在20:30和22:30,服务区3可以从主电网购买廉价电力,因此制定较低的充电价格来引导更多的电动汽车充电。

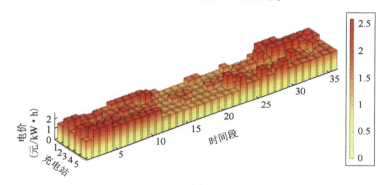

图4-11 时空电价分布

图4-11显示了该算例下每个电动汽车的时空充电价格优化结果。由于利润上限限制了垄断运营商从电动汽车中赚取的收入,因此每个服务区仅在几个小时内设置更高的价格。由于可再生能源发电的边际成本通常可以忽略不计,高速公路服务区运营商通过确定合理的充电价格并引导充电负荷的重新分布,通过消纳更多的可再生能源来优化其运营利润。通过比较基于TOU价格的比较案例优化结果,进一步说明了基于定价的充电导航策略在调度电动汽车充电负荷以消纳更多清洁能源的有效性。

图4-12和图4-13分别显示了基本情况和比较情况中每个CS的时空载荷分布。与比较情况下的结果相比,基本情况下的峰值负载更加突出。由于每个CS的地理位置不同,相同的价格不同时间可以更好地引导电动汽车整合可再生能源。12:00—17:00是充电高峰期,因为这次该地区往往有更多的可再生能源。因此,充电站通过采用时空充电价格,将电动汽车以较低的边际成本在这些地点充电,具有更大的定价灵活性。

图4-14显示了两种情况下服务区的可再生能源利用率。在采用时空充电价格后,电动汽车的时空负荷重新分布,促进可再生能源的整合,可再生能源利用率提高6.22%,购电成本比比较案例低37.0%。该算例仿真验证了基于时空充电价格的电动汽车导航策略的有效性。

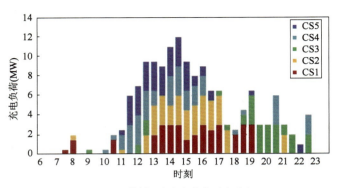

图 4-12 算例 1 充电负荷的时空分布

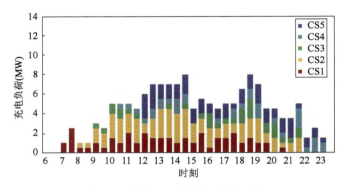

图 4-13 算例 2 充电负荷的时空分布

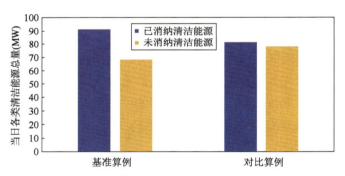

图 4-14 两种算例的可再生能源消纳情况

4.2.4 支撑公路交通自洽能源系统构型设计的高速公路多服务区用能灵活调节策略

为验证所提出的优化模型,采用一个具有 5 个服务区的高速公路网络进行算例分析,该网络由石家庄到青岛的一段高速公路网抽象而成。该高速公路全长约 600km,每两个节点间距约 100km,为了便于得到合理的优化结果,每两个节点中加入一个虚拟节点。在优化过程中,将一个运营日分为 48 个时间段。由于各个服务区在地理位置上分布跨度较大,造成各区域内的太阳辐射或风速等因素不同,导致其可再生能源发电量不同。各服务区可再生能源的出力参数如图4-15(高光低风)、图4-16(低光)所示。

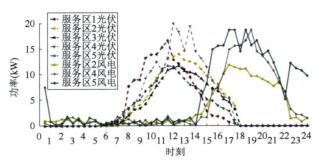

图4-15 各服务区可再生能源出力情况(高光低风)

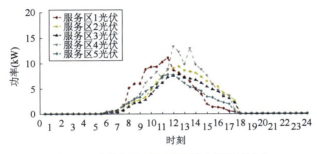

图4-16 各服务区可再生能源出力情况(低光)

算例分析设置八种场景。算例1:仅主网供电,算例2:主网供电+高光,算例3:主网+低光,算例4:主网+高光低风,算例5:主网+高光低风+储能。以上5种算例均考虑到电动汽车的灵活性调节能力。此外,我们额外设计算例6:主网+高光低风+储能(不考虑交通灵活性),算例7:主网+高光低风(不考虑交通灵活性),两个算例来验证交通侧充电负荷灵活调节能力对降低服务区运行成本的有效性。目前算例中暂不考虑热电联产机组CHF模块以及储热模块。

假设高速公路的电动汽车车辆的出发时间在6:00—24:00遵循均匀分布,车流量为每小时12辆车,且车辆SoC在80%~100%之间服从均匀分布。因凌晨出行车辆少,故忽略掉此时间段从起点出发的车辆。电动汽车模型为相同的型号,参数如表4-1所示。算例均在CPU为inter(R)Core(TM)i7-6700、内存为8G的计算机上采用在MATLAB R2018a实现建模,该优化模型通过调用Gurobi求解器进行求解。

电动汽车相关参数　　　　　　　　　　　　　　　表4-1

参数	数值	参数	数值
充电功率(kW)	16	行驶速度(km/h)	100
耗电率(kW/km)	0.16	最大行驶里程(km)	500
电池容量(kW·h)	80		

以算例 5 为基准算例，分析所提出模型的有效性。在所提出的时-空-电三维网络流模型和优化策略下，电动汽车充电负荷多集中在可再生能源出力充足的时段。图 4-17 中，在 13:00 到 16:00 时间段，充电负荷多集中在服务区 1 和服务区 4，此时正是服务区 1 和服务区 4 光伏出力较多的时段。在 19:00 到 23:00 时间段，服务区 2 和服务区 4 风电较多，电动汽车充电负荷也集中在此时间段。通过优化结果可以看出，服务区运营商通过引导电动汽车到可再生能源出力较多的服务区去进行充电，以此来消纳更多的可再生能源，降低其运行成本。

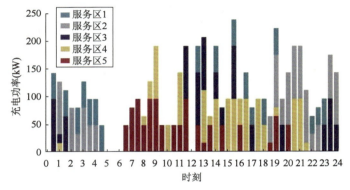

图 4-17　各服务区充电负荷

图 4-18 展示了各服务区储能的运行优化结果。可以看出由于每个服务区都配备了分布式的光伏发电设备，在白天太阳充足的时候，各服务区的储能装置将剩余的光伏资源以电能的形式储存在储能装置中，但是各服务区储能开始充电的时间有所差异。在早上光伏开始充足的时候，此时在满足服务区日常负荷和充电负荷后储能电池将剩余的能源以储能形式保存。服务区运营商通过控制储能装置的充放电行为，在可再生能源出力高的时刻充电，消耗满足服务区日常电负荷后剩余的可再生能源，减少弃风弃光量，在可再生能源出力低的时刻放电，减少服务区在电网的购电量，以此降低服务区的运行成本，提高能源供给自洽率。

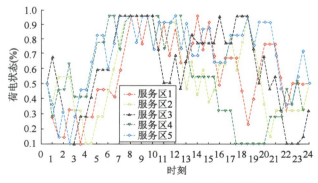

图 4-18　各服务区储能装置荷电状态曲线

指标对应场景各服务区用电成本分析：算例 1 至算例 5 满足了指标所对应的 5 种典型能源交通场景数量。算例 1：仅主网供电，算例 2：主网供电 + 高光，算例 3：主网 + 低光，算例 4：主网 + 高光低风，算例 5：主网 + 高光低风 + 储能。以上 5 种算例均考虑到电动汽车的灵活性调节能力。其总的运行成本即为各场景所对应的目标函数，每 MW·h 供能成本计算方式如下：

单位供电成本 = 系统运行成本/(各服务区充电负荷 + 各服务区日常运行电负荷)

各算例供电成本如表 4-2 所示。

各算例供电成本　　　　　　　　　　　　　　表 4-2

典型场景	系统运行成本(元)	单位供电成本(元/MW·h)
主网供电	22052	1203.0
主网供电 + 低光	21641	1180.6
主网供电 + 高光	21435	1169.3
主网供电 + 高光低风	20349	1142.7
主网供电 + 高光低风 + 储能	20584	1122.9

如表所示，以主网供电 + 低光为典型基准算例(服务区运行原有方案)，以主网供电 + 高光低风 + 储能等考虑了供能侧和交通侧多种灵活性为对比算例，供能成本降低 4.88%，满足中期指标运行成本降低 2% 的要求，接近项目结项时指标要求，其中每 MW·h 供能成本降低 57.7 元，满足中期指标要求。由于系统中可再生能源装机容量较低，服务区基本用电负荷能够完全消纳产生的可再生能源，基本没有弃风弃光的现象产生，满足指标要求。

我们还通过算例对比了交通灵活性和供能灵活性对系统运行成本的影响，结果如表 4-3 所示。

交通灵活性和供能灵活性对系统运行成本的影响　　　　　　　　　　　表 4-3

算例	系统运行成本(元)	单位供电成本(元/MW·h)
考虑交通灵活性和供能灵活性	20584	1122.9
考虑交通灵活性，不考虑供能灵活性	20349	1142.7
不考虑交通灵活性，考虑供能灵活性	22185	1135.5
两者都不考虑	22549	1154.1

考虑交通灵活性和供能灵活性的情况下，比不考虑这两种灵活性的情况，系统运行成本降低 8.71%，效果比较显著，说明交通侧和电网侧的灵活性相互配合可以较为显著地降低服务区的运行成本。

单服务区场景不需要考虑交通侧灵活性负荷的影响，场景也较为简单，本书采取服务区 2 的各项数据，在充电负荷固定的条件下，比较主网供电 + 低光为典型基准算例(服务区运行原有方案)和主网供电 + 高光低风 + 储能等考虑了供能侧灵活性为对比算例。结果如表 4-4 所示。

单服务区对比算例　　　　　　　　　　　　　　　表 4-4

算例	系统运行成本（元）	单位供电成本（元/MW·h）
主网供电 + 低光	4880.8	1154.6
主网供电 + 高光低风 + 储能	4546.1	1075.5

以主网供电 + 低光为典型基准算例（服务区运行原有方案），以主网供电 + 高光低风 + 储能等考虑了供能侧和交通侧多种灵活性为对比算例，供能成本降低 6.86%，满足中期指标运行成本降低 2% 的要求，其中每 MW·h 供能成本降低 79 元，满足中期指标要求。由于系统中可再生能源装机容量较低，服务区基本用电负荷能够完全消纳产生的可再生能源，基本没有弃风弃光的现象产生，满足指标要求。

4.3　清洁供能背景下公路交通能源自洽系统构型方法和规划方案研究

4.3.1　高速公路服务区自洽能源系统构型架构设计

高速公路服务区自洽能源系统的系统构型旨在研究公路交通自洽能源系统功能要素和物理形态，形成系统整体构型方法与规划设计方案，考虑以高速公路服务区投资商的视角，构建相应的运筹学优化模型，该模型中存在供需协同、多能互补、时空关联、动态演化等运行特性和耦合约束。

首先，分析公路交通沿线的用能场景。结合公路交通综合能源需求现状（如以电动汽车为典型的用能负荷：现阶段多石油、少电、无氢），以及未来公路交通能源需求（以电动汽车为典型的用能负荷：多电、氢），综合各类车辆、设施及设备的用能需求以及补能特点，形成不同的用能场景（如电氢、电热冷氢等）。

其次，分析公路交通沿线的供能场景。结合某些具体公路沿线供能资源禀赋历史数据，以及公路沿线区域的可再生能源出力特性（即某些区域风电、光伏的资源分布情况），形成不同的供能场景（如高风低光场景、高光场景等）。

最后，基于所形成的各种场景，作为系统构型的数据输入，综合考虑供给清洁自洽化、供需适配与灵活调节性等目标，综合分析典型交通应用场景下的能源供应、变换、输运、使用与储存方式和要求，提出具备清洁供给功能、灵活用能特性、高自洽能力的系统构型方法。构型完成思路如图 4-19 所示。

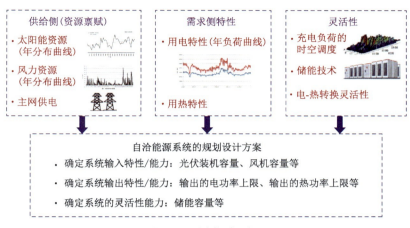

图 4-19 系统构型示意图

4.3.2 支撑高速公路清洁供能的多服务区规划模型构建

整体规划模型的建立旨在实现高速公路服务区投资建设的经济性,节约各类投资与运行成本,使服务区日常运行更加经济高效。在考虑交通灵活性的前提下,该模型综合考虑建设成本和运行成本,以确保服务区在投资建设时期的合理配置和未来运行的经济效益。这一目标通过一个两阶段的规划模型来实现。第一阶段的能源-交通设施规划模型旨在优化服务区前期的建设成本。在这个阶段,优化目标是最小化投资成本,同时确保对服务区基础设施的合理配置。通过考虑充电桩的投资、储能电池和光伏装机容量的配置等变量,在有限的预算下实现对服务区基础设施的有效规划。为了达到这一目标,拟制定一系列约束,如限制充电桩数量总量、灵活确定充电桩建设的上下限以满足地区充电需求差异,并对光伏装机容量和储能电池容量进行限制,以确保服务区能够持续供电并减少对传统能源的依赖。第二阶段则关注于服务区的日常运行,特别地考虑了电动汽车充电这种交通侧的灵活性资源。在这个阶段,优化目标是最小化服务区的用能成本,同时满足用户的需求。通过考虑光伏、充电桩和储能设施的规划,可以优化能源的分配和利用,以降低能源成本。在此过程中,还考虑了多个服务区的能量平衡约束,包括冷、热、电 3 种能源的能量平衡约束,以确保能源的有效利用和服务区运营的稳定性。整体而言,这两个阶段的规划模型综合考虑了服务区建设和运营的多个因素,包括能源系统的优化、投资成本、地区充电需求差异等。通过这一策略,实现高速公路服务区的低碳运行,提供更便捷、高效的服务,同时确保节约用能成本的优化。

1)第二阶段:能源-交通设施规划模型

考虑交通灵活性的高速公路服务区自洽能源规划模型构建为一个两阶段的模型,其目标函数如式(4-77)所示:

$$\min\{C^I(x)+h(y)\} \tag{4-77}$$

在这个两阶段的模型中,第一阶段旨在优化高速公路服务区前期的建设成本,用 x 来表示第一阶段模型中投资中需要优化的变量,$C^I(x)$ 则表示第一阶段的目标函数;用 y 来表示第二阶段的模型日常服务区运营中需要优化的变量 $h(y)$ 则表示第二阶段的目标函数。第一阶段的目标函数如式(4-78)所示,约束如式(4-78)~式(4-82)所示。

$$C^I(x) = \min_x \left\{ \sum_{m \in M} \left[\frac{r^{\text{pile}}(1+r^{\text{pile}})^{s^{\text{pile}}}}{(1+r^{\text{pile}})^{s^{\text{pile}}} - 1} c^{\text{pile}} z_m + \frac{r^{\text{pv}}(1+r^{\text{pv}})^{s^{\text{pv}}}}{(1+r^{\text{pv}})^{s^{\text{pv}}} - 1} c^{\text{pv}} q_m + \frac{r^{\text{st}}(1+r^{\text{st}})^{s^{\text{st}}}}{(1+r^{\text{st}})^{s^{\text{st}}} - 1} c^{\text{st}} E_m \right] \right\}$$

(4-78)

$$0 \leq \sum_{m \in M} z_m \leq z_{\max} \tag{4-79}$$

$$z_m^{\min} \leq z_m \leq z_m^{\max} \tag{4-80}$$

$$q_m^{\min} \leq q_m \leq q_m^{\max} \tag{4-81}$$

$$E_m^{\min} \leq E_m \leq E_m^{\max} \tag{4-82}$$

上几式中 $\frac{r(1+r)^s}{(1+r)^s - 1}$ 表示投资转化系数;r^{pile}、r^{pv}、r^{st} 表示充电桩、光伏、储能设备折扣率;s^{pile}、s^{pv}、s^{st} 表示充电桩、光伏、储能设备投资年限;m 表示服务区的索引;c^{pile} 表示单个充电桩的建设成本;c^{pv} 表示投资单位功率的光伏板所需要的成本;c^{st} 表示单位功率储能电池的投资建设成本;z_m 表示在服务区 m 需要建设的充电桩的数量;q_m 表示在服务区 m 需要配置的光伏装机容量;E_m 表示在服务区 m 需要配置的储能电池容量;$z_{\max}$ 表示各服务区总的充电桩建设数量上限;$z_m^{\max}$ 表示服务区 m 充电桩最大建设数量;$z_m^{\min}$ 表示服务区 m 充电桩最小建设数量;$q_m^{\max}$ 表示服务区 m 最大光伏装机容量;$q_m^{\min}$ 表示服务区 m 最小光伏装机容量;$E_m^{\max}$ 表示服务区 m 最大储能电池配备容量;$E_m^{\min}$ 表示服务区 m 最小储能电池配备容量。

在规划高速公路服务区方案时,综合考虑多个因素以确保其运作和可持续发展。在第一阶段的模型中,约束(4-79)设定了充电桩数量总量的上限,有助于在高速公路服务区内满足充电需求的同时避免资源过度消耗。约束(4-80)根据不同高速公路服务区的地理位置和实际情况,灵活确定充电桩建设的上下限,以满足各地区的充电需求差异。约束(4-81)和约束(4-82)则对光伏板装机容量和储能电池容量的规划进行了限制,以便更有效地利用可再生能源,确保服务区能够实现持续供电,减少对传统能源的依赖。

2)第二阶段:典型日下考虑交通灵活性的高速公路服务区用能模型

在第二阶段,考虑了交通灵活性的高速公路服务区用能优化模型,交通灵活性的考虑是基于时-空-电三维网络流模型展开的,在这里不再赘述相关含义,仅给出约束的公式。

目标函数:重点突出对光伏、充电桩和储能设施的规划,暂不考虑分布式风电和蓄热设施。在所提出的数学模型中考虑了多个服务区的弃光成本、储能运维成本、主网购电成本、热电联产机组发电成本以及电动汽车排队的时间成本。如式(4-83)所示:

$$h(y) = C_{\text{pv}}^{\text{curtail}} + C_{\text{storage}}^{\text{op}} + C_{\text{grid}}^{\text{cost}} + C^{\text{chp}} + \lambda C_{\text{ev}}^{\text{charging}} \tag{4-83}$$

式(4-84)至式(4-86)分别表示了多个服务区的冷、热、电三种能源的能量平衡约束。方程的左边为各个服务区的能量注入,右边表示各个服务区的能量输出。与前述章节不同的

是,这里并未考虑蓄热装置和分布式风电的相关内容。各服务区的冷、热、电三种能源的能量平衡约束条件如下:

$$P_{t,m}^{\text{chp}} + P_{t,m}^{\text{grid}} + P_{t,m}^{\text{pv}} + P_{t,m}^{\text{disch}} = P_{t,m}^{\text{ev}} + P_{t,m}^{\text{ch}} + P_{t,m}^{\text{pvcur}} + P_{t,m}^{\text{load}} + P_{t,m}^{\text{chil}} + P_{t,m}^{\text{heat}} \quad \forall t,m \quad (4\text{-}84)$$

$$\eta_{\text{chp}} H_{t,m}^{\text{chp}} + \eta_{\text{heat}} P_{t,m}^{\text{heat}} = H_{t,m}^{\text{space}} + H_{t,m}^{\text{water}} \quad \forall t,m \quad (4\text{-}85)$$

$$\eta_{\text{chil}} P_{t,m}^{\text{chil}} = C_{t,m}^{\text{chilload}} \quad \forall t,m \quad (4\text{-}86)$$

特别地,光伏的出力取决于第一阶段规划中光伏板的装机容量,式中 $p_{t,m}^{\text{unitpv}}$ 表示单位容量的光伏板的发电量,取决于当地某时刻的太阳辐射强度,为该优化问题的参数。

$$p_{t,m}^{\text{pv}} = p_{t,m}^{\text{unitpv}} q_m \quad \forall t,m \quad (4\text{-}87)$$

服务区中配备有储能装置和蓄热装置。式(4-88)至式(4-93)为各服务区储能设备的运行约束。

$$E_{t+1,m} - E_{t,m} = P_{t,m}^{\text{ch}} \eta_t^{\text{ch}} - \frac{P_{t,m}^{\text{disch}}}{\eta_t^{\text{dch}}} \quad \forall t,m \quad (4\text{-}88)$$

$$E^{\min} \leqslant E_{t,m} \leqslant E^{\max} \quad \forall t,m \quad (4\text{-}89)$$

$$0 \leqslant P_{t,m}^{\text{ch}} \leqslant q_m P_{\max}^{\text{unitch}} \quad \forall t,m \quad (4\text{-}90)$$

$$0 \leqslant P_{t,m}^{\text{disch}} \leqslant q_m P_{\max}^{\text{unitdch}} \quad \forall t,m \quad (4\text{-}91)$$

$$E_{1,m} = E_{T,m} \quad \forall m \quad (4\text{-}92)$$

$$E_m^{\max} \leqslant E_m \quad \forall m \quad (4\text{-}93)$$

假设高速公路服务区运营商可以协调电动汽车的充电和排队行为,采用提出的时-空-电三维网络流模型,网络流平衡约束、服务区的最大排队流量约束、电动汽车的在每个网络流节点中的初始车辆数和本书第4.1节的内容相同。如式(4-94)至式(4-99)所示。特别地,服务区最大充电功率受到第一阶段中所规划的充电桩数量的影响,如式(4-100)所示。在热电联产机组模块,假设所有服务区的热电联产机组为抽气式热电联产机组。

$$f_{n,t,\text{soc}}^{\text{travel}} = f_{n+1,t+1,\text{soc}-1}^{\text{travel}} \quad \forall t \in T, n \in N_V, \text{soc} \in C \quad (4\text{-}94)$$

$$f_{n,t,\text{soc}}^{\text{travel}} + f_{n,t,\text{soc}}^{\text{block}} + f_{n,t,\text{soc}}^{\text{charge}} = f_{n,t+1,\text{soc}}^{\text{block}} + f_{n,t+1,\text{soc}+1}^{\text{charge}} + f_{n+1,t+1,\text{soc}-1}^{\text{travel}} \quad \forall t \in T, \forall n \in N_M, \text{soc} \in C \quad (4\text{-}95)$$

$$\sum_{\text{soc} \in C} f_{n,t,\text{soc}}^{\text{block}} \leqslant \overline{f^{\text{block}}} \quad \forall n \in N_M, t \in T \quad (4\text{-}96)$$

$$f_{n,t,\text{soc}}^{\text{travel}} = f_0 \quad \forall n \in N_V, t \in T, \text{soc} \in C \quad (4\text{-}97)$$

$$f_{n,t,\text{soc}}^{\text{charging}} = f_1 \quad \forall n \in N_M, t \in T, \text{soc} \in C \quad (4\text{-}98)$$

$$f_{n,t,\text{soc}}^{\text{block}} = f_2 \quad \forall n \in N_M, t \in T, \text{soc} \in C \quad (4\text{-}99)$$

$$\sum_{\text{soc} \in C} f_{n,t,\text{soc}}^{\text{charge}} \leqslant P^{\text{pile}} Z_m \quad \forall n \in N_M, t \in T \quad (4\text{-}100)$$

3) 算例分析

该两阶段的模型并不涉及随机变量,可以直接等效成混合整数线性规划问题,用 Gurobi 等商业求解器直接求解。为验证所提出的优化模型,该算例分析同样采用具有 5 个服务区的高速公路网络,由石家庄到青岛的一段高速公路网抽象而成。该高速公路全长约600km,每两个节点间距约100km,为了便于得到合理的优化结果,每两个节点中加入一个虚拟节点。在优化过程中,将一个运营日分为48个时间段。各服务区的充电桩及能源设备建设参数如表4-5所示。设备投资系数如表4-6所示。

服务区充电桩及能源设备建设参数　　　　　　　　　　　　　　　　表4-5

项目	最大充电桩建设数量(个)	最大光伏板建设数量(个)	最小储能电池配置容量(kW)	最大储能电池配置容量(kW)
服务区1	40	4000	500	2500
服务区2	30	3000	500	2500
服务区3	20	2000	500	2500
服务区4	30	4000	500	2500
服务区5	30	3000	500	2500

服务区充电桩及能源设备建设参数　　　　　　　　　　　　　　　　表4-6

项目	充电桩	光伏板	储能电池
投资年限 s(年)	20	20	5
折扣率 r	0.03	0.03	0.1

本章假设高速公路的电动汽车车辆的出发时间在6:00~24:00遵循均匀分布,车流量为每小时32辆车,且车辆SoC在70%~100%之间服从均匀分布。因凌晨出行车辆少,故忽略掉此时间段从起点出发的车辆。本文的电动汽车模型为相同的型号,其参数同本书第4.2节中对电动汽车的相关参数设置相同。

在本算例中,假设每块光伏板最大能提供的实际发电功率为2kW,基于单个光伏板的发电功率,考虑天气等因素的各服务区太阳能资源的资源禀赋见图4-20。值得注意的是,在本章的算例设置中,服务区1和服务区4是规模较大的服务区,服务区1和服务区4的用能负荷更多,服务区2和服务区5的用能负荷较少,服务区3处于中游水平。各服务区冷热电负荷参数见图4-21~图4-25。

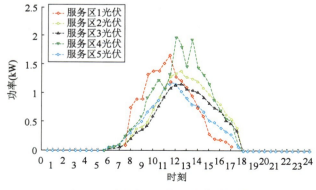

图4-20　各服务区可再生能源资源禀赋

4 支撑公路交通高效运转的绿色能源自洽系统构型与协同规划

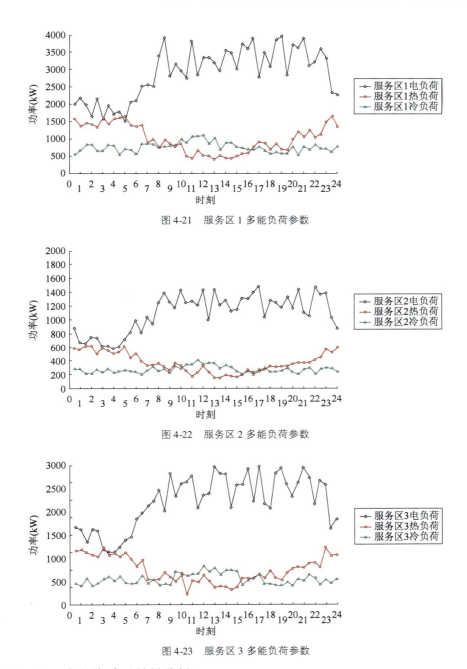

图 4-21 服务区 1 多能负荷参数

图 4-22 服务区 2 多能负荷参数

图 4-23 服务区 3 多能负荷参数

（1）服务区设备投资建设结果分析。

各服务区充电站建设数量、光伏板建设数量以及储能电池建设数量如表 4-7 所示。可以看出，由于服务区 1 和服务区 4 太阳能资源禀赋较为优越，因此光伏板的建设数量相对较多，分别为 3726 个和 2903 个。这意味着这些服务区可以通过太阳能发电来满足一部分能源需求，从而减少服务区从主网购电的电量，降低日常运行成本。其次，服务区 1 和服务区 4 规模较大且用能负荷更多，意味着它们需要更多的能源供应来满足需求。因此，在这些服务区中，储能电池配置容量较大(分别为2500kW和1595kW),这有助于满足服务区日常所需要的能耗,提高该服务区能源自洽率。优化结果表明充电桩的建设数量和光伏板的配置容量既能满足需求又不会造成过度投资,能够充分利用服务区所在地区的可再生能源禀赋,实现能源供应的清洁性和经济性。

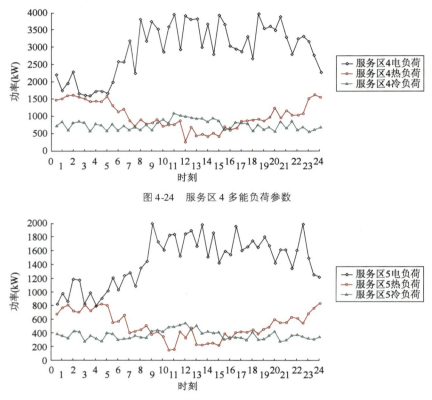

图4-24 服务区4多能负荷参数

图4-25 服务区5多能负荷参数

服务区充电桩及能源设备建设结果　　　　　　　　　表4-7

服务区	充电桩建设数量(个)	光伏板建设数量(个)	储能电池配置容量(kW)
服务区1	12	3726	2500
服务区2	24	1092	1402
服务区3	8	2000	768
服务区4	30	2903	1595
服务区5	6	1939	1024

相比之下,其他服务区的资源禀赋稍差。虽然这些服务区的光伏板建设数量相对较少,但可以通过合理的能源规划策略来满足其能源需求。例如,服务区2的充电桩建设数量较多,储能电池配置容量也适当增加,以适配该服务区可能出现的较高的充电负荷。由此可见,不管服务区资源禀赋如何,所提出的策略都尽可能地灵活规划服务区设施建设,促进服务区用能自洽。

4 支撑公路交通高效运转的绿色能源自洽系统构型与协同规划

(2)服务区运行优化结果分析。

各服务区电动汽车充电负荷的优化结果如图4-26所示。首先,需要注意到服务区1、服务区2和服务区4拥有较多的充电桩,因此它们承担着主要的充电负荷。服务区1和服务区2的充电负荷主要集中在白天,而服务区4在一天中的多数时间内承担了较多的充电负荷。由于服务区4拥有较好的太阳能资源禀赋,为了充分利用这一优势,服务区4配置较多的光伏板能够在白天充分利用光伏发电来满足充电需求,尤其是正午11:00到13:00时段。与之相比,虽然服务区2的光伏板数量较少,但服务区2在11:00到15:00太阳能资源禀赋较为充足,此时也是服务区2充电负荷最大的时候,这种时间上的匹配性使得服务区2在白天的能源供应方面仍然表现良好,上述结果表明,尽管服务区2的光伏板数量虽然较少,但在充电需求最高的时段提供了足够的能源供应。这反映了能源规划策略的灵活性和有效性。尽管资源禀赋有限,但通过合理的能源配置和充电调度,服务区2仍然能够满足充电需求,实现了能源供应的可持续性和经济性。相比之下,服务区3和服务区5的充电负荷相对较少。这可能是因为这两个服务区可能位于太阳能资源较少的地区,导致对太阳能发电的利用程度较低。

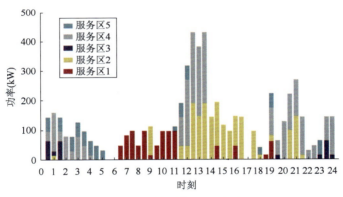

图4-26 各服务区的充电负荷

图4-27展示了各服务区储能的运行优化结果,服务区的储能设施配置和运行策略对服务区负荷的管理起着关键作用。根据图4-27所示,各个服务区的储能容量主要用于白天充电和夜间放电,以平衡白天和夜晚的能源供需差异。服务区1拥有最大的储能容量,能够更好地应对服务区用电负荷的管理。白天,服务区1可以利用充足的储能容量在太阳能充足的时段进行充电。一旦储能充电完成,可以放电供服务区中负荷使用,减少从主网购买的电量。在太阳落山前,各服务区的储能设备基本保持满电状态,为夜间的充电需求做好准备。晚上,可以利用储能设备释放储存的能量,满足夜间的充电需求,实现能源供需的平衡。其他服务区的储能容量略少,但同样采取类似的运营策略。它们也会在白天充电,并在太阳落山前尽可能充满储能设备。随着夜幕降临,这些服务区会利用储能设备释放储存的能量,满足夜间的充电需求。这种储能设施的配置和运营策略使得各个服务区能够更好地管理充电负荷,实现能源供需的平衡和稳定。

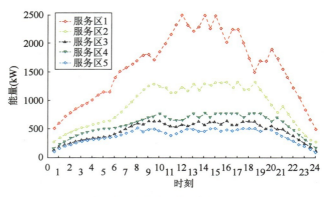

图 4-27　各服务区储能状态曲线

该算例的优化结果见表 4-8。通过两阶段规划模型，在有限预算下实现最小建设成本，确保未来服务区运营的经济效益。第一阶段侧重于充电桩、光伏和储能系统的合理配置，其中充电桩年投资成本约为 10.76 万元、光伏年投资成本约为 548.63 万元、储能年投资成本约为 221.14 万元。第二阶段则着眼于降低典型运行日的运行成本，典型运行日的弃光率 2.54%，表明太阳能资源的未被利用程度相对较低。这意味着服务区能够基本实现清洁能源的自发自用，有效促进了能源的内部循环和自治运行。

优化结果　　　　　　　　　　　　　　　　　　　　　　　表 4-8

优化结果	数值	优化结果	数值
充电桩年投资成本(万元)	10.76	典型运行日运行成本(万元)	3.52
光伏年投资成本(万元)	548.63	典型运行日弃光率(%)	2.54
储能年投资成本(万元)	221.14		

（3）灵敏度分析。

本节对不考虑交通侧灵活性的优化结果进行灵敏度分析，同时凸显了考虑交通侧灵活性的重要性。在不考虑交通侧灵活性这种静态的模型假设下，充电负荷的分布和峰值被固定。充电负荷被视为参数，如图 4-28 所示。各服务区的充电峰值基于服务区规模确定。

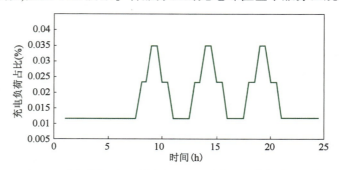

图 4-28　未考虑交通灵活性情况下（对比算例）中充电负荷的分布

表4-9中给出了未考虑交通灵活性情况下的服务区充电桩及能源设备建设结果。从充电站建设这一方面来看,两种算例的充电站建设数量基本相当。在未考虑交通侧灵活性的情况下,充电桩的建设较为平均地分布在各个服务区。这意味着每个服务区都会承担一定数量的充电负荷,这种结果表明没有针对特定服务区的能源资源和需求进行优化配置。在考虑交通侧灵活性时,充电桩的建设呈现出明显的倾向性。特别是在服务区2和服务区4,充电桩的建设数量明显增加。这一现象是为了引导电动汽车在这些服务区充电,以消纳该地区较丰富的光伏资源。因此,增加充电桩的建设可以更好地将清洁能源直接用于电动汽车的充电,从而促进清洁能源的消纳和利用。

未考虑交通灵活性服务区充电桩及能源设备建设结果　　　　表4-9

服务区	充电桩建设数量(个)	光伏板建设数量(个)	储能电池配置容量(kW)
服务区1	19	3700	2500
服务区2	14	1063	1818
服务区3	10	2000	995
服务区4	14	2945	1856
服务区5	14	1995	1269

在储能电池的配置方面,在未考虑交通侧灵活性的情况下,服务区所配置的储能电池数量基本都出现了不同程度的增加。这或许是源于在考虑交通侧灵活性时,由于电动汽车充电负荷受到服务区运营商的有效引导,因而能够作为需求侧响应资源灵活地消纳清洁能源。相较之下,未考虑交通侧灵活性时,电动汽车负荷这一需求侧的灵活性受限,导致服务区需要加强供给侧的灵活性以促进服务区清洁能源的消纳和低碳运行。这一差异表明,考虑交通侧灵活性对于服务区能源规划至关重要。否则,服务区需要通过扩大储能电池规模来应对充电负荷的波动,确保清洁能源的消纳。

从表4-10中可以看出,在考虑交通灵活性的规划结果中,充电桩年投资成本略高于未考虑交通灵活性的规划结果。这表明考虑了交通侧灵活性后,可能需要在特定服务区增加充电桩数量,以更好地引导电动汽车的充电需求。光伏年投资成本在两种情况下基本持平,光伏板的配置在两种算例中并没有明显变化。然而,在储能年投资成本方面,考虑交通灵活性的规划结果为221.14万元,明显低于未考虑交通灵活性的规划结果(255.98万元)。这可能是因为考虑了交通侧灵活性后,能够更有效地利用充电桩引导电动汽车充电,在需求侧的灵活性大大增加,使得对供给侧灵活性的依赖下降,因而减少了对储能电池的需求。总投资成本方面,考虑交通灵活性的规划结果为780.53万元,略低于未考虑交通灵活性的规划结果(816.16万元),投资成本降低了约4.37%。在典型运行日运行成本和典型运行日弃光率方面,考虑交通灵活性的规划结果分别为3.52万元和2.54%,略优于未考虑交通灵活性的规划结果(3.58万元和2.85%)。这说明考虑了交通侧灵活性后,能够更有效地降低运行成本并提高光伏发电的利用率,从而提高能源系统的经济性。

两种算例优化结果对比 表 4-10

优化结果	考虑交通灵活性规划结果	未考虑交通灵活性规划结果
充电桩年投资成本(万元)	10.76	9.55
光伏年投资成本(万元)	548.63	550.63
储能年投资成本(万元)	221.14	255.98
总投资成本(万元)	780.53	816.16
典型运行日运行成本(万元)	3.52	3.58
典型运行日弃光率(%)	2.54	2.85

4.4 本章小结

本章提出了高速公路服务区构型框架设计与运行优化方法，分析和构建了供需协同、多能互补、时空关联、动态演化等运行特性和耦合约束，提出了利用供需灵活性支撑清洁能源的高自洽运行的运行方案，为实现公路交通能源系统供能清洁化和自洽化提供了重要支撑。

5 面向环境低影响的公路交通能源系统开发方案与运维优化策略

公路交通多能源自洽系统构型设计与应用

5.1 公路交通自洽能源系统生态环境评价指标与保护策略

5.1.1 公路交通自洽能源系统生态环境评价指标体系构建

攀大高速公路能源自洽项目建设内容主要包括:太阳能光伏组件阵列单元、储能系统等工程以及相应的供电、给排水、暖通等公用工程和辅助设施。

经过对工程的环境保护设计,分析环境与本工程间的相互影响要素,采取有效措施使不利影响因素减至最低程度,使电站场址环境在工程建设与运行期内都得到很好的保护,使工程与其周围环境之间达到相互和谐发展的目标。

1) 环境影响因素识别

(1) 施工期。

工程场址为攀大高速公路(四川段)沿线的道路边坡,用地红线范围内的闲余空地,高速公路沿线一处服务区(攀枝花南服务区)、一处管理区(攀大高速公路管理区)、三处收费站(攀枝花南收费站、中坝收费站、太平收费站)的建筑屋顶、空地、停车场等位置。道路边坡和闲余空地内分布有少量植被,在施工过程中会对地表产生一定的局部扰动,因此可能会发生水土流失。同时施工期有生活、生产污废水及建筑、生活垃圾产生。

(2) 运行期。

工程在运行期对环境的影响仅是少量的光伏组件清洗废水的影响。

2) 施工期的影响分析

(1) 施工对地表生态环境的影响分析。

工程建设施工期将征占当地一定数量的土地,同时工程施工过程中将进行土石方填挖,包括地面光伏阵列基础施工、箱式变电站基础施工及电缆敷设施工等工程,不仅动用土石方,而且有施工机械及人员活动。工程对当地生态环境的影响主要表现为:土壤扰动后,地表植被破坏,可能造成土壤侵蚀及水土流失;工程建成后对原有土地类型的改变等。

施工及生活用水采用外拉运水解决供水水源。工程建设中将扰动、破坏原地貌及其植被,特别是工程活动形成的开挖破损面以及倒运、堆放的少量松散弃渣极易产生新的土壤侵蚀和水土流失,进而导致局部生态环境质量变差。

(2)施工噪声环境影响分析。

施工期噪声主要为施工机械设备所产生的作业噪声,施工机械如推土机、载重汽车、挖掘机、混凝土搅拌机和振捣器等。根据类比调查和有关资料,这些建筑施工机械的声源噪声强度大多在80~100dB左右,据其他工程的施工经验,上述噪声仅对施工现场区域范围和周围250m内的地区有影响。本电站场区远离市区和村民居住地,不存在噪声干扰居民生活的问题。

(3)施工期对空气质量的影响。

光伏发电本身不产生有毒有害的废气污染物,但施工期汽车尾气和地面扬尘污染可能对区域环境空气产生影响。施工扬尘主要来自光伏组件基础、箱式变电站、进场公路等工程建设时施工开挖、粉状建筑材料(如水泥、石灰等)的装卸、拉运粉状材料及土石方、施工粉状材料的随意堆放和土方的临时堆存、车辆在道路上行走等过程。

施工扬尘产生量主要取决于风速及地表干湿状况。若在春季施工,风速较大、地表干燥,扬尘量必然很大,将对电站周围特别是下风向区域空气环境产生污染。夏季施工因风速较小,扬尘较少,对区域空气环境质量的影响相对较小。

(4)施工污、废水对环境的影响。

本工程施工几乎没有生产废水排放,生产用水主要为混凝土拌料用水,全部消耗在拌料中,所以几乎不产生废水。现场施工人员日常生活所产生的生活污水如不经处理直接排放,将对环境造成污染,但现场施工人员数量少,产生生活污水量也小,只要严禁乱排,通过集中处理后定期外运处理,对环境基本无影响。

(5)施工期固体废物对环境的影响分析。

施工期的固体废物主要是施工弃土石和施工人员生活垃圾。

施工弃土石是一种临时性的短期行为,至工程建成投入运行而告终。因此只要加强固体废物管理,及时、安全处理施工垃圾,就不会对环境产生污染。此外还有少量建筑垃圾和弃渣,其中有部分建筑材料可回收利用,剩余部分均用汽车运走。

3)运行期的影响分析

太阳能光伏发电站内无转动机械,在运行过程中无生产性工艺废水排放,日常清洗光伏组件产生的清洗污水量很少,且只含有少量灰尘,不含化学污染物,不会造成水污染;营运期不会产生噪声,也不会造成大气环境污染。项目运行期对环境可能产生影响的主要因素有:光伏组件及金属构件的噪光、生活污水、生活垃圾等。

(1)生态环境。

电站的运行不会改变当地的动植物分布,不会对当地的生态环境产生明显影响。

(2)声环境。

光伏发电本身没有机械传动机构或运动部件,运行期没有噪声污染。

(3)噪光影响。

本工程的主体构筑物是光伏阵列,该光伏组件在太阳光的照射下可能会对周边道路交通造成光污染。本工程采用的光伏组件最外层均为特种钢化玻璃,这种钢化玻璃的透光率极高,达 95% 以上。根据现行国家标准《玻璃幕墙光热性能》(GB/T 18091—2015)的相关规定,在城市主干道、立交桥、高架桥两侧设立的玻璃幕墙,应采用反射比小于 0.16 的低辐射玻璃。依据此标准,光伏阵列的反射光极少,不会使电站附近公路上正在行驶车辆的驾驶人员产生眩晕感,不会影响交通安全。

(4)生活污水对环境的影响分析。

光伏发电在电能产生过程中不需要水资源,电站在运行期的污废水主要为电站工作人员生活产生的污废水,由于平时无常驻工作人员,生活污废水的产生量也较少,对环境影响较小,并且通过集中处理后,对环境基本无影响。

4)生态环境评价指标体系

根据该项目及其所处环境特点,生态环境保护对象主要为项目所在区域的生态系统。环境保护目标是生态环境恢复到项目区规划目标;声环境达到区域环境噪声质量标准 1 类标准限值;大气环境达到环境空气质量标准二级标准。

评价指标选择主要参考对工程区的调研情况以及一些相关文献的梳理,将与之相关的指标集中在一起,使尽可能多的指标包含进本体系。在生态环境层面,预选出了空气质量指数、生活污水处理率、土壤侵蚀模数、区域环境噪声平均值、区域绿地率、工业固体废物排放强度、工业废气排放强度、工业废水排放强度、生活垃圾无害化处理率、年均酸雨频率 10 个指标,并列明每个指标对评价结果的正负性影响,如表 5-1 所示。

公路交通自洽能源系统生态环境评价指标 表 5-1

一级指标	二级指标	正负向影响
生态环境	空气质量指数	+
	生活污水处理率	+
	土壤侵蚀模数	−
	区域环境噪声平均值	−
	区域绿地率	+
	工业固体废物排放强度	−
	工业废气排放强度	−
	工业废水排放强度	−
	生活垃圾无害化处理率	+
	年均酸雨频率	−

本研究采用熵权法确定各指标的权重。熵权法客观地通过各个指标所提供信息的不确定性来确定各指标的权重,进而得到各个指标信息熵。信息熵对于某指标而言,熵值越大,无序程度越大,该指标对综合评价的影响就越大。因此,可利用信息熵计算出各指标权重,为构建公路交通自洽能源系统生态环境指标体系综合评价提供依据。表 5-2 为公路交通自洽能源系统生态环境评价指标权重及综合评分值。

5 面向环境低影响的公路交通能源系统开发方案与运维优化策略

公路交通自洽能源系统生态环境评价指标权重及综合评分值　　　表 5-2

一级指标	二级指标	权重
生态环境	空气质量指数	0.187
	生活污水处理率	0.078
	土壤侵蚀模数	0.112
	区域环境噪声平均值	0.145
	区域绿地率	0.064
	工业固体废物排放强度	0.072
	工业废气排放强度	0.105
	工业废水排放强度	0.092
	生活垃圾无害化处理率	0.068
	年均酸雨频率	0.077

5.1.2　攀大高速公路能源自洽工程环境保护设计

1）环境保护设计依据

环境保护设计据依据有《中华人民共和国环境保护法》《中华人民共和国环境影响评价法》《中华人民共和国水污染防治法》《中华人民共和国野生动物保护法》《中华人民共和国大气污染防治法》《中华人民共和国环境噪声污染防治法》《中华人民共和国传染病防治法》《建设项目环境保护管理条例》等法律法规，以及《建设项目环境影响评价技术导则 总纲》（HJ 2.1—2016）、《环境影响评价技术导则 生态影响》（HJ 19—2022）、《环境影响评价技术导则 地表水环境》（HJ 2.3—2018）、《环境影响评价技术导则 大气环境》（HJ/T 2.2—2018）、《环境影响评价技术导则 声环境》（HJ/T 2.4—2021）、《土壤环境监测技术规范》（HJ/T166—2004）、《地下水环境监测技术规范》（HJ 164—2020）等标准规范。

2）环境保护标准

主要标准有：《环境空气质量标准》（GB 3095—2012），二级；《声环境质量标准》（GB 3096—2008），1 类；施工期无组织扬尘排放执行《大气污染物综合排放标准》（GB 16297—1996）。表 2 无组织排放监控浓度限值；厂界噪声排放执行《工业企业厂界环境噪声排放标准》（GB 12348—2008）中 1 类标准；建筑施工噪声排放执行《建筑施工场界环境噪声排放标准》（GB 12523—2011）。

3）生态环境保护对策措施

在施工过程中，为保护生态环境，在环境管理体系指导下，项目施工期应进行精密设计，尽量缩短工期，减小施工对周围地形地貌等环境的影响。项目具体采取以下工程生态保护措施：

（1）施工活动严格控制在用地范围内，尽可能减少对周围土地的破坏；考虑对进场道路与施工道路进行一次性规划，施工道路不再单独临时征用土地；道路尽可能在现有道路的基础上布置规划，尽量减少对土地的破坏、占用。

（2）光伏阵列及电气设备必须严格按设计规划指定位置来放置，各施工机械和设备不得随意堆放，以便能有效地控制占地面积，更好地保护原地貌。

（3）施工优先采用环保型设备，在施工条件和环境允许的条件下，进行"绿色"施工，可以有效降低扬尘及噪声排放强度，保证其达标排放。在施工过程中，做好表土的集中堆存和保护，并要求完工后及时利用原表土对施工造成的裸露面进行覆土。由于光伏电站未进行整体场平处理，支架基础和建筑物基础等开挖产生的土方量又很少且较为分散，对产生的开挖土方量尽量进行就地摊平，不做弃渣外运处理，尽量减少车辆对场地的碾压，保护地表生态，降低土方施工费用。

（4）尽量减少大型机械施工，基坑开挖后，尽快浇筑混凝土并及时回填，对表层进行碾压，缩短裸露时间，减少扬尘发生。

（5）电缆沟施工后应及时回填，并恢复原有地貌。

（6）工程施工过程中和施工结束后，应及时并严格按照本工程所提出的各种水土保持措施对各水土流失防治部位进行治理，防止新增水土流失。

4）噪声污染防治对策措施

电站运行期无噪声污染，但施工期施工作业噪声不可避免。为减小施工噪声对周围环境的影响，建设单位必做好施工期间的环境保护工作。

（1）建设招标单位将投标方的低噪声、低振动施工设备和相应技术作为中标的重要内容考虑。

（2）施工单位应设专人对施工设备进行定期保养和维护，并负责对现场工作人员进行培训，以便使每个员工严格按操作规范使用各类机械，减少由于施工机械使用不当而产生的噪声。

（3）施工尽量安排在白天进行，尽量缩短工期。

（4）严格施工现场管理，降低人为噪声。

项目施工区域距离声环境敏感目标较远，采取上述措施，可避免施工噪声对周边环境的明显影响，满足《建筑施工场界环境噪声排放标准》(GB 12523—2011)的要求。

5）固体废物处置及人群健康对策措施

对于施工过程中产生的土石处理：

（1）开挖土石方时，将场内表层土，选择妥善地点堆放，底层土也妥善堆砌。工程完毕后，先用底层土覆盖裸露区域，再用表层土覆盖；

（2）工程土石方开挖并回填后剩余的弃渣可作为场区附近低洼地段的填土，回填摊平后植草，既避免了水土流失，又有利于植被的生长和生态环境的保护；

（3）此外对于少量建筑垃圾和开挖块石弃渣，其中有部分建筑材料可回收利用，剩余部分均用汽车清运。

在施工期，施工生活区设垃圾桶；电站正常运行过程中，管理人员主要从事办公、监控、检修等工作，固体废物主要为办公、生活垃圾。所有生活垃圾，待收集后定期用汽车运至当地专门的垃圾卫生填埋场进行无害化卫生填埋处理。

同时还应当加强饮食卫生、生活用水、环境卫生等方面的管理,防止传染病的流行,保护人群健康。

5.1.3　能源自洽系统生态修复与监测方案设计

为及时掌握工程区域环境污染及环境影响,在工程施工和运行过程中设置必要的监测点位,以便连续、系统地观测工程建设前后环境因子的变化及其对当地环境的影响,验证环境影响评价结论,同时为工程施工期和运行期环境污染控制和环境管理提供依据。

结合工程区环境现状、工程污染特点,本工程施工期环境监测的重点是施工噪声、施工扬尘和水土保持,运行期环境监测重点是噪声、工频电场、工频磁场。按照国家有关环保法规和监测管理规定,由建设单位委托有资格的单位承担监测,工程环境监测计划如表5-3所示。

工程环境监测计划表　　　　　　　　　　　　　　　　　表5-3

监测阶段	监测项目		监测点	监测时段或频率
施工期	施工扬尘		场界四周	施工高峰期监测1次
	施工噪声		场界四周	施工期监测1次,连续5天
	水土流失	扰动地表面积	工程区	第一年,每月1次
		水土流失量及变化情况		第一年,雨季初、末各1次
		水土保持措施实施效果		措施实施后第一年,每季1次
运行期	运行噪声		场界四周	结合环保竣工验收监测进行

5.2　公路交通自洽能源系统运行状态识别与分析

5.2.1　光伏组件参数辨识的可用目标函数分析

为了提取光伏电池电路模型的参数,人们提出了多种方法。根据原理,这些方法可以被分为3个不同的类型。第一种是利用基于数学运算的解析的方法来解决不同参数之间关系的非线性问题。第二种主要包括利用多种数值方法计算光伏电池参数。第三种是基于曲线拟合的智能优化算法。近年来,随着计算机技术的发展,智能优化算法受到广泛关注。智能化算法的作用对象一般为整条I-V曲线,即采用曲线上所有的数据点进行曲线拟合。在光伏电池模型参数的求解过程中,采用不同的模型以及不同的方法会得到不同的精度。这里的精度通常指的是实验测量值与理论计算值的误差,即评价函数。此外,随着智能优化算法的广泛应用,目标函数的选择也成为光伏参数提取的一个重要问题。选择不同的目标函数,智能优化算法得到的模型参数是不同的,也会影响到最后的精度。因此,对于不同的应用场合,选择适当的目标函数以及评价函数是必要的。

1) 光伏组件模型参数求解中的目标函数与评价函数

通常情况下,光伏组件的工程应用会遇到许多原因造成的不确定性,例如制造工艺、材料的自然变化、初始条件、系统的磨损或损坏状况以及系统周围环境造成的不确定性。此外,由于模型中的假设,建模过程本身也会带来很大的不确定性。单二极管模型(SDM)和双二极管模型(DDM)等效电路被广泛用于描述光伏组件的特性。模型的形式源于其所依赖的所有假设、概念化、抽象、近似和数学公式。与 SDM 相比,DDM 在提高计算精度的同时,也增加了计算复杂度。相关文献提出了一种适用于各种光伏组件的形状模型(PLM)。PLM 使用 4 个参数来表达 I-V 关系,包括开路电压、短路电流和两个形状参数。与 SDM 和 DDM 相比,PLM 更简单、更方便地建立光伏组件模型。由于参数的减少,PLM 通常无法提供足够的精度。

元启发式算法方法经常通过最小化计算 I-V 曲线数据与测量 I-V 曲线数据之间的偏差来提取参数。在这一过程中,偏差通过目标函数求解,目标函数反映了计算数据与测量数据之间的偏差程度。目标函数在很大程度上影响着提取参数的准确性。根据变量的不同,目标函数可分为基于电流的目标函数(OF-I)、基于电流电压的目标函数(OF-I&V)、基于功率的目标函数(OF-P)和基于面积的目标函数(OF-S)。具体来说,OF-I 最广泛地用于参数提取,有多种形式,如均方根误差(RMSE)、平均绝对误差(MAE)和平均相对误差(MRE,Mean Relative Error)。为了在拟合过程中同时考虑电流和电压测量误差,相关文献提出了一种用于曲线拟合的 OF-I&V 集成方法。OF-I&V 结合了不同数据范围内的电流和电压偏差。此外,由于设计人员在工程应用中经常关注光伏组件的输出功率,而不是整个 I-V 曲线,因此使用 OF-P 代替 OF-I,以减少输出功率误差。除了电气变量的物理意义外,相关文献还提出了基于测量曲线和计算曲线面积差的目标函数。所有类型的目标函数都能使计算数据与测量数据之间的偏差最小化。然而,在对这些目标函数的性能进行比较研究方面仍存在差距。

基于电流的评价函数由于其简单性和良好的准确性,最常被用作评估和目标函数。电流误差如图 5-1a)所示,其中 ΔI 表示为 $I_{\text{mea},i} - I_{\text{est},i}$,$I_{\text{mea},i}$ 和 $I_{\text{est},i}$ 分别为第 i 个电压点对应的测量和计算的电流值。在基于电流的评价函数中,均方根误差(RMSE)表示提取误差残差的标准差。残差是距离回归线数据点有多远的度量,因此 RMSE 用来衡量这些残差的分布情况。本研究选择 RMSE 作为电流误差的代表。基于电流的目标函数(OF-I):

$$\text{OF-}I = \sqrt{\frac{1}{N}\sum_{i=1}^{N}(I_{\text{mea},i} - I_{\text{est},i})^2} \tag{5-1}$$

式中,N 是测量的 I-V 曲线上的数据点数量。

此外,在相关文献中提出了一种新的评价函数,考虑了光伏电池固有的 I-V 特性的特点,并结合不同数据范围中电流和电压的均方根误差,得到一种基于电流和电压的评价函数。在这个评价函数中,测量的 I-V 曲线分为两部分:电压从 0 到 MPP 点电压 V_m 的范围用基于电流的误差函数计算,V_m 到 OC 点电压 V_{oc} 的范围用基于电压的误差函数计算。结果证明其作为目标函数可以提高在最大功率点附近预测 I-V 曲线的精度。电流和电压目标函数(OF-I&V)定义如式(5-2)所示:

$$\text{OF-}I\&V = \sqrt{\frac{\sum_{i=1}^{N_1} \frac{(I_i - I_{V_{(i,\tau)}})^2}{I_{sc}^2} + \sum_{i=N_1+1}^{N} \frac{(V_i - V_{I_{(i,\tau)}})^2}{V_{oc}^2}}{N}} \quad (5\text{-}2)$$

式中 V_i 和 I_i 分别代表用于提取参数的第 i 个测量电压和电流,N_1 是 MPP 点的序列号。$\tau = [R_s, n, I_{ph}, I_0, R_{sh}]$ 表示单二极管模型,$V_{(I_i,\tau)}$、$I_{(V_i,\tau)}$ 分别是电压和电流的估计值,是描述模型特征的未知参数 τ 的函数。$1/I_{sc}$ 和 $1/V_{oc}$ 是作为权重引入,直接从测量的 I-V 点获得。OF-I&V 值是无量纲常数。图 5-1b)描述 OF-I&V 的误差图,其中 ΔI 和 ΔV 表示为 $I_i - I_{V_{(i,\tau)}}$ 和 $V_i - V_{I_{(i,\tau)}}$。

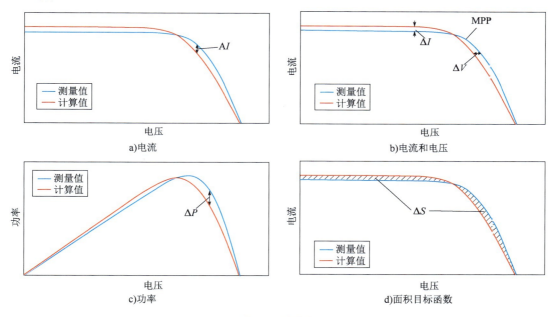

图 5-1 误差图

由于光伏模块的输出功率是设计人员经常关注的问题,因此相关文献采用功率评价函数作为目标函数以减小功率-电压 P-V 曲线预测数据与实测数据之间的偏差,其误差示意图如图 5-1c)所示,其中 ΔP 表示为 $P_{mea,i} - P_{est,i}$。基于功率的目标函数(OF-P)为:

$$\text{OF-}P = \sqrt{\frac{1}{N}\sum_{i=1}^{N}(P_{mea,i} - P_{est,i})^2} \quad (5\text{-}3)$$

式中,$P_{mea,i}$ 和 $P_{est,i}$ 分别是与第 i 个电压点相对应的测量功率和估计功率。

相比之下,相关文献中引入的基于面积的评价函数的使用相对较少。所谓面积是基于归一化后的实测曲线与计算曲线之间所包含面积的大小,其误差示意图如图 5-1d)所示。实验点的分布不会影响基于面积的评价函数的结果,其表达式为:

$$\text{OF-}S = \sum_{\substack{j=1 \\ j \neq m}}^{N-1} \left| \frac{(\Delta I_j + \Delta I_{j+1})[(V_{\text{mea}})_{j+1} - (V_{\text{mea}})_j]}{2} \right| + \left| \frac{[(V_{\text{mea}})_{m+1} - (V_{\text{mea}})_m](\Delta I_m)^2 + (\Delta I_{m+1})^2}{2 \quad |\Delta I_m| + |\Delta I_{m+1}|} \right|$$

(5-4)

式中，$\Delta I_j = (I_{\text{est}})_j - (I_{\text{mea}})_j$，$(V_{\text{mea}})_j$ 为第 j 点的测量电压。式(5-4)的第二项适用于第 m 点和第 $(m+1)$ 点之间符号变化的电流误差。根据这一准则得到的参数对 I-V 特性上的实验点分布的依赖性较小。

综上所述，所有的评价函数都是为了评价预测数据与实测数据之间的差异，而不同评价函数之间的差异在于误差的表现形式。对于一条 I-V 或 P-V 曲线，研究者可以采用不同的变量来描述实测数据与预测数据之间的误差。实际上，实测数据与预测数据之间的误差应当是同时考虑电流和电压的误差。此外，对于 PV 建模，实测数据通常是一系列 (I,V) 或 (P,V) 点，而预测数据可以得到完整的 I-V 曲线。提出一种基于最小距离的评价函数(SDE)，计算方法如式(5-5)所示：

$$\text{SDE} = \frac{\sum_{i=1}^{N} \sqrt{(i_{\text{est},i} - i_{\text{mea},i})^2 + (v_{\text{est},i} - v_{\text{mea},i})^2}}{N}$$

(5-5)

式中，$i_{\text{est},i}$ 和 $i_{\text{mea},i}$ 分别是第 i 个计算和实测的归一化电流，它们分别表示为：$i_{\text{est},i} = \frac{I_{\text{est},i}}{I_{sc,\text{est}}}$，$i_{\text{mea},i} = \frac{I_{\text{mea},i}}{I_{sc,\text{mea}}}$。同样地，$v_{\text{est},i}$ 和 $v_{\text{mea},i}$ 分别是第 i 个计算和实测的归一化电压，它们分别表示为：$v_{\text{est},i} = \frac{V_{\text{est},i}}{V_{oc,\text{est}}}$，$v_{\text{mea},i} = \frac{V_{\text{mea},i}}{V_{oc,\text{mea}}}$。其误差示意图如图 5-2 所示，其中的 $\Delta l = \sqrt{(i_{\text{est},i} - i_{\text{mea},i})^2 + (v_{\text{est},i} - v_{\text{mea},i})^2}$。

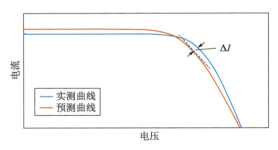

图 5-2 基于电流与电压的距离的评价函数示意图

该最小距离估计点具有以下特征：测量点与该点之间的直线垂直于切线。在基于距离的评价函数中，最大功率点之前，曲线比较平缓，因此电流的误差在评价函数中占主要作用；在最大功率点之后，曲线比较陡峭，因此电压的误差在评价函数中占主要作用。该评价函数综合考虑了电流与电压的误差，相比于考虑单一变量的评价函数，其误差构成更为合理。

2) 从合成 I-V 曲线提取参数

模型形式不确定性的特征通常通过模型验证来估算，通过设置模型参数(合成数据)消除模型误差。通常用概率密度函数(PDF)或累积分布函数(CDF)表征的不确定性(称为测量误差)是利用高斯误差产生的。为了建立测量误差模型,我们考虑了给定点的电流和电压模拟值,并添加了从给定方差的高斯分布中提取的误差。高斯误差分布服从正态分布。在本研究中,我们为合成 I-V 曲线假设了 5 种误差水平:0.1%、0.2%、0.5%、1% 和 2%。为了减少随机性,为每个误差水平生成了 100 条曲线。随后,使用不同测量误差的 I-V 曲线作为测量数据来提取参数。

光伏组件由 36 个电池串联而成。利用 5 个物理参数 ($R_s = 1.2\Omega$, $n = 1.3$, $I_{ph} = 1.03$ A, $I_0 = 2.5 \times 10^{-6}$ A, $R_{sh} = 750\Omega$) 在 $T = 318.15$ K 条件下,获得了单二极管的模拟 I-V 曲线和数据。与 SDM 相似,使用 7 个合成参数 ($R_s = 1.42\Omega$, $n_1 = 1.2$, $n_2 = 1.8$, $I_{ph} = 0.7608$ A, $I_{01} = 6.27 \times 10^{-9}$ A, $I_{02} = 1.78 \times 10^{-6}$ A, $R_{sh} = 2248.4\Omega$) 为 DDM 获取了模拟 I-V 曲线和数据。

表 5-4 显示了在不同误差水平下不同模型基于四种目标函数的 $\overline{RMSE}$ 和 $\overline{SDE}$。在 SDM 中,$\overline{RMSE}$ 和 $\overline{SDE}$ 都随着误差水平的增加而增加,并大致呈现出倍数关系。利用 OF-I&V 获得的 $\overline{RMSE}$ 和 $\overline{SDE}$ 在所有 5 个误差水平上都小于其他三个目标函数。利用 OF-P 获得的 $\overline{RMSE}$ 和 $\overline{SDE}$ 是最大的。对于 SDM,$\overline{RMSE}$ 和 $\overline{SDE}$ 都是所有 5 个误差水平下所有目标函数中最小的。当 $\overline{RMSE}$ 的值在 0.1%、0.2% 和 0.5% 时的误差水平下都是最大值,但基于 OF-S 得到的 $\overline{RMSE}$ 值在 1% 和 2% 的误差水平下最大。基于 OF-P 得到的 $\overline{SDE}$ 在所有误差水平下都是最大值。PLM 的结果与使用二极管模型得到的结果相似。在 $\overline{RMSE}$ 和 $\overline{SDE}$ 在所有 5 个误差水平上,基于 OF-I&V 的目标函数始终比其他 3 个目标函数更精确。

不同模型基于四种目标函数的 $\overline{RMSE}$ 和 $\overline{SDE}$ 表 5-4

光伏组件模型	误差水平(%)	RMSE(A)				SDE(%)			
		OF-I	OF-I&V	OF-P	OF-S	OF-I	OF-I&V	OF-P	OF-S
SDM	0.1	2.53×10^{-4}	2.13×10^{-4}	3.73×10^{-4}	2.37×10^{-4}	0.0103	0.0084	0.0387	0.0093
	0.2	5.31×10^{-4}	4.61×10^{-4}	6.55×10^{-4}	5.27×10^{-4}	0.0227	0.0173	0.0598	0.0254
	0.5	1.17×10^{-3}	1.03×10^{-3}	1.48×10^{-3}	1.20×10^{-3}	0.0486	0.0397	0.1436	0.0444
	1	2.30×10^{-3}	1.84×10^{-3}	3.02×10^{-3}	2.52×10^{-3}	0.1045	0.0741	0.2975	0.1470
	2	4.92×10^{-3}	4.30×10^{-3}	6.34×10^{-3}	5.23×10^{-3}	0.2213	0.1744	0.6089	0.3203
DDM	0.1	2.60×10^{-4}	2.03×10^{-4}	5.14×10^{-4}	2.25×10^{-4}	0.0307	0.0230	0.0974	0.0240
	0.2	5.35×10^{-4}	4.69×10^{-4}	6.44×10^{-4}	5.35×10^{-4}	0.0378	0.0295	0.0817	0.0317
	0.5	1.27×10^{-3}	1.17×10^{-3}	1.42×10^{-3}	1.33×10^{-3}	0.0579	0.0509	0.1239	0.0549
	1	2.30×10^{-3}	2.01×10^{-3}	2.51×10^{-3}	2.58×10^{-3}	0.1145	0.0979	0.2026	0.1349
	2	4.58×10^{-3}	4.16×10^{-3}	5.07×10^{-3}	5.42×10^{-3}	0.2242	0.1794	0.4494	0.2547
PLM	0.1	3.49×10^{-4}	2.77×10^{-4}	4.83×10^{-4}	2.97×10^{-4}	0.0124	0.0069	0.0401	0.0079
	0.2	6.06×10^{-4}	4.39×10^{-4}	8.29×10^{-4}	5.18×10^{-4}	0.0226	0.0126	0.0690	0.0151
	0.5	1.75×10^{-3}	1.45×10^{-3}	2.37×10^{-3}	1.69×10^{-3}	0.0587	0.0288	0.1902	0.0347
	1	3.28×10^{-3}	2.61×10^{-3}	4.59×10^{-3}	2.85×10^{-3}	0.1129	0.0592	0.3893	0.0655
	2	6.45×10^{-3}	5.01×10^{-3}	9.44×10^{-3}	6.39×10^{-3}	0.2496	0.1233	0.8554	0.1524

图 5-3 显示了基于 4 种不同目标函数的 PSO 在每个误差水平下获得的 RMSE 值的箱线图。图 5-3a) 显示了 SDM 的结果。在所有误差水平下，OF-$I\&V$ 的 RMSE 分布最集中，而 OF-P 的 RMSE 分散性最大。结果表明，OF-$I\&V$ 在减少 SDM 测量误差方面表现更好。同样，如图 5-3b) 和图 5-3c) 所示，基于 OF-$I\&V$ 的 RMSE 对 DDM 和 PLM 的 RMSE 分布范围最小。此外，OF-P 的 RMSE 分布范围最大。

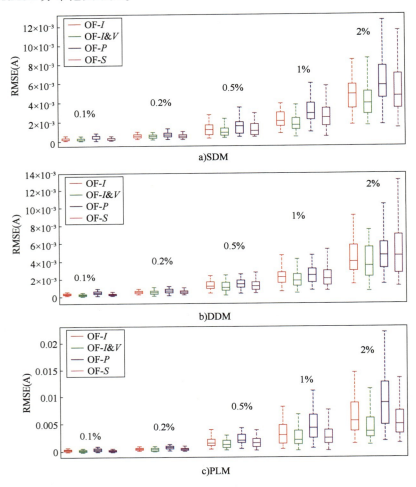

图 5-3　基于四种目标函数的 RMSE 箱线图

3）从测量的 I-V 曲线提取参数

测量数据不可避免地包含模型误差和测量误差。为了验证 SDM、DDM 和 PLM 模型中 4 种不同目标函数的准确性，我们对大量测量数据点进行了建模。这些数据由美国国家可再生能源实验室（NREL）在科罗拉多州戈尔登市收集，包含了大量的辐照度和温度。本研究中主要分析单晶硅光伏组件。将 0 至 1200W/m² 的辐照度平均分为 6 个区间，并在每个区间内选择 40 组数据作为验证数据。考虑到设计人员在工程应用中主要关注 I-V 和 P-V 曲线，计算了 RMSE-I 和 RMSE-P，以分别表征 I-V 和 P-V 特性。

图 5-4 以直方图的形式显示了 SDM 模型在 5 种不同环境条件下计算数据点和测量数据点之间的 RMSE-I 和 RMSE-P。其中 C1 为 G(辐照度) = 260.0W/m^2、T = 24.9℃;C2 为 G = 463.8W/m^2、T = 33.9℃;C3 为 G = 663.9W/m^2、T = 34.9℃;C4 为 G = 861.2W/m^2、T = 44.6℃;C5 为 G = 1074.8W/m^2,T = 50.6℃。结果表明,基于 OF-I 的 RMSE-I 值最小,基于 OF-P 的 RMSE-P 值最小。这是合理的,因为目标函数和评价函数是相同的。对于 RMSE-I 和 RMSE-P,以 OF-$I\&V$ 作为目标函数的性能都很差。

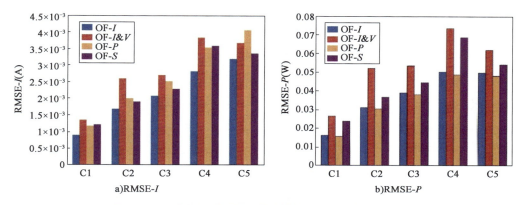

图 5-4 SDM 模型使用不同目标函数得到的 RMSE-I 和 RMSE-P 值

为了进一步研究不同电压水平下电流和功率偏差的分布情况,我们使用了相对误差(RE)。图 5-5 显示了 RE 与归一化电压之间的关系。图中的黄色范围代表 P-V 曲线数据的 MPP 区域。OF-$I\&V$ 的最大 RE 主要出现在 MPP 之后的高电压区域,这导致 RMSE-I 和 RMSE-P 值较高。主要原因是在这一范围内考虑了电压的测量误差。基于 OF-P 的 RE 最大的范围主要在低电压范围,这一现象与合成曲线相同。其主要原因是基于 OF-P 计算的光电流 I_{ph} 的值大于其他目标函数的值。总体而言,随着电压的增加,误差逐渐增大,并在开路电压部分达到最大值。

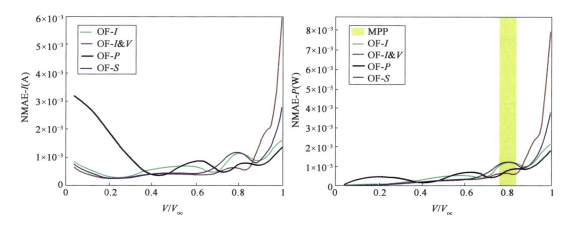

图 5-5 SDM 模型计算数据的平均相对误差与电压之间的关系

图 5-6 以直方图的形式显示了 DDM 模型在 5 种不同环境条件下计算数据点和测量数据点之间的 RMSE-I 和 RMSE-P。如图 5-6a) 所示,基于 OF-I 的 RMSE-I 在 C1～C3 和 C5 中最小,而在 C4 中最大。相反,基于 OF-P 的 RMSE-I 值在 C1～C3 和 C5 中最大,而在 C4 中最小。通常情况下,基于 OF-I 的 RMSE-I 值应该是最小的,这与 SDM 的结果类似。出现这些结果的原因可以解释为优化过程中出现了局部最优点,这凸显了 DDM 优化的不稳定性。如图 5-6b) 所示,基于 OF-P 的 RMSE-P 最小,而基于 OF-I&V 的 RMSE-P 在 C1、C3 和 C4 中最大,基于 OF-S 的 RMSE-P 在 C2 和 C5 中最大。与 SDM 结果相比,DDM 结果更为复杂。图 5-7 显示了 RE 与归一化电压之间的关系。DDM 的误差分布与 SDM 的误差分布趋势相同。除 OF-P 的结果外,其他 3 个目标函数的最大误差范围主要集中在 MPP 之后的高压区。不同的是,使用 DDM 减少了高压部分的误差,但没有减少低压部分的误差。基于 OF-P 计算出的值也大于其他目标函数。这导致 OF-P 的 RMSE-I 最大。

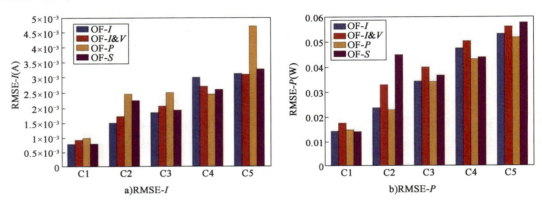

图 5-6　DDM 模型使用不同目标函数得到的 RMSE-I 和 RMSE-P 值

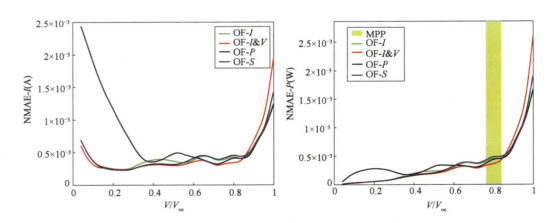

图 5-7　DDM 模型计算数据的平均相对误差与电压之间的关系

对于 PLM 模型,图 5-8 以直方图的形式显示了计算数据点和测量数据点之间的 RMSE-I 和 RMSE-P。在所有条件下,OF-I 的 RMSE-I 值和 OF-P 的 RMSE-P 值都是最低的。在 C1～

C4 条件下，OF-S 的 RMSE-I 值和 RMSE-P 值最大，在 C5 条件下，OF-I&V 的 RMSE-I 值和 RMSE-P 值最大。图 5-9 显示了 RE 与归一化电压之间的关系。PLM 的误差分布与 SDM 和 DDM 的误差分布趋势相同。除 OF-P 的结果外，其他 3 个目标函数的最大误差范围主要在 MPP 之后的高电压区域，而 OF-P 在该区域表现出更好的性能。

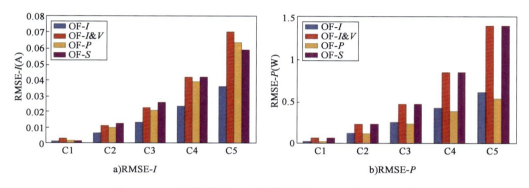

图 5-8 PLM 模型使用不同目标函数得到的 RMSE-I 和 RMSE-P 值

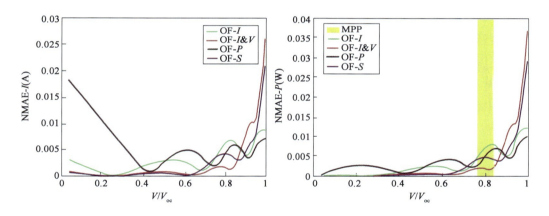

图 5-9 PLM 模型计算数据的平均相对误差与电压之间的关系

表 5-5 计算了 xSi 光伏组件各种模型使用不同目标函数所得的误差值。具体而言，对于基于电流的标准 RMSE-I 使用 OF-I 得到的结果优于使用其他目标函数得到的结果。对于所有基于功率的标准 RMSE-P 使用 OF-P 得到的结果最好。总之，当使用特定变量作为目标函数时，该变量的评价函数结果较好是合理的。对于 SDM 模型来说，使用 OF-I&V 获得的结果为 $\overline{SDE}$ 的结果是最好的。以 OF-P 为目标函数时 RMSE-P 误差最小，然而 RMSE-I 和 SDE 值都较大。以 OF-P 为目标函数时各种误差都较低。因此 OF-I 和 OF-I&V 都是适用于 SDM 的目标函数。对于 DDM 模型来说，OF-I 的 RMSE-I 和 RMSE-P 优于其他目标函数。就测量曲线与计算曲线之间的距离 $\overline{SDE}$ 而言，OF-I&V 最优。因此 OF-I 和 OF-I&V 都是适用于 DDM 的目标函数。而对于 PLM 模型而言，以 OF-S 为目标函数时 $\overline{SDE}$ 的结果是最好的，以 OF-P 为目标函数时 RMSE-P 和 RMSE-I 误差都较小，因此 OF-S 和 OF-P 更适合作为 PLM 的目标函数。

各种模型使用不同目标函数所得的误差值　　　　　　　表5-5

光伏组件模型	目标函数	$\overline{RMSE\text{-}I}$	$\overline{RMSE\text{-}P}$	$\overline{SDE}$
SDM	OF-I	1.8469E-03	0.031505	0.082178
SDM	OF-$I\&V$	2.6053E-03	0.049203	0.070660
SDM	OF-P	2.4097E-03	0.030209	0.219890
SDM	OF-S	2.1578E-03	0.038755	0.071452
DDM	OF-I	1.6485E-03	0.028041	0.058771
DDM	OF-$I\&V$	1.7690E-03	0.032016	0.050999
DDM	OF-P	2.5321E-03	0.028275	0.168510
DDM	OF-S	1.8019E-03	0.031416	0.057605
PLM	OF-I	0.016068	0.28500	0.34929
PLM	OF-$I\&V$	0.028704	0.57640	0.21210
PLM	OF-P	0.026277	0.25738	1.24520
PLM	OF-S	0.026519	0.53264	0.16827

本研究对光伏组件参数识别的评估标准进行了讨论、总结和分类。4个具有代表性的目标函数来识别SDM、DDM和PLM参数。此外,还提出了一种新的误差标准,即SDE,以更合理地表示偏差。使用了不同的误差评价标准,通过不同误差水平的合成$I\text{-}V$曲线和不同工作条件下的测量$I\text{-}V$曲线,来评价不同目标函数和不同光伏模型的性能。一般来说,在不同标准下,DDM是3种模型中最准确的,其次是SDM。对于不同的光伏模型,OF-$I\&V$和OF-P在减少测量误差方面的表现分别为最好和最差。此外,对于测量数据,不同的目标函数在不同的评价标准下表现出不同的性能。当使用特定变量作为目标函数时,该变量的评价函数结果会更好。因此,所选的目标函数取决于实际应用中使用的评价函数类型。就SDE而言,OF-$I\&V$适合作为SDM和DDM的目标函数,OF-S适合作为PLM的目标函数。一般来说,对于所有光伏模型,OF-I作为目标函数的大多数误差值较低,而OF-P的误差较大。因此,OF-I的适用范围更广,而OF-P仅适用于功率预测。

5.2.2　公路交通能源系统运行状态分析

公路交通能源系统规模的增大导致公路交通能源系统运行受各类外部因素影响增强,同时公路交通能源系统作为一个时变动态大系统,面对各种突发事件导致其运行状态发生变化的概率也急剧增大,相关部门对这些突发事件的响应将直接影响公路交通能源系统乃至整个社会生产生活的方方面面。因此对公路交通能源系统运行状态的识别和判断就显得格外重要,可为系统安全运行提供预警信息,在突发事件发生时做出最快的响应,减少损失。

公路交通能源系统中的各类运行参数可作为对系统的运行状态判断的实用量化指标,但仅有这些是不够的,应充分考虑各类因素对公路交通能源系统运行状态的影响,加以量化,并通过分析公路交通能源系统各类运行状态关键特征,确定一系列量化判断指标,针对大量数据和样本集,后续计划采用决策树学习算法建立基于决策树的公路交通能源系统运行状态识别方法。这一框架和方法对于公路交通能源系统状态运行中进行调度决策和预警、防范事故风险和突发事件的应急响应有着重要意义。

评价公路交通能源系统状态的依据有:重要电厂、机组、关键线路、枢纽变电所的严重故障对系统运行状态的影响;功角失稳、电压失稳、频率失稳、节点电压越界、线路过载等动态和静态安全遭受破坏的可能性、严重程度和持续时间;系统切负荷的位置、范围、比例、性质等。

安全指标分为两类。第一类,只用给定运行状态下的某些量的大小或者一些量对另一些量的变化关系作为该运行状态的安全性衡量指标,称为状态指标,这类指标主要有以下几种:①电压幅值,以负荷节点或母线电压幅值 V 作为安全指标。②灵敏度指标,以某些物理量的变化关系作为安全指标,如 dQ/dV, $d\Delta Q/dV$, dP/dV, $d\Delta P/dV$ 等。③潮流雅可比矩阵指标,潮流雅可比矩阵最小奇异值 δ_{min},潮流雅可比矩阵最小模特征值,潮流雅可比矩阵的行列式值。④频率幅值。以系统频率作为安全指标。第二类,以正常运行状态下和临界状态下某些物理量的差值作为电压稳定性的安全性衡量指标,这一类指标常被称为裕度指标。裕度指标主要有:电压偏差 $\Delta V = V - V_{CT}$,频率偏差 $\Delta F = F - F_{CT}$,临界负荷节点的有功负荷差 $\Delta P = P - P_{CT}$ 和无功负荷差 $\Delta Q = Q - Q_{CT}$ 等,其中下标"CT"表示相应量为临界状态下的值。

此外,在序贯仿真基础上,静态安全和动态安全评估得到的概率综合评估指标也可作为是判断运行状态的主要依据。主要风险指标有最大停电功率 P_{Fmax}、最大停电时间 T_{Fmax}、最大停电电量 E_{Fmax}、停电概率 P_F。

1)基于信息增益决策树算法的描述

决策树的实现是以信息论原理为基础的。在决策树形成的过程中,最重要的部分是对分裂属性的选择。比较常用的一种方法是计算信息,信息增益的原理来自信息论,它是使某个属性用来分割训练集而导致的期望熵值降低。因此,信息增益越大的属性分裂数据集的可能性越大。决策树的形成就是递归地对数据集中的每个节点进行分裂,直到节点的所有类别都属于同一类或没有多余的属性来划分训练样本集。ID^{3}算法的具体算法如下。

设 S 为一个包含 s 个数据样本的集合,类别属性可以取 m 个不同的值,对应于 m 个不同的类别 C_i, $i = \{1,2,3,\cdots,m\}$。假设 s_i 为类别 C_i 中的样本个数,那么要对一个给定数据对象进行分类所需要的信息量为:

$$I(s_1,s_2,\cdots,s_m) = - \sum_{m=i=1} P \lg(P_i) \tag{5-6}$$

设一个属性 A 取 v 个不同的值 $\{a_1,a_2,\cdots,a_v\}$,利用属性 A 可以将集合 S 划分为 v 个子集 $\{s_1,s_2,\cdots,s_v\}$,其中 s_j 包含了 S 集合中属性 A 取值 a_j 的数据样本,若属性 A 被选为测试属性(用于对当前样本集进行划分),设 S_{ij} 为子集 S_j 中属于 C_i 类别的样本集,利用属性 A 划分当前样本集合所需要的信息熵。

$$E(A) = \sum_{j=1}^{v} \frac{S_{1j} + S_{2j} + \cdots + S_{mj}}{S} I(S_{1j} + S_{2j} + \cdots + S_{nj}) = \sum_{j=1}^{v} \sum_{i=1}^{m} \frac{S_{1j} + S_{2j} + \cdots + S_{mj}}{S} p_{ij} \lg(p_{ij})$$

(5-7)

式中，$p_{ij} = S_{1j}/|S_j|$，即为子集 S_j 中任一个数据样本属于类别 C_j 的概率。这样利用属性 A 对当前分支结点进行相应样本集合划分所获得的信息增益为：

$$\text{Gain}(A) = I(s_1, s_2, \cdots, s_m) - E(A)$$

(5-8)

计算出各属性的信息增益后，选取信息增益最大的属性作为结点向下生成决策树。

2）公路交通能源系统运行状态决策树的建立

建立决策树的第一步，需要对典型事故和历史事故数据进行预处理。采用统计学和人工智能相结合的数据挖掘方法，在对大量的数据进行分析后可以从中找出一些对决策有帮助的数据，形成样本集 S。这里结合实际和分析以往各系统运行状态，取一组样本集，运行状态分别为安全、预警、紧急和应急 4 类共 1362 个样本作为算例。

同时决策树算法中需要对一个属性取 n 个不同的值，则应取 $n-1$ 个阈值，将其离散化为 n 个等级，而等级的划分和指标的选择同样是需要结合具体系统的特征及历史数据的分析来确定的。这里是从系统预警和调度角度出发，对出现的各类电力事件进行分析，选取负荷丢失率、频率偏差、电压偏差、线路潮流和备用容量作为识别系统运行状态的几个关键指标，进行等级划分：①将负荷丢失率划分（无、轻度、Ⅱ级、Ⅰ级）；②频率偏差划分（正常、一定、严重），阈值为 ±0.05Hz、±0.2Hz 或 ±0.5Hz、±1Hz；③电压偏差划分（正常、A 级、B 级、C 级），阈值为 ≤ ±5%、≤ +7%、≤ -10%、≤ ±10%；④线路潮流划分（正常、过载）；⑤备用容量（充足、紧缺），用以分析该识别方法的可行性。

由样本集选择根节点属性并训练构造决策树由样本集计算信息熵，初始熵值如式（5-9）所示：

$$I(s_1, s_2, s_3, s_4) = I(1066, 190, 82, 84) = 0.3070$$

(5-9)

分别选用各指标作为测试的根节点属性，计算其信息熵及信息增益。计算结果见表 5-6。

决策树信息计算结果 表 5-6

属性	信息熵值 E	信息增益 I
负荷丢失率（A1）	0.2249	0.0821
频率偏差（A2）	0.2266	0.0804
电压偏差（A3）	0.2397	0.0673
线路潮流（A4）	0.2423	0.0647
备用（A5）	0.2612	0.0458

属性 A1 即负荷丢失率具有最高信息增益，被选为根节点。引出分支，递归地使用上述 ID[3] 算法过程，一直到叶节点处（熵值为 0）为止。此时得到结论，每个叶结点中的实例都属于同一类（即同一运行状态），从而形成判断系统运行状态的决策树。得到的决策树例子如图 5-10 所示（方框表示内结点，椭圆框表示叶结点）。

5 面向环境低影响的公路交通能源系统开发方案与运维优化策略

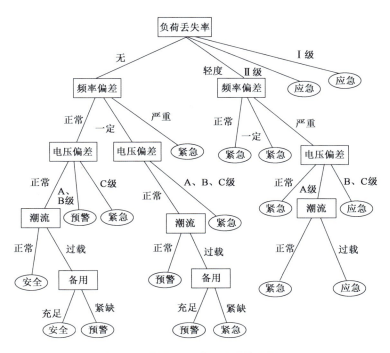

图 5-10 系统运行状态识别决策树案例

结果分析:在选取的样本集中紧急和应急的运行状态分别达到了 6.02% 和 1.76%,出现这样较高的比例,是出于对大的自然灾害(如地震、台风、雷电、泥石流和冰冻雨雪灾害等)的考虑,同时还与设置的状态条件阈值有关,比较具有典型性。通过对选取样本的学习和计算结果,可以归纳出所举出的系统运行状态的一些规律:选用的评价指标中,对系统运行状态影响最大的属性是负荷丢失率,其次是频率偏差,之后分别是电压偏差、线路潮流和备用。在决策树建立完成之后,利用监测所得到的信息可以很容易判断出系统处于的运行状态,从而迅速地启用不同的应对措施,保障系统的安全运行。

5.3 环境低影响的能源自洽系统开发方案

5.3.1 公路交通沿线风能潜力预测方法

为了降低碳排放,越来越多的分布式清洁能源接入了高速公路电力系统。然而分布式风电出力随机性较高,风机沿高速公路布置也加大了风速预测的挑战。本书结合了单个风机的监测数据与数值天气预报(NWP)的气象数据,提出了一个适用于高速公路分布式风电的风速预测的统一预测与单点修正相结合的框架。统一预测框架由一个统一预测模型和多个单点修正模型组成,结合了数值天气预报的预测风速网格与风电场的监测数据。提出的统一预测模型称为时空转换深度神经网络(STC-DPN),由时序卷积网络(TCN)和2D卷积长短期记忆网络(ConvLSTM)组成。首先将NWP的预测网格插值到风机位置,将其按照时序与每个风机的监测数据组成序列矩阵,进入TCN网络进行时序特征提取。然后,将TCN网络输出转换为规则的时空数据矩阵,进入ConvLSTM网络进行时空特征联合学习,获取风电场全域预测风速序列。最后,为每个位置增加一个独立的TCN-LSTM误差修正模型。变分模态分解(VMD)用于数据序列的处理,并在统一预测与单点误差修正中采取了不同的处理方式。在案例风电场96步预测试验中,所提方法优于多个基准方法,具有重要的实际应用价值。

1)预测流程

研究结合了机器学习方法与物理方法、提出了统一预测结合单点修正的风速预测策略,以加强公路交通空间复杂地形条件下风速的预测精度。预测流程可以分成两部分,分别为模型输入数据组织框架,基于STC-DPN的统一预测和TCN-LSTM的单点修正。接下来对预测流程进行详细的介绍,并给出了预测评价指标。

图5-11给出了数据获取、处理及最终的数据形状。数据包括气象研究与预报(WRF)模型提供的预测网格,SCADA系统提供每个监测站点的记录数据。

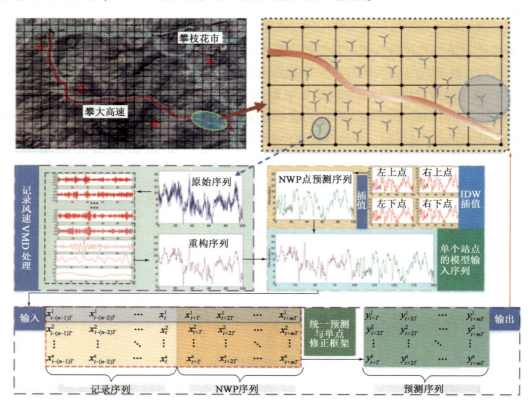

图5-11　基于WRF模式与SCADA系统的数据组织流程

首先采用WRF最内层的预测网格实现风场的NWP,由于复杂地形的影响,33个风机和1个测风塔的排列极不规则。我们使用反距离加权法(IDW),将站点周围4个预测网格点插值到风机轮毂高度(80m),计算如下:

$$z = \sum_{i}^{q} \frac{1}{(D_i)^p} z_i \div \sum_{i}^{q} \frac{1}{(D_i)^p} \tag{5-10}$$

式中,z为该站点最终的NWP预测值;z_i为WRF网格点的预测值;q为参与插值的网格点数量;D_i为差值点与第i个站点的距离;p为距离的幂,可根据插值效果进行调整。插值完成后,可获取34个站点未来96步的NWP预测序列。

在风场的实时运行中,SCADA系统可按照一定频率采集站点的记录数据,包括风速、风向等气象要素。但是风速具备较强随机性,使得记录的数据序列呈现出明显的波动性。我们将明显的高频成分视作噪声,使用VMD将记录风速序列分解成k个IMF(本征模函数)分量,去掉高频分量后进行重构。重构后的风速序列趋势明显平缓,可以降低随机波动性对模型训练与预测的负面影响。需要声明的是,我们仅对作为模型输入的记录风速序列进行VMD的处理,用于评判预测效果的真实风速不做处理。

在获取所有站点的NWP预测数据和SCADA系统的监测数据后,我们需要进行数据序列拼接。在图5-11中,x代表输入值;y代表输出值;s代表变量序列的数目,由站点数目和选取的变量种类决定;t代表当前时刻;T为时间间隔;n代表截取SCADA系统监测变量的序列长度;m代表NWP预测和最终风速预测的序列长度。完成数据组织后,经过统一预测和单点修正可以获取所有站点的96步预测序列。

完成了预测模型的数据组织,接下来基于研究区域风场,图5-12给出了统一预测和单点修正的详细流程。我们选取风速和风向作为输入变量,数据集中T为15min,SCADA系统监测变量的序列长度$n=16$,NWP预测和最终风速预测的序列长度$m=96$。

首先使用TCN网络分别对风速和风向序列矩阵进行时序特征提取,输入维度为序列长度与序列个数(112×34)。TCN网络不会改变输入的序列长度,通过设置滤波器的数量,在完成特征提取后增加特征数量。通过调整卷积核的大小,以适应短序列的特征学习。为了使TCN的输出能转换成规则的时空矩阵,TCN的输出特征数量设置为256。在完成特征提取后,可获取两个112×256的特征矩阵,将其转换位为112×16×16×1的四维矩阵,以适应2D ConvLSTM网络层的输入要求。最后按照通道维度将两个矩阵合并,进入2D ConvLSTM网络层的输入类型为112×16×16×2。完成输入数据的时空转换后,基于2D ConvLSTM完成一个三层的编码-预测架构生成虚拟风速图的预测。在每个ConvLSTM层之后使用2×2最大池化操作,并记录池化前ConvLSTM单元的输出大小,作为预测阶段反编码的索引。在编码阶段数组维度最终为112×4×4×128,在预测阶段恢复为原来的数组形状,最后输出转换为112×34的预测风速矩阵。在STC-DPN的数据流动中,可以实现整个架构相同损失函数的端对端训练,而且过程中未发生时序长度的改变。

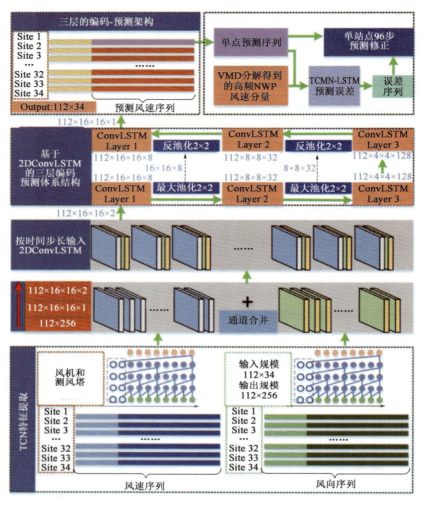

图 5-12 统一预测与单点修正框架

完成统一预测后,每个位置可获得 96 步预测序列,我们对其进行误差修正。在模型训练完成后,基于预测序列和真实序列可以计算出误差序列。我们使用 VMD 分解该站点 NWP 风速序列,保留高频成分后,与统一预测得到的单点预测序列作为 TCN-LSTM 修正模型的输入,预测误差序列作为输出。修正模型实现该位置的误差预测后,再结合统一预测的风速序列,可获得该点修正后的 96 步预测。

2)评价指标

MAE 和 RMSE 被广泛应用于点预测的误差评价,可以体现模型的长期预测可靠性[83],公式如式(5-11)、式(5-12)所示:

$$\text{MAE} = \frac{1}{K}\sum_{i=1}^{K} |\hat{y}(i)_{t+\tau} - y(i)_{t+\tau}| \tag{5-11}$$

$$\text{RMSE} = \sqrt{\frac{1}{K}\sum_{i=1}^{K}[\hat{y}(i)_{t+\tau} - y(i)_{t+\tau}]^2} \tag{5-12}$$

式中,$\hat{y}(i)_{t+\tau}$ 与 $y(i)_{t+\tau}$ 为预测风速和真实风速;t 为当前时刻;τ 为预测基准;K 为测试集的样本数。

皮尔逊相关系数(COR)也被视作一个指标,用于评估模型预测风速趋势变化的性能,定义如下所示:

$$\mathrm{COR} = \frac{\mathrm{COV}(\hat{Y}_{t+\tau}, Y_{t+\tau})}{\sigma_{\hat{Y}_{t+\tau}} \sigma_{Y_{t+\tau}}} \tag{5-13}$$

式中,COV(A,B) 代表 A 和 B 的协方差;σ_A 和 σ_B 代表 A 和 B 的标准差;$\hat{Y}_{t-\tau}$ 代表预测的风速序列;$Y_{t+\tau}$ 代表测试集的真实风速序列。COR 越大,说明预测的风速序列变化趋势越接近真实风速序列。

为了综合评判不同方法的预测效果,基于 MAE、RMSE 和 COR 三个指标,提出了综合提升指数(CII),定义如下:

$$\mathrm{CII} = \frac{1}{N} \sum_{i=1}^{N} \left| \frac{\hat{I}_i - I_i}{I_i} \right| \tag{5-14}$$

式中,N 代表指标个数;$\hat{I}_i$ 为某方法的第 i 个指标值;I_i 代表基准算法第 i 个指标值。

3)预测性能分析

(1)基准算法。

为了体现本研究所提方法的优越性,考虑输入数据的形状,SVR(支持向量回归)、ANN(人工神经网络)、RNN(Recurrent Neural Network,循环神经网络)、LSTM 四个模型作为单点预测模型,与统一预测对比。TCN-3DCNN(三维卷积神经网络)作为统一预测模型,以体现 STC-DPN 时空联合学习的优越性。SVR、TCN、LSTM、TCN-LSTM 四个模型作为单点修正模型,以对比误差修正效果[84-86]。

SVR 作为 SVM 对回归问题的一种应用,可以实现预测任务。ANN 由基础的全连接层组成,能够提取出输入输出数据之间的显式信息和非线性关系。RNN 与 LSTM 的设计使其具有时序特征捕获能力,对时序数据的演变趋势学习性能更优。TCN 与 3DCNN 的结合,可以应对 TCN 输出转换后的四维数据矩阵。所有模型均由 python 编程语言实现。

SVR 在 linear、poly、sigmoid 和 rbf 四个参核函数中进行试验,惩罚因子 C 在默认的 1.0 基础上,以 0.1 的步长进行调整。由 python 的 sklearn 包实现。

ANN、RNN、LSTM 神经网络模型,层数与神经元的寻优设置标准为逐步增加网络层数,在输出层前,每层神经元个数以 2 的指数倍增加。使用 python 的 Keras 包实现。

TCN 则对扩张因子 d、卷积核大小和神经元个数进行网格寻优,同样由 python 的 Keras 包实现。

3DCNN 与 STC-DPN 中 2DConvLSTM 为同样的三层编码-预测架构,使用 Keras 包实现。

在本研究中,所有模型的训练与测试均是在同一台计算机上进行。硬件包括 CPU 为 i7-12700H,GPU 为 NVIDIA GeForce RTX 3060,内存为 16G。python 包包括 Tensorflow 1.13.1、Keras 2.2.4、sklearn 0.23.2。按照 4∶1 划分训练与测试数据,表 5-7 给出了模型的数量、训练信息、训练时间、模型加载和进行1000次预测的时间。

很明显,SVR在预测及误差修正中的训练效率最高,耗时远低于其他模型。在预测模型中,进行单点预测的ANN、RNN、LSTM模型训练耗时也高于两个统一预测模型。而且STC-DPN加上修正模型的训练时间也低于RNN和LSTM。在模型加载和1000次预测的时间统计中,所有模型完成时间均低于1min,而且模型加载时间大于预测时间。这说明在实际的预测中,完成一次滚动预测的主要耗时在于预测模型的加载,并且可以做到更高的预测频率。

试验信息统计　　　　　　　　　　　　　　　　　　　　　　　表5-7

预测模型	EC模型	模型数量（个）	训练参数设置	训练时间（min）	加载时间+预测时间（s）
SVR	—	34	核取rb;惩罚因子取1.2	48.2	7.4+0.4
ANN	—	34	Adam 100epochs	508.1	15.7+3.3
RNN	—	34	Adam 100epochs	1277.4	21.7+6.8
LSTM	—	34	Adam 100epochs	1942.9	31.6+9.7
TCN-3DCNN	—	1	Adam 100epochs	124.8	3.9+1.9
STC-DPN	—	1	Adam 100epochs	168.2	5.4+2.6
STC-DPN	SVR	1+34	Adam 100epochs	168.2+32.6	12.3+3.6
STC-DPN	TCN	1+34	Adam 100epochs	168.2+427.6	24.6+12.3
STC-DPN	LSTM	1+34	Adam 100epochs	168.2+809.7	32.8+16.7
STC-DPN	TCN-LSTM	1+34	Adam 100epochs	168.2+637.2	28.3+13.9

（2）预测结果对比。

基于上节提出的10个对比方法,我们完成了96步点预测,表5-8~表5-10给出了MAE、RMSE和COR三个指标的统计情况。为了直观显示预测性能的变化,预测步数转化预测时长,包括6个时刻点预测和3个分段范围预测。

10个模型MAE统计(m/s)　　　　　　　　　　　　　　　　　表5-8

预测模型	EC模型	预测水平线							
		15min	30min	1h	2h	4h	6h	6~12h	12~18h	18~24h
SVR	—	0.939	1.045	1.186	1.358	1.516	1.655	1.673	1.696	1.715
ANN	—	0.919	1.031	1.172	1.339	1.495	1.635	1.653	1.683	1.694
RNN	—	0.904	1.026	1.166	1.328	1.491	1.626	1.644	1.676	1.695
LSTM	—	0.882	1.002	1.124	1.306	1.453	1.594	1.612	1.643	1.662
TCN-3DCNN	—	0.793	0.915	1.028	1.206	1.335	1.477	1.493	1.523	1.539
STC-DPN	—	0.771	0.891	1.016	1.157	1.307	1.451	1.472	1.479	1.502
STC-DPN	SVR	0.703	0.786	0.896	1.055	1.179	1.309	1.374	1.389	1.418
STC-DPN	TCN	0.714	0.798	0.910	1.071	1.197	1.329	1.395	1.410	1.440
STC-DPN	LSTM	0.682	0.763	0.870	1.023	1.145	1.271	1.334	1.349	1.377
STC-DPN	TCN-LSTM	0.669	0.749	0.854	1.004	1.124	1.248	1.312	1.324	1.352

10 个模型 RMSE 统计（m/s） 表 5-9

预测模型	EC 模型	预测水平线								
		15min	30min	1h	2h	4h	6h	6~12h	12~18h	18~24h
SVR	—	1.258	1.405	1.589	1.819	2.031	2.217	2.241	2.257	2.298
ANN	—	1.231	1.381	1.570	1.794	2.003	2.190	2.215	2.259	2.269
RNN	—	1.211	1.375	1.562	1.779	1.997	2.178	2.202	2.245	2.271
LSTM	—	1.182	1.342	1.506	1.750	1.947	2.135	2.160	2.201	2.227
TCN-3DCNN	—	1.062	1.226	1.377	1.616	1.788	1.979	2.013	2.040	2.052
STC-DPN	—	1.033	1.194	1.361	1.550	1.751	1.944	1.962	1.997	2.026
STC-DPN	SVR	0.942	1.053	1.200	1.413	1.580	1.754	1.841	1.861	1.893
STC-DPN	TCN	0.957	1.069	1.219	1.435	1.604	1.780	1.869	1.889	1.929
STC-DPN	LSTM	0.914	1.022	1.166	1.371	1.534	1.703	1.787	1.807	1.845
STC-DPN	TCN-LSTM	0.896	1.003	1.144	1.345	1.506	1.672	1.758	1.774	1.811

10 个模型 COR 统计（m/s） 表 5-10

预测模型	EC 模型	预测水平线								
		15min	30min	1h	2h	4h	6h	6~12h	12~18h	18~24h
SVR	—	0.850	0.790	0.766	0.732	0.645	0.598	0.586	0.575	0.573
ANN	—	0.869	0.801	0.771	0.738	0.651	0.602	0.590	0.581	0.576
RNN	—	0.873	0.808	0.779	0.742	0.659	0.604	0.592	0.586	0.578
LSTM	—	0.875	0.814	0.782	0.746	0.662	0.608	0.596	0.590	0.582
TCN-3DCNN	—	0.903	0.831	0.806	0.759	0.685	0.611	0.599	0.593	0.585
STC-DPN	—	0.908	0.835	0.809	0.765	0.694	0.618	0.606	0.598	0.591
STC-DPN	SVR	0.927	0.853	0.822	0.781	0.712	0.636	0.623	0.617	0.609
STC-DPN	TCN	0.922	0.848	0.817	0.777	0.709	0.629	0.616	0.613	0.602
STC-DPN	LSTM	0.931	0.857	0.833	0.785	0.718	0.641	0.628	0.622	0.614
STC-DPN	TCN-LSTM	0.938	0.863	0.839	0.790	0.724	0.647	0.634	0.628	0.619

在进行单点预测的 4 个模型中，SVR 和 ANN 的预测结果较差，这是可以预见的。因为输入的历史监测数据与 NWP 预报数据具有强烈的时间相关性，而剩下的两个模型均具有时序特征学习能力，更适合本研究的风速预报任务。LSTM 展示了优于 RNN 的预测能力，在其他文献也多次得到验证。这是因为 LSTM 独特的工作机制具有更优秀的序列特征学习能力，也解决了 RNN 梯度训练的优化问题。统一预测则显著优于单点预测，考虑到 TCN-3DCNN 与 STC-DPN 两个模型的输入包括整个风电场的信息，这一定程度降低了单一位置数据采集随机性的影响。显然，采用更多位置的数据可以更有效地预测风场未来的风速变化。STC-DPN 取得了优于 TCN-3DCNN 的预测效果，两个模型的不同来自对数据矩阵时间维度的处理。2DConvLSTM 具备 LSTM 的时序学习能力，可以对每个时间的二维矩阵进行卷积操作。3DCNN 卷积的数据维度包括长、宽、高，在实际的数据组织中，只能将时间维

度等同高度维度进行模型训练。在增加误差修正模型后,即使是使用 SVR 进行修正也显著降低了预测误差,提高了预测风速序列的相关性。这说明在完成整体预测后,进行误差修正的策略是十分有效的。在四个修正模型中,TCN-LSTM 获得了最佳的修正效果。TCN 可以通过调整卷积核大小和扩张因子 d,控制输出序列每个时刻包含历史信息的多少,LSTM 层则可以实现全序列的长期演变特征学习。两个架构的结合更适合风速误差序列的预测任务。

随着预测水平线的延长,预测效果的变化特点是令人感兴趣的。在前 6h,预测效果随时长下降幅度非常明显,所有模型中 15min 预测误差不到 6h 的 60%。而从 6h 之后的平均预测表现来看,各个指标的变化不超过 5%。

图 5-13 给出了测风塔处连续 200 个风速点的预测曲线和误差散点分布,从不同的预测水平线进行提前预测。NWP 给出的预测曲线相对真实风速曲线更加平滑,其间整体的预测趋势没有发生太大的偏差。当然,可以看出有明显的大误差点存在,尤其是在真实风速快速波动时,趋势也会出现滞后或者提前。监测数据与初始 NWP 预测数据作为本研究所提模型的输入,可在 NWP 基础上实现 96 步的 15min 滚动预测。所提模型在经过大数据训练后,提前 15min 和 30min 的预测曲线非常接近真实的风速曲线。不仅误差绝对值限制在 1m/s 以内,并且在 150~175 的尖峰区间也做到了趋势拟合。随着预测水平线的延长,误差点的分布也逐渐离散,而且大波动区段会率先出现明显的离群点。预测曲线从提前 6h 开始,对真实风速的趋势跟随能力逐步下降,曲线也逐步平滑。

图 5-14 和图 5-15 给出了 NWP 和所提方法的误差分布箱式图,包括连续 96 步的误差分布变化。箱式图给出了误差 25%、50% 和 75% 的分布统计,以及平均值的位置和离群点的分布,并对 25%~75% 的区间放大处理。显然,在 24h 内 NWP 并没有随着预测水平线的延长出现性能的明显下降,但是在 0~6h 的超短期预测中误差不能满足实际的需求。并且基于箱式图的离群点判别规则,当误差绝对值大于 4m/s 才会被判定为离群点,甚至出现离群点判别条件大于 7m/s 的情况。除了宽松的离群点判别条件,离群点的分布也说明了 NWP 预测性能的不足。大量的离群点并未在临界线附近,而是随机分布在更大的误差范围中,甚至出现了 15m/s 以上的预报误差。在所提方法的 96 步误差统计中,与最初的 NWP 相比,多个方面获得了明显改善。首先在 0~6h 预测中 25% 与 75% 位点的区间绝对值被限制在 2m/s 以内,在 6~24h 预测中也不超过 3m/s。离群点判别标准更加严格,并且离群点的分布更多聚集在临界线上。

基于图 5-13~图 5-15 的分析,我们认为结果反映了机器学习方法与物理方法各自的特点。机器学习方法在临近预测依赖风速的持续性可以取得较小的预测误差,但是难以对几小时后的风速进行有效预测。物理方法由于建模数据精度的不足,导致前几个小时的预测误差过大,但在较长期的预测中性能稳健。

5 面向环境低影响的公路交通能源系统开发方案与运维优化策略

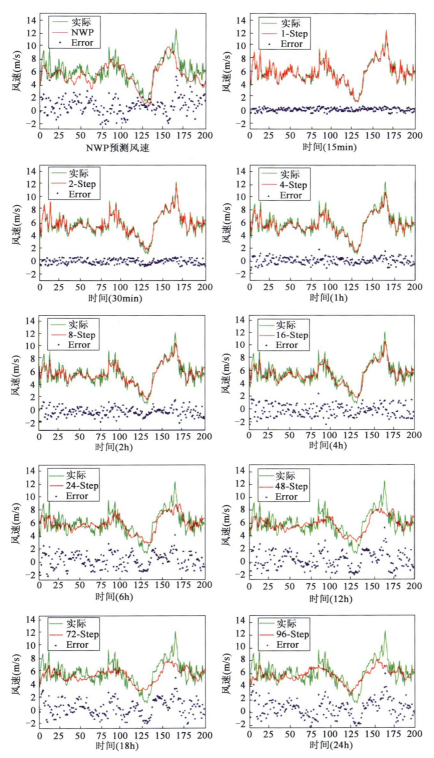

图 5-13 NWP 与所提方法连续 200 点预测曲线与误差分布

· 151 ·

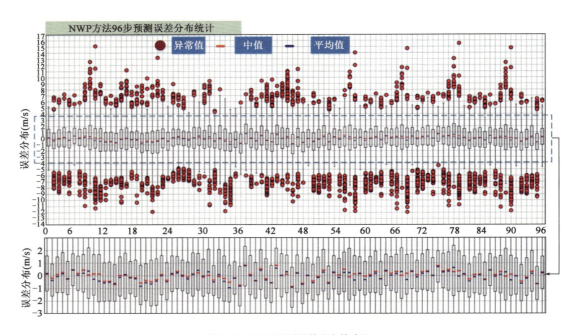

图 5-14　NWP 预测误差分布箱式图

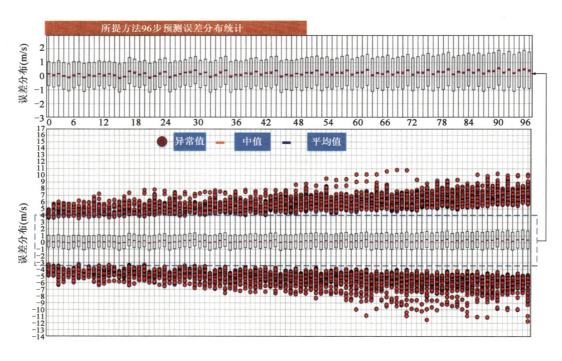

图 5-15　所提方法预测误差分布箱式图

5 面向环境低影响的公路交通能源系统开发方案与运维优化策略

（3）误差分析。

使用 10 个模型进行预测试验，并比较了 MAE、RMSE 和 COR 三个指标，图 5-14 的一些子图展示出的误差表现有趋势滞后、预测序列过度平滑、高—低风速区间预测保守等。借助 CII 指标，以原始 NWP 的预测风速作为基准，对不同模型的误差进行辅助分析。

表 5-11 给出了初始 NWP 四个区间的 MAE、RMSE 和 COR 分段统计，表 5-12 中除了原有十个模型对于 NWP 的 CII，也评估了 VMD 处理模型输入中记录风速对预测效果的影响。在四个区间中，0~6h 的预测提升效果最大，仅使用 SVR 用于预测模型也获得了 20% 以上的 CII 提升效果。而在其他三个区间也获得了 8% 以上的提升。

NWP 预测风速 MAE, RMSE 和 COR 分段统计　　　　表 5-11

指标	预测水平线			
	0~6h	6~12h	12~18h	18~24h
MAE	1.997	2.032	2.044	2.071
RMSE	2.413	2.418	2.422	2.431
COR	0.590	0.582	0.571	0.568

以 NWP 为基准的模型 CII 统计　　　　表 5-12

预测模型	EC 模型	预测水平线			
		0~6h	6~12h	12~18h	18~24h
SVR	—	20.73	8.56	8.31	8.14
ANN	—	21.57	9.47	9.19	9.01
RNN	—	22.22	10.06	9.76	9.56
LSTM	—	23.09	11.25	10.91	10.69
TCN-3DCNN	—	29.38	17.40	16.88	16.54
STC-DPN	—	32.41	18.85	18.28	17.91
STC-DPN	SVR	38.60	26.10	25.32	24.81
STC-DPN	TCN	37.93	25.97	25.19	24.69
STC-DPN	LSTM	40.92	27.78	26.95	26.41
STC-DPN	TCN-LSTM	42.79	29.89	28.93	28.35
STC-DPN	TCN-LSTM（不含 VMD）	36.84	28.93	28.87	28.32

将模型预测效果进行优劣排序，可以看到出现了 3 次明显的效果提升：①从单点预测转为整体预测，四个区间的提升效果为 6% 左右；②增加修正模型后，提升幅度达到 7%；③记录

风速使用 VMD 处理后，对 0~6h 的预测效果影响接近 6%，而几乎不影响 6~24h 的预测效果。

在同样的条件下，仅靠模型的替换很难取得 5% 的效果提升，这说明新策略的应用比单纯的模型修改更加有效。

5.3.2 公路交通自洽能源系统光伏选址方法

前期已经进行了基于地理信息系统的公路边坡太阳能潜力挖掘研究。基于公开的数字地图，提取研究区域的坡度和坡向数据，结合经纬度等数据，基于一系列公式计算到达地表的太阳辐照度，进而筛选出辐照度高的位置作为光伏板的潜在安装位置。然而这一方法是基于晴空条件做的估算，没有考虑云和空气质量等天气因素对太阳辐射量的影响。研究的思路如下：首先从数字地图中提取道路网和地形数据，进而确定太阳辐射预报模式系统（WRF-Solar）嵌套区域，运行 WRF-Solar 输出目标区域的辐照度、风速等气象因子，并利用地形数据和插值方法对 WRF-Solar 输出进行修正，以提高输出分辨率。最终将基于 GIS 技术综合太阳能潜力分布和选址条件进行光伏选址。本书研究的公路交通自洽能源系统光伏选址方法关键技术如下：

(1) WRF-Solar 模式参数设置

WRF-Solar 是目前国际上最先进的针对太阳能资源评估和预报开发的中尺度专业气象模式。其在常规 WRF 模式基础上，增加了太阳时角实时计算方法（EOT），提高了模式的辐射计算频率（5min 或更高），增加了多种水平面和垂直面的辐射输出；增加了气溶胶-云-辐射的反馈机制，采用了观测资料或模式输出的气溶胶数据，考虑了气溶胶对云的间接影响；采用一种新的方法将云滴、冰和雪粒子的微物理过程与短波、长波辐射的参数化过程进行耦合，进而实现了云-气溶胶-辐射的相互反馈。通过对 WRF 模式的相关研究，实现了 WRF-Solar 模式的运行，对指定区域的太阳辐射进行了模拟。

通过阅读文献发现，在 WRF-Solar 的辐射方案里，只有 Goddard 和 RRTMG 方案考虑了气溶胶的影响，然而 Goddard 方案不能输出晴空辐射，故要采用 RRTMG 方案，然而该方案给出的气溶胶光学厚度数据明显偏小。在晴朗条件下，气溶胶与辐射的相互作用是太阳辐照度不确定性的最大来源，要想获得更为准确的太阳辐射输出，则需要提供更加准确的气溶胶数据。气溶胶资料同化是减少初始气溶胶场不确定性的最优统计方法，其中遥感光学特性在覆盖大空间跨度和气溶胶信息垂直细节方面有显著优势，故研究计划下一步将在线可用的遥感观测气溶胶信息耦合到 WRF-Solar 系统，以期达到最优辐射模拟效果。

图 5-16 和图 5-17 给出了不同天气条件下 WRF 模式和 WRF-Solar 模式的辐照度预报结果对比，结果展示了 WRF-Solar 模式具有更好的模拟效果，阴天条件下的优势更明显。

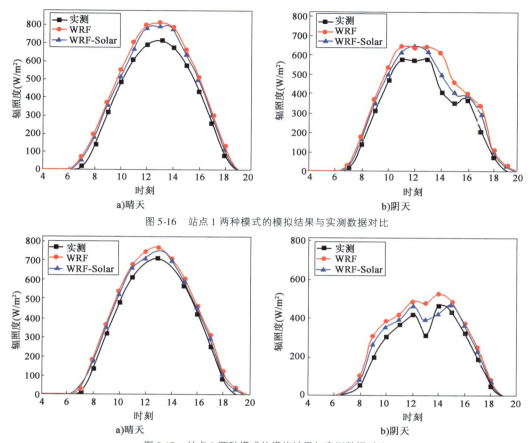

图 5-16 站点 1 两种模式的模拟结果与实测数据对比

图 5-17 站点 2 两种模式的模拟结果与实测数据对比

(2) 气溶胶资料同化。

基于中尺度气象模式的数值模拟方法时空分辨率较高,目前被广泛应用于太阳能资源精细评估和太阳辐射预报中,中尺度气象模式在一定程度上可准确模拟和预报晴天太阳辐射,但对多云和阴雨天的太阳辐射模拟和预报误差较大。

近年来随着气象卫星、天气雷达、自动站以及风廓线仪、全球定位水汽监测系统、无线电声探测系统等多种观测手段及数值模式的快速发展,使中尺度分析和预报技术日益成为天气预报中的重要组成部分,并为灾害性天气超短期和临近预报提供了强有力支持。如何将上述多源观测资料在同一数值平台上统一同化处理是迫切需要解决的问题。

GSI-3DVAR 是由美国环境预报中心(NCEP)研发的三维变分资料同化系统,由最初的波谱统计插值系统(Spectral Statistical Interpolation,SSI)发展起来,2007 年 5 月开始业务化运行。地理信息系统(GSI)目前广泛应用于区域及全球各类气象模式资料同化和预报系统,本研究所用版本为 2018 年更新的版本 3.7.3DVAR,是对代价函数极小值的求解,依据背景场和观测场的优化加权取得最佳分析效果,即分析场。代价函数(J)定义如下:

$$J = \frac{1}{2}(x-x_b)^T \boldsymbol{B}^{-1}(x-x_b) + \frac{1}{2}(y-H[x])^T R^{-1}(y-H[x]) + J_c \quad (5-15)$$

式中,x 为模式格点分析变量;x_b 为背景场变量;y 为观测数据;B 为背景误差协方差矩阵;H 为观测算子;R 为观测误差协方差矩阵;J_c 为约束项。

本研究选取美国国家环境预报中心提供的 1 天 4 次、时间分辨率为 6h、空间分辨率为 0.25°×0.25° 的 FNL(Final Operational Global Analysis)再分析资料用于插值作为 WRF-Solar 模式初始的背景场。资料同化在 WRF-Solar 模式的网格上进行,运用 WRF-Solar 模式预处理模块(WPS)生成背景场。研究网格水平分辨率为 3km。垂直分层为 33 层,内层网格距为 390×400。模式采用兰勃特(Lambert)地球投影。

本研究运用的地面自动气象站(AWS)资料在运用中国气象局 2020 年发布的《气象观测资料质量控制地面》标准进行气候极值检查和时空一致性等检查的常规质量控制的基础上还通过 GSI 系统的质控方法进行了质控。GSI 系统通过在 convinfo 文件中对每种类型的数据设置总误差检验比率 ratio,计算方法如下:

$$\text{ratio} = (\text{Observation-Background})/\max[\text{ermin}, \min(\text{ermax}, \text{obserror})] \tag{5-16}$$

式中,Observation 为观测值;Background 为背景场值;ermin 为最小误差设置值;ermax 为最大误差设置值;obserror 为观测误差,当所计算的比率大于设置值时,观测数据被剔除。本文质控的最大误差和最小误差选用 GSI 系统针对区域同化的推荐设置。该时刻在研究区域共有 10700 个 T 观测,9750 组 UV 观测通过质量控制。从观测分布情况来看地面 AWS 观测主要分布在陆地地区,海面分布较少。陆面上,在我国境内除福建省及江西省复杂地形区域稍显稀疏外。其余大部地区观测分布都较为密集,观测最密区域密度约 3km。风向风速观测在山东省西部、福建省以及江西省等地分布相较于温度观测要稀疏,这可能与不同地面站的观测要素有差异有关。

GSI-3DVAR 通过递归滤波来实现观测信息在水平方向的传播,以期通过更少的迭代次数便能达到高斯形式的分析增量的分布。单一高斯形建模生成的 B 矩阵的功率谱衰减速度比真实大气谱快。为增强对多尺度天气系统的分析能力,GSI-3DVAR 通过调控 5 个控制变量:流函数、势函数、温度、伪相对湿度和地面气压,运用控制变量转换法(CVT)反馈到具体同化变量,并采用递归滤波的 3 个系数(HZSCL)将 B 矩阵确定的水平影响半径进行线性组合以计算每个观测的水平影响范围,从而实现误差协方差滤波谱分布的"胖尾"特征,降低 B 在谱空间上滤波的衰减速度,HZSCL 因子可控制所有分析变量的水平相关特征尺度,GSI-3DVAR 基于其提供的 GFS 全球平均统计的 B 给定了一组(3 个)滤波系数控制观测信息的传播范围。

本研究运用 GSI 系统提供的全球 B 矩阵通过对这 3 个参数开展一系列灵敏度试验,探索不同观测密度情况下这些参数取值对 GSI-3DVAR 资料同化效果的影响。对 HZSCL 敏感性试验,以 GSI-3DVAR 提供的针对区域应用的默认水平相关特征尺度参数为基数设计敏感性试验为保证观测信息的影响范围在缩放过程中各向同性及均匀性,这里对 GSI-3DVAR 中的 3 个滤波系数保持 GSI-3DVAR 建议值的同步增减倍数。

研究开展了两组对比实验来评估同化气溶胶光学特性的性能,它们之间的唯一区别在于初始气溶胶场。一种是没有同化任何观测值的参考实验,仅以24h之前的气溶胶预报作为初始场,称为"对照";另一种则以同化卫星气溶胶光学厚度后的气溶胶分析场作为初始场,模拟其后续变化,简称"同化"。两项实验均采用了来自国家环境预测中心(NCEP)生成气象场的初始和横向边界条件,验证了气溶胶同化对WRF-Solar模拟的积极作用。

卫星数据资料同化解决了WRF-Solar模式初始气溶胶场不够准确的问题,进一步提升了公路交通空间复杂地形条件下太阳能资源潜力挖掘的能力。

(3) 基于GIS技术光伏电站选址技术。

在GIS技术下使用Python语言对地形数据进行处理,利用处理结果再结合光伏电站的光伏组件布置方式,由计算机执行光伏电站的选址,从而实现光伏电站选址规划高效快捷及项目发电收益最大化的目标。公路交通空间光伏电站选址的具体步骤如下:

①以给定区域为边界作为光伏电站建设的目标区域,获取该区域内的矢量地形数据(ASTER、STRM3数据或实测地形数据等)、太阳能资源数据,以及环境敏感性区域的分布图。

②矢量地形数据栅格化生成由栅格点组成的数字高程模型(DEM),逐步进行坡度、坡向、阴影、汇水区等分析,生成可用地形区域。

③针对基本农田、矿产资源、自然保护区、公益林、水源保护区、生态保护红线等环境敏感性区域的分布图进行分析计算,生成缓冲带,筛选出可用场址区域。

④对太阳能资源进行分析,将年总辐射量大于$1050kW \cdot h/m^2$的区域生成资源可用区域。

⑤以最小装机规模或最小征地面积为阈值对项目初选的可用场址区域进行筛选,通过Python语言对不满足要求的场址进行剔除,将满足要求且距离相近的场址进行合并。

⑥采用Candela3D软件进行光伏组件布置,并汇总最终结果,从而得出规划区域内光伏电站直流侧装机规模。

公路交通空间光伏电站选址流程图如图5-18所示。

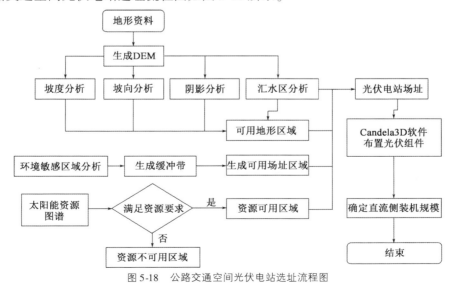

图5-18 公路交通空间光伏电站选址流程图

光伏发电项目规划必须满足自然资源部办公厅、国家林业和草原局办公室、国家能源局综合司印发的《关于支持光伏发电产业发展规范用地用林用草管理有关工作的通知(征求意见稿)》的要求,将自然保护区、森林公园、基本农田、生态红线、水源保护区、有林地、疏林地、未成林造林地、采伐迹地、火烧迹地,以及年降雨量 400mm 以下区域覆盖度高于 30% 的灌木林地和年降雨量 400mm 以上区域覆盖度高于 50% 的灌木林地划定为光伏发电项目限建区域。

平坦地形或缓坡山地均可作为光伏电站的场址,为保证光伏组件整体发电量及土地利用率,需对不同坡向分别设置极限坡度。考虑到光伏电站的经济性及光伏组件之间的相互遮挡问题,在山地光伏电站布置光伏组件时,所选场地的南坡、东坡、西坡、北坡的坡度宜分别控制在 30°、10°、10° 及 5° 以内。

采用平面坡度算法计算 i 处的坡度 θ_i,计算如下:

$$\tan^{-1}\theta_i = \frac{\Delta h}{\Delta d} \tag{5-17}$$

式中,Δh 为 i 处栅格点与各个方向相邻栅格点的最大高差;Δd 为 i 处栅格点与最大高差栅格点的距离差。

坡向由计算得到的坡度值来判断。

在山地光伏电站规划光伏阵列的布置时,必须考虑周边山体对阵列的阴影遮挡,将冬至日 9:00~15:00 因山体形成的阴影区域绘制为限建区域。山体阴影值 H_s 的计算如下:

$$H_s = 225[\cos\alpha\cos\beta + \sin\alpha\sin\beta\cos(\gamma - \delta)] \tag{5-18}$$

式中,α 为太阳高度角;β 为最陡坡度;γ 为太阳方位角;δ 为最陡坡度对应的坡向。

考虑到光伏组件的安全性,光伏电站场址不应布置于洪水冲击区域,不宜布置在汇水区域。采用 D8 单流向算法对无凹陷的 DEM 地形进行分析,找出汇水区域,形成不可用区,其中水流方向由每个像素单元最陡坡度 β 决定。最陡坡度 β 的计算如下:

$$\beta = \text{Max}\left[S_1(i) = \frac{z - a(i)}{d(i)}\right] \tag{5-19}$$

式中,$S_1(i)$、$a(i)$、$d(i)$ 分别为坡度为 i 时的斜率、高程、距离,i 的取值可选 0°、45°、90°、135°、180°、225°、270°、315°;z 为原点高程。

可用区域可通过式(5-20)对光伏电站建设时的目标区域进行遍历得到:

$$U_{x,y} = A_{x,y} - T_{x,y} - R_{x,y} - D_{x,y} - M_{x,y} - S_{x,y} \tag{5-20}$$

式中,(x,y) 为目标区域的栅格点的坐标;$U_{x,y} = 1$ 时的集合为可用区域;$A_{x,y} = 1$ 的集合为光伏电站建设的目标区域;$T_{x,y} = 1$ 的集合为不满足坡度要求的区域;$R_{x,y} = 1$ 的集合为不满足政策要求的区域;$D_{x,y} = 1$ 的集合为被山体阴影遮挡的区域;$M_{x,y} = 1$ 的集合为汇水区域;$S_{x,y} = 1$ 的集合为太阳能资源为 D 类的资源不可用区域。

Candela3D 是由坎德拉(北京)科技有限公司基于著名的 SketchUp 三维设计平台开发的光伏发电系统三维设计软件。该软件适用于平坦地形及复杂山地的光伏电站,可以在生成的三维模型中进行光伏组件的布置、修改。通过给定的拟选光伏组件参数、光伏方阵基本参数，利用 Candela3D 软件在 GIS 技术下生成的可用区域范围内对光伏组件进行快速排布。利用自动定间距功能快速布置并自动进行光伏组件间的阴影校核，删除被遮挡的光伏组件。最终得出规划场址区域内光伏电站的直流侧装机规模。

5.4 本章小结

本章对公路交通自洽能源系统的开发与运维进行了研究。围绕生态环境稳定性、承载力与健康程度等性能构建公路交通自洽能源系统的环境影响评价指标体系，提出环境低影响的公路交通自洽能源系统地理选址、生态恢复、全运营周期生态监测的开发方案，并设计了攀大高速公路能源自洽工程环境保护方案和生态修复与监测方案。研究比较了光伏组件建模过程中 4 种常用的目标函数并总结了不同目标函数的适用场景，同时对公路交通能源系统的不同运行状态进行了分析，构建了公路交通能源系统运行状态决策树。研究了公路交通空间复杂地形下的风能和太阳能潜力挖掘方法，基于人工智能技术和地理信息系统等先进技术实现了高精度模拟，并开展了一定的选址研究。

6

公路交通能源自洽与在途补给系统应用示范

公路交通多能源自洽系统构型设计与应用

6.1 综合说明

6.1.1 项目背景

能源与交通融合发展是实现国家"碳达峰、碳中和"战略布局和"交通强国"战略目标的重要技术途径。目前交通行业能耗与碳排放占全社会总量的近10%，其中公路交通占比超过80%。我国公路沿线能源资源禀赋优越但形态差异大，公路网络涉及高原、山地、沙漠等不同运行场景，导致沿线可再生低碳能源开发利用难度大，公路总耗能中低碳能源占比低于1%，供能自洽率低；交通运转运维用能需求多元且时空耦合复杂，而低碳能源供给形式多样，故存在多种形态能源间的灵活变换困难，导致自洽能源系统的集约控制难度加大、能源利用效率低。因此，构建绿色交通能源系统面临两大挑战：①公路交通清洁能源占比以及供能自洽率亟待提升；②高可靠高保障的多能态变换与控制难题亟须突破。

交通运输部2020年8月发布《交通运输部关于推动交通运输领域新型基础设施建设的指导意见》，提出了引导在城市群等重点高速公路服务区建设超快充、大功率电动汽车充电设施，鼓励在服务区、边坡等公路沿线合理布局光伏发电设施，与市电等并网供电；鼓励高速公路服务区、港口码头和枢纽场站推进智能照明、供能和节能改造技术应用。

据四川省交通运输厅消息，2021年四川省将积极推进交通运输领域节能减排工作，启动交通运输碳排放达峰研究工作，并印发实施《四川省"十四五"交通运输绿色发展规划》。规划提出推进新能源交通运输工具在公路货运、城市公共交通领域的广泛应用，四川省将推动在高速公路服务区配建充电基础设施，推动电力等清洁能源与新能源动力船舶的应用，推进交通科技创新研发，助力智慧交通建设。

国家能源局发布《关于组织开展可再生能源发展试点示范的通知》（国能发新能〔2023〕66号文）中提出，组织开展可再生能源试点示范，支持可再生能源新技术、新模式、新业态的培育，为促进可再生能源高质量跃升发展、加快规划建设新型能源体系提供有力支撑。其中明确指出，通过利用高速公路、主干渠道两侧用地范围外的空闲土地资源，推进分布式光伏应用或小型集中式光伏建设，探索与城乡交通建设发展相结合的多元开发、就近利用、绿电替代、一体化运维的新型光伏开发利用模式，与蜀道集团"十四五"发展规划提出的"大力推进高速公路沿线光伏能源利用"发展方向相契合。

与此同时,四川省依然存在光伏资源优质区域远离省内负荷中心,电力难以大规模消纳等问题。根据四川省交通运输厅发布的《四川省高速公路"绿电自给"工程建设规划》,"不断完善以光伏高速公路技术为主的多元新型清洁能源技术支撑体系,加快构建覆盖广泛、应用充分、管理一流、安全可靠的新型交通基础设施网络,打造具有四川特色、全国领先的高速公路'绿电自给'能源供给体系,为建设美丽四川和平安四川贡献交通力量。"通过实施"绿电自给"工程,预计到2025年,该工程建设总里程将突破4000km,分布式光伏装机容量达120MW,分布式储能设备容量达到24MW·h;全省光伏高速年发电量超过1.4亿kW·h,满足光伏高速自身隧道、服务区(停车区)和沿线监控监测电子设备的日常用电需求。

为践行《四川省高速公路"绿电自给"工程建设规划》,推动蜀道集团"五网融合"战略布局,通过"交通+能源"融合赋能公路低碳智能化发展,蜀道集团提出"交通基础设施与光伏技术一体化"理念,着力研发交通基础设施与新能源发电或储能一体化设计建设技术,将光伏发电技术与交通基础设施的建设和运营相结合,利用高速公路沿线土地建设光伏廊道,推动高速公路场景绿色交通能源系统建设。

2022年,蜀道集团依托攀枝花至大理41km高速公路率先试点,通过利用项目用地范围内的边坡、建筑屋顶、弃土场、隧道隔离带、服务区、收费站、沿线电子设备等七大类场景,建设光伏发电、储能和充(换)电等多种发电、用电设施,全面实现公路运营阶段"高比例绿电自给",成为全国首个"交通全场景友好型"分布式光储项目,为四川省推动光伏廊道在公路沿线实现绿色能源供给提供了先行经验。

6.1.2 项目来源

项目来源于2021年国家重点研发计划"公路交通自洽能源系统的多能变换与控制技术",项目编号:2021YFB2601400,执行期:2021年12月至2024年11月,项目由华北电力大学牵头,汇集10家能源电力领域与公路交通行业的高等院校、科研院所和知名企业,拥有国内唯一的"国家能源交通融合发展研究院"以及"新能源电力系统国家重点实验室""公路养护装备国家工程实验室"等十余个国家级科研平台。项目团队成员近年来承担了相关领域多项国家级项目,在国际上率先提出了能源与交通融合规划,出版了《交通能源融合发展战略》系列专著,完成了多端口大容量能量路由器的研制应用,承担了多项高速公路路域清洁能源综合开发利用工程,研究团队基础雄厚。

国家重点研发计划"公路交通自洽能源系统的多能变换与控制技术"提出了符合供需耦合特性的公路交通能源自洽系统的构型和规划方法,攻克了适用于多态能源的高效、高功率密度、高可用性多能变换技术,建立支撑公路交通多重异构能源系统的优化控制理论,研制适配公路交通环境并具备长期服役能力的多能变换一体化关键装备,计划建成一个集中式、一个主从式公路交通自洽能源系统应用示范工程。

经过课题组多次讨论、现场考察、充分评估后,确定集中式供能自治能源系统应用示范地点选取在沿江高速盐边红格服务区(以下简称"红格服务区")。项目综合考虑红格服务区特色用能负荷,结合服务区周边空地、边坡及服务区设施屋顶,布局分布式风机站、光伏站,在服务区建设2.0MW规模集中式供能系统,形成基于风光储电热氢耦合转化的集能源"供应、输送、转换、存储、使用"于一体的公路交通自治能源系统应用示范。

6.1.3 工程概况

1) 工程建设条件

G4216线宁南至攀枝花段(宁攀段)高速公路拥有4处服务区,其中红格服务区位于四川省攀枝花市盐边县红格镇境内,红格镇光热资源丰富,气候炎热少雨,四季变化不明显,干、雨季分明;多年平均气温20.5℃;生长期年平均365天,无霜期年平均355天;年平均日照时数2700h;0℃以上持续期365天;年平均降水量800~850mm,降雨集中在每年6—10月,其中7月最多。

红格服务区地处山地,地貌落差较大。项目场址区海拔在1100~1800m之间,建设位置地理坐标26.53°N,101.93°E。

2) 服务区示范工程总体布局

红格服务区设备布局规划及规划效果如图6-1和图6-2所示。

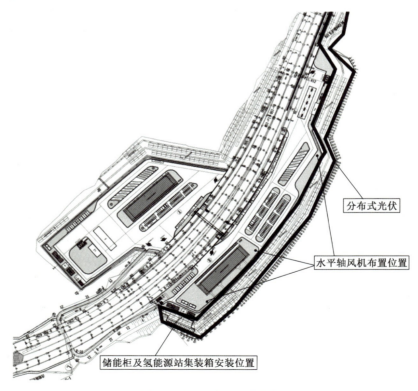

图6-1 红格服务区设备布局规划

图 6-2 红格服务区规划效果图

6.1.4 工程任务及规模

1）六种能源

根据国家重点研发计划,对示范工程综合考虑服务区、收费站等公路交通特色用能负荷,结合公路沿线空地、边坡及服务区设施、屋顶等,布局建设 2.0MW 规模集中式供能系统,形成基于风光储电热氢耦合转化的集能源"供应、输送、转换、存储、使用于一体的公路交通自洽能源系统应用示范工程"的要求,红格服务区将围绕多能变换一体化装备,建成涵盖光伏分布式发电系统、风力分布式发电系统、氢能发电系统、储能系统、新型冷暖系统及供配电系统等六类公路交通自洽能源系统应用示范工程,充分满足国家重点研发计划的要求。

2）装机规模

项目建设内容包含风光分布式发电系统、氢能发电系统、储能系统等主要几个部分。

（1）光伏分布式发电系统。

红格服务区及周边区域可利用边坡等面积较大,其中主要利用 A/B 两区南侧边坡和北侧边坡建设分布式光伏,位置优的边坡预计可建设 3800kW 分布式光伏。本示范工程项目拟利用红格服务区 B 区南部边坡建设 1200kW 分布式光伏。

（2）风力分布式发电系统。

红格服务区实际规划场地对服务区功能、绿化要求较高,因此综合考虑服务区运行安全性、工程造价等因素,拟在服务区内不影响车辆行驶、停放的边角位置建设 3 台 10kW 小型风力发电系统,符合项目实际情况,同时满足项目示范的要求。

（3）氢能发电系统。

本项目规划氢能利用形式为制-储-用综合利用,考虑当前阶段氢能利用产业的发展状况,可根据投资成本、应用市场前景等实际因素进行氢能利用规模调整。

（4）储能系统。

本项目综合考虑以光伏发电单元为主的分布式新能源各月份、各时段出力功率、发电量等因素，优化配置储能建设规模1MW/2MW·h，做到功能与投资收益平衡，装机规模相对合理，满足系统要求。

6.1.5 项目示范意义

红格服务区示范工程的建成将促进交通、能源融合发展，降低公路运营成本，提高清洁能源利用率，显著提升我国交通能源关键装备的自主创新能力，促进国内电工装备制造及智能公路交通等行业跨越式发展，支撑"交通低碳发展"和"交通强国"战略目标的实现。

1）经济意义

红格服务区示范工程可就地实现资产能源化，高效消纳风光可再生能源，减少电网取电，降低电费支出成本；红格服务区示范工程采用"自发自用，余电上网"模式，能源出力电能在优先满足服务区负荷使用后，将多余电量提供给电网，提高了服务区收益；在高速公路前期规划的统筹规划阶段，可以服务区零碳系统为"电源"，设计沿途专线供配电系统，以解决沿途用电所需，有效减少基础设施投资、降低用能成本。

2）减碳意义

构建清洁低碳、安全高效的能源-交通融合体系，是响应国家加快生态文明体制改革，建设美丽中国的具体举措。红格服务区示范工程采用清洁能源供电替代传统火电机组供电，降低碳排放量。服务区最大化利用能源资源禀赋的供给部署方法以及绿电的就地消纳，除满足服务区自身负荷用能外，也可满足其余接入电网的用能场景，间接减少大量碳排放。对于积极贯彻执行"3060"双碳目标、《交通强国建设纲要》和《国家综合立体交通网规划纲要》具有重要意义。

3）社会意义

红格服务区示范工程立足于节能化、环保化、绿色化、功能化、智能化的交通基础设施可持续化发展需求，通过产-储-配的优化布置实现项目示范点位能源供给和需求的平衡，开展可实现、可复制、可推广的零碳交通服务区示范体系，为形成支撑我国高速公路绿色化转型的能源利用路径和模式体系作出贡献。红格服务区示范工程可作为绿色能源自治科普教育展示平台，面向公众宣传国家能源战略和政策，传播和普及电力科学和新能源技术，对宣传清洁、高效、环保的电力能源具有重要意义。

6.2 系统架构设计及运行策略

红格零碳服务区按照低碳化、节能化、智慧化、循环化理念打造，全服务区供能单元采用综合智慧能源形式，建设内容涵盖常规供配电、光伏发电系统、风力发电系统、电化学储能系统、氢能综合利用系统、新型冷暖设施等。

红格零碳服务区供能部分包含分布式发电部分、电化学储能部分、氢能综合利用部分、供配电部分、冷暖供应等部分。

分布式发电部分包含光伏发电和风力发电两种发电类型,根据服务区场地规划,拟利用服务区综合服务楼屋顶、配电房屋顶、加油站屋顶/棚顶、充电车位车棚顶、服务区场地护坡等区域建设光伏发电系统;风力发电部分,在服务区内不影响车辆行驶、停放的边角位置建设小型风力发电单元。

电化学储能部分采用磷酸铁锂储能单元,设备及电池组采用户外集装箱集成设计,箱内配置磷酸铁锂电池组、多能变换一体化装备、消防设施、温控设施等。

氢能利用部分采用独立的特种装备,包含制氢电解槽成套装置、储氢装置、氢燃料电池装置等。供配电部分新增智能配电单元协同常规供配电设施实现全服务区供电。

冷暖供应部分采用空气源热泵等新型冷暖方案,实现全服务区综合冷暖供应。

根据工程要求,红格服务区多能互补示范项目建设集中式供能规模2MW以上,支撑能源包括风、光、储、电、热、氢6种形态,形成近零碳服务区多能互补微电网的供能方式。示范项目建成后要求稳定运行时间不少于2000h,综合能源利用效率不低于92%。

集中式公路交通能源自治系统示范,供能大于2MW,光伏1MW,储能1MW/2MW·h,风力30kW·h,氢能30kW,直流快充1080kW(8台×180kW双枪直流快充桩)。

示范项目以多能变换一体化装备为微网运行的核心装备,集中单点接入服务区0.4kV低压母线,不改变原配电设计,与原配电通过隔离变压器工频隔离。原服务区配电增加并离网运行投切装置。提供三种运行模式,即市电独立供电模式、多能变换装置并网运行模式、多能变换离网运行模式。多能变换装置采用集装箱形式在服务区变电所附近就近安装部署。

6.2.1 负荷分析

1)负荷分类及特性

服务区为全天候24h为过往乘驾人员提供餐饮、休息等日常生活服务的场所。高速公路服务区远离市区且为全封闭设计,因此部分负荷等级可相应提升。以供电保障等级可划分,可分为3级,服务区负荷分级如表6-1所示。一级负荷供电由变电所变压器及柴发两段低压母线排各馈出一回路,末端配自动切换装置,负荷端自行配置不间断电源(UPS)等设施。二级负荷供电由变电所变压器及柴发两段低压母线排各馈出一回路,末端配自动切换装置。三级负荷供电由变电所变压器一段低压母线排馈出回路。

服务区负荷分级统计表 表6-1

等级	负荷	备注
一级负荷	消防设施、交管类重要设施及场所	
二级负荷	综合楼内通信站、监控中心、配电房、泵房、加油站、院区照明、厨房用电、充电桩	
三级负荷	综合楼办公、住宿用电、维修车间用电等	

以用电负荷使用频度划分,主要用于负荷统计和估算,服务区负荷使用频度划分如表 6-2 所示。

服务区负荷使用频度划分统计表　　　　　　　　　　　　表 6-2

等级	负荷	备注
长时基础负荷	综合楼内通信站、监控中心、配电房、泵房、加油站	其中充电桩负荷属于大容量波动负荷
日周期波动负荷	院区照明、厨房用电、充电桩、综合楼办公、住宿用电、维修车间用电等	
随机波动负荷	消防设施、交管类重要设施及场所	

2) 负荷统计

红格服务区负荷统计(以 B 区为例)如表 6-3 所示。

红格服务区(B 区)负荷统计表　　　　　　　　　　　　表 6-3

序号	负荷名称	负荷容量 P_e (kW)	需要系数 K_x	功率因数 $\cos\Phi$	计算电流 I_j (A)	负荷性质
1	服务楼通信机房	10	1	0.8	18.99	一级负荷
2	消防泵	45	1	0.8	85.46	一级负荷
3	服务楼总配电箱 ALz1	135	1	0.8	256.39	二级负荷
4	服务楼监控负荷	60	1	0.8	113.95	二级负荷
5	配电房	10	1	0.8	18.99	二级负荷
6	生活泵	10	1	0.8	18.99	二级负荷
7	服务区站总平	40	0.8	0.8	60.77	二级负荷
8	外场设备	15	1	0.9	25.25	二级负荷
9	加油站	100	0.9	0.8	170.93	二级负荷
10	服务楼总配电箱 ALz2	135	0.9	0.8	230.75	三级负荷
11	污水处理	20	1	0.8	37.98	三级负荷
12	充电站	1080	1	0.95		二级负荷
13	合计	1605				
14	取同时系数 K	0.7				
15	柴油发电机选用	1000				
16	选用变压器(kV·A)	1250				

3) 多种能源容量配置测算

根据项目规划方案,"光伏+锂电储电+余电储氢+氢燃料电池发电"方案相比其他方案(包括"光伏+储电""光伏+储氢"等)在投建成本、运维成本、系统等年值成本综合最优,该方案可根据储能充放电功率灵活配置各设备容量,在相对减少光伏板的容量配置的同时,大幅减少单一储能单元时储能系统的容量配置,实现优化能源自洽率,有效提升系统的自洽供电可靠性。方案通过配置少量电解槽吸收多余电能并存储于储氢罐中,在高负载时段通过燃料电池放电补给缺额,可大幅度减少蓄电池容量配置,系统运行时保证了系统新能源的有效利用与自洽供电可靠性。

(1)配置原则。

①根据项目建设场地限制以及项目场址基本资源条件,本项目多种能源配置主要以光伏和储能为主,以风电系统和氢能系统为辅。

②考虑光储并网联合运行条件下,能保证服务区全天12h的用电量供应。

③储能用于在白天光伏发电冗余时充电,在晚间无光时放电,同时考虑储能在平抑新能源出力波动性、微网调频以及提高电能质量方面的作用。

④柴油发电机作为后备电源,只在阴天时光伏和储能都无出力的时候为负荷供电。

⑤综合考虑微网的可行性、可靠性及经济性,合理配置储能容量,尽可能增加光伏消纳和新能源利用率。

(2)系统配置计算。

根据红格服务区南区负荷统计分析,长时基础负荷约250kW,日周期波动负荷全天平均约200kW,故全天总平均负荷按450kW考虑。

光储工作模式下,负荷功率为450kW,年平均有效发电小时数按3.6h/d计。拟定光伏发电每天为负荷供电8h,总供电量为 $8 \times 450 = 3600 \text{kW} \cdot \text{h}$,计算得出光伏装机 $3600 \div 3.6 \div 0.83 = 1205 \text{kW}$,所以光伏拟推荐装机容量为1.2MW。储能按平均每天供服务区负荷4h计算,需要配置约 $4 \times 450 = 1800 \text{kW} \cdot \text{h}$,所以储能推荐装机容量为 $1 \text{MW}/2 \text{MW} \cdot \text{h}$。

储能为光伏削峰填谷,存储光伏过负荷多余的电量,不足时候补充光伏发电出力,光储系统典型日运行曲线如图6-3所示。

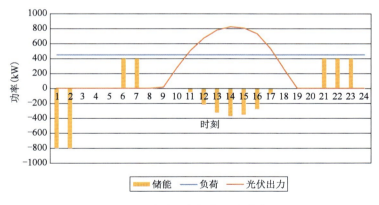

图6-3 光储系统典型日运行曲线

6.2.2 综合能源微网系统架构

1)多能变换一体化装备

多能变换一体化装备以成熟的电流变换拓扑为基础,针对多能应用开发的设备,电源侧能够兼容光伏发电单元、风力发电单元、储能单元、燃料电池单元等多种主流电源形式,交流侧能够实现与市电、柴油发电互济,负荷输出能够提供最高容量1725kV·A交流单元及15个270kW DC/DC单元的直流电源,满足公路交通多能源自洽系统的工程应用需求。

(1) 设备组成。

多能变换一体化设备主要由直流变换模块、逆变模块、人机界面、通信控制模块、接线配电柜等部分组成。多能变换一体化设备及其组成如图6-4、图6-5所示。

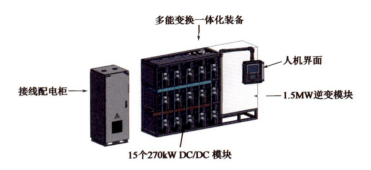

图6-4 多能变换一体化设备

图6-5 多能变换一体化设备组成图

直流变换模块:最高支持15个额定功率270kW直流变换模块,各模块根据需求进行定义,支持光伏发电单元、风力发电单元、燃料电池发电单元、储能单元、直流负荷单元。

逆变模块:额定功率1725kW,视系统需求而定。

人接界面:本地数据查询,各类控制操作等。

通信控制模块:对内实现各直流变换模块、逆变模块、人机界面的通信,实现各个模块的容量约束、数量约束,定义各模块设计参数、通信接口、通信协议;对外实现上级控制单元调度指令接收、设备运行数据上发。

接线配电柜:外置型装置,与各类直流模块及逆变模块配套使用。

(2) 拓扑结构。

多能变换一体化装备采用内部集成交直流母线拓扑结构,直流部分构建直流母线,通过控制模块对直流变换单元的统一控制,实现稳定的直流电压,最终满足光伏发电单元、风力发电单元、燃料电池发电单元、储能单元、直流负荷单元通过各类能量供需元素接入;同时逆变模块直流侧直接与直流母线连接,通过逆变模块实现交流输出;交流母线通过变压器与市电、负荷实现电气隔离,确保供配电的安全稳定,满足各类交流负荷供电需求,并具备与市电(柴油发电)的智能互济。设备拓扑结构如图6-6所示。

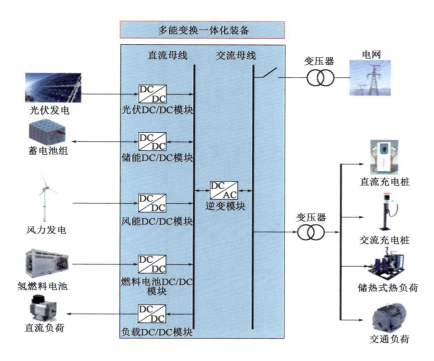

图6-6 多能变换一体化装备拓扑结构示意图

2)微网系统架构

综合考量红格服务区车棚面积、建筑屋顶面积、空地面积及边坡可利用面积,光伏装机容量1.2MW,年发电潜力155万kW·h;综合考虑红格服务区地理位置信息与当地风资源分布情况,可配置30kW的风力机与光伏单元互补供电。红格服务区采用交直流混合微网供电方案,使用10kV供电外线作为微网支撑线电源,并采用柴油发电机组作为备用电源。直流充电桩采用专用变压器接入电网。在红格南服务区内设置一套多能变换一体化设备,多能变换一体化装备内部包括一个逆变模块、多个不同功能的DC/DC模块、一套既对内同时也对外的通信和控制模块。直流母线电压1500V,能源侧直流电压800~1500V;交流电压690V;负载侧直流电压800~1500V;交流电压690V。

服务区规划建设的1.2MWp分布式光伏、1MW/2MW·h储能系统、风电系统以及制氢系统,新能源发电系统经DC/DC变换接入多能变换一体化设备的直流母线。

服务区对东西两侧双向隧道供电,规划采取双电源、单线路方式供电。红格服务区微网与相邻微网区段设置直流互联,综合能源交直流微网系统架构如图6-7所示。

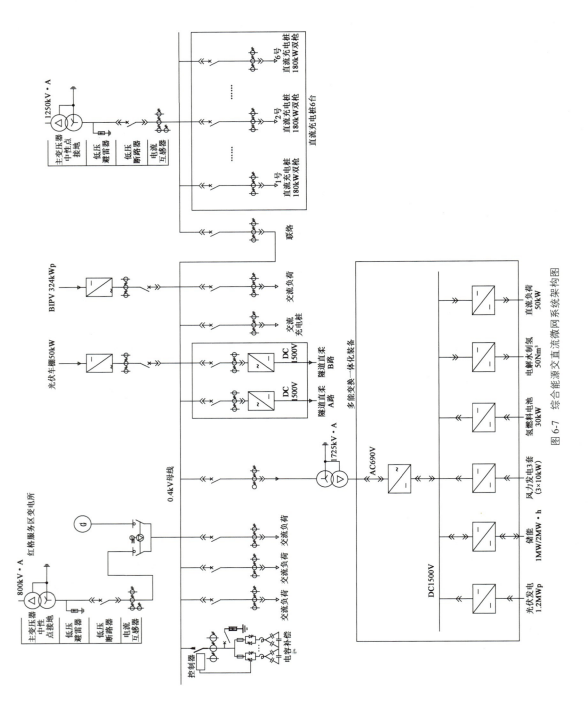

图 6-7 综合能源交直流微网系统架构图

6 公路交通能源自洽与在途补给系统应用示范

3) 多能变换装备配置接入

多能变换一体化装备是本示范项目的核心装备,在直流侧实现 6 种能源形式的多能互补变换,在交流侧单点集中与服务区原 0.4kV 低压母线互联,不改变原配电设计,与原配电通过隔离变压器工频隔离。

多能变换一体化装备内部包括一个 1.725MW 的逆变模块、15 个不同功能的 270kW DC/DC 模块。1.725MW 的逆变模块通过 2000kV·A0.69/0.4kV 工频隔离变压器与服务区 0.4kV 低压母线互联。15 个 DC/DC 模块,接入 6 种能源供用形式,实现多能互补变换,其 DC/DC 直流端口分配如表 6-4 所示。

DC/DC 直流端口分配表　　表 6-4

直流端口	接入能源	功率(kW)	备注
1 号	光伏发电阵列 1 号	270	
2 号	光伏发电阵列 2 号	270	
3 号	光伏发电阵列 3 号	270	
4 号	光伏发电阵列 4 号	270	
5 号	光伏发电阵列 5 号	270	
6 号	光伏接入预留		
7 号	储能模组 1 号	250	
8 号	储能模组 2 号	250	
9 号	储能模组 3 号	250	
10 号	储能模组 4 号	250	
11 号	储能接入预留		
12 号	风力发电	30	3 台 10kW 风力发电机并联后统一接入
13 号	PME 制氢		
14 号	氢燃料电池发电	30	
15 号	直流冷热空调	10	

6.2.3 整体布局

综合考虑红格服务区特色用能负荷,结合服务区周边空地、边坡及服务区设施屋顶,布局分布式风机站、光伏站,在服务区建设 2.0MW 规模集中式供能系统,形成基于风、光、储、电、热、氢耦合转化的集能源"供应、输送、转换、存储、使用"于一体的公路交通自洽能源系统应用示范,红格服务区多种能源整体布局如图 6-1 所示。

6.2.4 系统运行方式

根据项目前期对服务区负荷特性分析,形成对于近零碳服务区系统的设计和系统的运行与控制方法。结合服务区冷、热、电负荷季节性变化特性和昼夜负荷变化特性,以及电能替代目标,定义系统运行方式。

课题示范项目支撑能源包括风、光、储、电、热、氢 6 种形态,构成近零碳服务区多能互补微电网,基于多能变换一体化装备的功能特性、各种能源的优先级,结合服务区负荷用电保障等级,制定 7 种系统主要运行模式,如表 6-5 所示。

系统运行模式　　　　　　　　　　　　　　　　　　　　　　　　　表 6-5

序号	典型运行模式	备注
1	"光伏 + 风电 + 储能 + 制氢 + 冷热 + 电网"并网运行	
2	"光伏 + 风电 + 储能 + 冷热 + 电网"并网运行	
3	"光伏 + 储能 + 电网"并网运行	
4	"光伏 + 风电 + 储能"离网运行	
5	"光伏 + 风电 + 储能 + 氢燃料电池"离网运行	
6	"储能 + 氢燃料电池"离网运行	
7	"储能 + 氢燃料电池 + 柴油发电机"离网运行	

6.2.5 系统控制策略

服务区微网系统在系统控制层面,包括终端能源子系统(风光储氢热电)、多能变换装备、监控子站、公路交通能源自洽系统综合管理平台。多能变换装置的各个接口端配置数据采集,数据上传至本地监控子站和综合管理平台。管理平台根据采集上传数据和调度策略,下发调度指令。

在设计系统控制策略上,综合考虑运行安全性、经济性,以及清洁能源消纳自洽率等因素,制定总体控制策略。

1) 系统总体控制策略

总体控制策略上,考虑到 6 种能源中光伏占比最高、单位发电成本经济性好,储能作为系统中调节光伏随机性、间歇性、波动性的最重要的单元,风力发电作为其他能源的补充,制氢单元作为光伏发电高峰时段光伏余电消纳制氢并存储于储氢装置中,氢燃料电池发电作为高峰用电时段的缺额补齐以及其他电源缺失时的应急电源,冷热空调作为可调直流负荷,系统总体控制策略,遵循如下基本原则:光伏、风力发电利用最大化;储能充放循环利用高效化;弃电制氢能源优化利用;燃料电池发电应急利用;冷热空调发用功率协调灵活控制。

电网运行正常情况下,市电作为示范微网的支撑性电源,6 种能源经多能变换一体化设备以并网运行模式接入服务区低压配网,按综合管理平台的调度指令,控制并网功率,根据电网消纳指令决定采用余电上网或者服务区内部功率平衡消纳。

在电网异常或计划检修时,服务区用电与电网脱开,由多能变换一体化设备离网运行,为服务区内负荷供电,尽量减少柴油发电机组的使用频率。当多能变换一体化装备供电能力不足时,切换到柴油发电机供电模式,由柴油发电机独立供电或与多能变换一体化装备联合供电模式。

为实现最优自洽比例,考虑优化控制目标:

$$服务区总负荷用电量 = 风光总发电量 \times 变换效率 - 锂电储能放电量 \div 锂电储能综合效率 - \\ 氢燃料电池发电量 \div 制氢、发电综合效率 - 备用存储电量 \times 修正系数$$

控制策略集成在综合管理平台,管理平台集成多个算法及控制模块,包括风光发电预测模型、服务区负荷功率预测模型、电能综合存储模型(含锂电储能模型和氢储能模型)、锂电充放控制模块、氢能制取与氢燃料电池发电控制模块,将风光发电功率、服务区负荷功率等数据实时上传平台,根据预测模型和能源自洽率控制目标,结合六种能源变换效率目标,进行功率调度控制。

2)电网接入控制策略

常规服务区的供电设计中,需要满足双电源供电保障,本示范项目设计接入运行控制方式尽量减少对常规服务区供电设计影响,并在运行方式和控制策略中,实现较灵活的协同运行。电网、柴油发电机组、多能变换装备三种电源,根据示范项目的能源效率目标和自洽率目标,电网作为微网支撑性的第一电源,多能变换装备作为第二电源,柴油发电机组作为第三电源。电网异常或计划检修时,要保证服务区市电供电的低压侧开关脱开,进入离网供电模式。为实现柴油发电机组与多能变换一体化装备可以联合供电,柴油发电机组配置同期装置,以实现待并系统与运行一体并列工作。

3)风光发电控制策略

风光发电控制策略根据综合平台的功率调度指令执行。

4)储能运行控制策略

储能运行控制策略,包括锂电储能控制和氢储能控制策略,根据综合平台的功率调度指令执行。

5)冷热运行控制策略

冷热运行控制策略结合发电预测与服务区冷热负荷预测,以及自洽率目标、能源变换综合效率,根据综合平台的功率调度指令执行。

6.2.6 能源管理平台

交通能源自洽与在途能源补给系统综合管理平台是面向示范工程实际运行需求,搭建适配主从式、集中式等多场景多模式的公路交通能源自洽与在途补给系统综合管理平台,建立实时及历史数据库,通过资产化分析展示、远程巡检功能,实现全系统及各区域设施效能评价,全方位实现公路交通能源自洽系统内各区域系统运行、用能趋势、设备状态的实时监测与调度控制,支撑自洽能源系统应用示范工程的高效能运行。

关键设计技术指标:

(1)数据实时监测时延:≤100ms;

(2)数据实时监测时延:≤100ms;

(3)管理系统规模:≥5MW。

总体架构遵从信息安全保障体系和运行维护管理体系,整体按照5层架构实现综合能量管理平台建设,从下至上分为物联感知层、网络传输层、支撑平台层、智慧应用层和综合展示层。能源管理平台系统架构如图6-8所示。

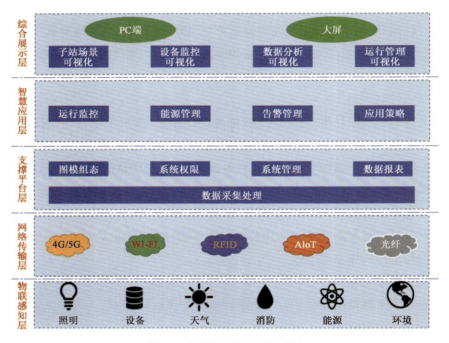

图6-8 能源管理平台系统架构图

综合能源管理平台的软硬件配置如表6-6所示。

综合能源管理平台的软硬件配置表　　　　　　　表6-6

序号	设备名称	规格	数量	单位
1	综合管理平台	基于云服务器开发的公路交通能源自洽与在途能源补给系统综合管理平台,平台底层可兼容课题其他参与方提供的算法	1	套
2	云服务器	阿里云,CPU4核,内存8Gb,系统盘40Gb,数据盘1Tb;服务年限2年(后续收费)	1	套
3	本地服务器	塔式服务器,兼操作员站,支持双网双显示器	1	台

综合能源管理平台界面如图 6-9 所示。

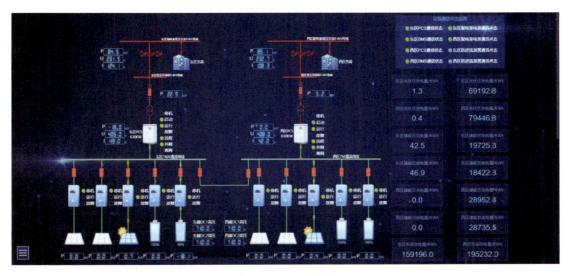

图 6-9　平台界面截屏

6.3　光伏系统设计

6.3.1　太阳能资源分析

1) 区域太阳能资源概况

四川省日照分布的基本特征是高原多、盆地少,高原冬春日照多于夏秋,盆地春夏日照多于秋冬,太阳辐射年总量呈经向分布,东西差异达一倍以上,盆地南部及西南部是四川省乃至全国太阳能资源贫乏区,川西高原是四川省太阳能资源最为丰富的地区,也是全国太阳能资源三级分布区之一,有很大的开发利用价值,对四川省能源的可持续发展有重要意义。

四川省年辐射变化范围在 3200~6390MJ/m^2 之间,日照时数在 750~1620h 之间。石渠、色达至理塘、稻城、西昌、攀枝花一带年总辐射 5800MJ/m^2 以上,大部分地区日照小时数在 2000~2700h 之间;攀西高原大部分地区年总辐射基本在 5000MJ/m^2 以上,大部分日照时数在 1800h 以上;攀西高原向盆地过渡地区盆地区年总辐射在 4000~5000MJ/m^2,大部分日照小时数在 1700h 以下;盆地区是四川省及我国太阳能资源最弱区,其总辐射基本在 4000MJ/m^2 以下,日照小时数较小。

攀枝花市大部分处于安宁河、雅砻江和金沙江的河谷地带,东经 101°14′~102°24′,北纬 26°07′~27°35′,其海拔最低 937m、最高 4195.5m,地貌类型以低中山和中山为主,占全市面积的88.38%,年辐照量是四川太阳能辐射的高值区,年均辐射总量5600~6300MJ/m²,直接辐射年总量3100~4100MJ/m²,年日照时数2300~2700h,相当于成都平原的3~5倍,日照时数≥6h的年平均天数260天以上,日照百分率在53%~61%之间变化,全年晴日数(日平均低云量小于2.0)为106~152d。辐照量在时空分布上不均匀,总体上有南多北少的趋势,干季多于雨季,其中3—5月辐射最多,11—12月最少。根据地区年太阳辐射总量划分为五类太阳能资源地区来看,攀枝花属于二类地区,且与一类地区相差甚少,是四川省可开发利用太阳能最好的地区之一,在太阳能产品应用上具有非常优越的自然条件。

2)代表气象站

本工程场址附近有攀枝花市炳草岗气象站(站号为56666),地理坐标:北纬26°35′,东经101°43′,海拔1224.8m,距离沿江高速公路红格服务区的直线距离为20.31km。

攀枝花市气候独特,属南亚热带亚湿润气候。夏季长,温度日变化大,四季不分明,降雨少而集中,日照多,太阳辐射强,气候垂直差。攀枝花所处的河谷地区比较温暖,年平均气温在19~21℃之间。全年无冬,最冷时的月平均气温也在10℃以上。夏季的气温却不高,最热时的月平均气温不超过26℃左右。降水不多,云量少,光照充足,全年日照时数长达2300~2700h。一般来说,到达地面的太阳辐射主要受当地太阳高度角、天气状况、海拔高度及日照时数等因素的影响。考虑采用攀枝花气象站作为本工程代表气象站,攀枝花气象站和本项目场址两地影响因素简要分析如下:

(1)太阳高度角。

太阳高度角是太阳光线与地表水平面之间的夹角,是影响太阳辐射强度的最主要的因素。影响表现在两个方面:太阳高度角大,等量的光线散布的面积小,光热集中,单位面积获得的太阳辐射能量多,反之就越少。另一方面,太阳高度角大,太阳光线穿过大气层的距离短,受到大气的削弱作用小,到达地面的太阳辐射能量就多,反之就越少。攀枝花气象站的太阳高度角为(当地真太阳时正午12时)86.81°(夏至日)、40°(冬至日),本工程所在地太阳高度角(当地真太阳时正午12时)为86.83°(夏至日)、40.02°(冬至日)。可见,场址区与攀枝花气象站的太阳高度角非常接近,两地太阳辐照量也应相当。

(2)大气透明度。

云量的多少、云层的厚度以及阴雨、沙尘天数等对太阳辐射的影响也很大,云层越厚,云量越多,对太阳辐射的削弱越多,到达地面的太阳辐射能量就越少;阴雨、沙尘天数越多,相对大气透明度就越低,日照时数也相应会减少,太阳辐射也随之减少。两地气候特征及天气状况类似,两地晴好天气接近,天气状况差异很小。

(3)地理纬度。

太阳高度角的变化以及大气透明度的分布都与纬度有关。我国北方高纬度地区的太阳高度角小,光线穿过的大气量多,云量也较多,因此我国北方太阳辐射能量一般随着纬度增加而减少。本工程拟建场址和攀枝花气象站在同一纬度,都是26°。太阳辐射能量相近。

(4)日照时数。

日照时数是影响地面获得太阳能量的一个重要因素。在太阳辐照度水平相近的区域,正常情况下日照时数愈长,地面所获得的有效太阳辐射能量就愈多。场址区与攀枝花气象站均属同一日照时数区域,两地日照时数接近,变化表现为春、夏季呈增加趋势,秋、冬季呈减少趋势,但春、夏季增加趋势明显高于秋、冬季的减少趋势。

(5)海拔高度。

海拔高度越高,太阳光线在大气中的光程就越短,大气中的水汽和尘埃的含量也越少,大气的透明度就越佳,接收到的太阳辐射能量也就越大。攀枝花气象站观测场海拔为1224.8m,场址区海拔为1100~1800m,两地海拔接近。

综上所述,场址区与攀枝花气象站地理位置接近,属同一气候区域;两地的太阳高度角、大气透明度、地理纬度、日照时数及海拔高度均很接近。因此,本工程初选的场址与攀枝花气象站的太阳辐射情况类似,选择攀枝花气象站作为本工程太阳辐射研究的代表站是合理的。

3)攀枝花气象站实测数据分析

本阶段选择距离代表气象站最近的有太阳辐射观测资料的气象站(即攀枝花气象站)作为本工程的代表气象站,并收集到2003—2014年逐年太阳总辐照量和日照时数、2003—2014年累年月均太阳总辐照量(含月均直接辐射及散射辐照量)和日照时数、2003—2014年历年逐月平均太阳总辐照量、2003—2014年历年逐月日照时数,将上述资料作为本阶段的分析研究的基本依据。

(1)总辐射年际变化分析。

对攀枝花气象站2003—2014年太阳总辐照量年计变化进行分析,其年计变化如图6-10所示。

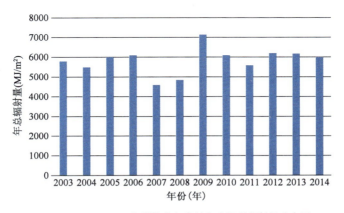

图6-10 2003—2014年攀枝花气象站年太阳总辐射量分布图

根据攀枝花2003—2014年太阳总辐照量可知:最大值出现在2009年为7282.35MJ/m²,最小值出现在2007年为4623.08MJ/m²,太阳总辐射年平均值为5910.5MJ/m²。

(2)日照时数年际变化分析。

攀枝花日照时数年际变化图如图 6-11 所示。最大值出现在 2009 年为 2939.1h,最小值出现在 2004 年为 2413.8h。年日照时数基本稳定在 2400~3000h 之间,多年平均日照时数为 2730.4h。

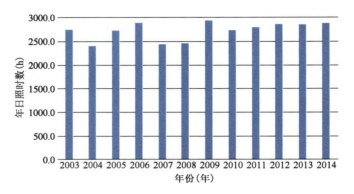

图 6-11　2003—2014 年攀枝花气象站年日照时数分布图

(3)日照百分率年际变化分析。

攀枝花日照百分率年际变化图如图 6-12 所示。最大值出现在 2009 年为 66%,最小值出现在 2004 年为 54%。

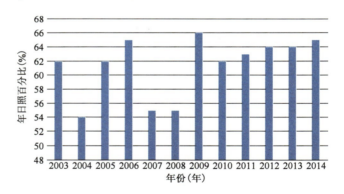

图 6-12　攀枝花气象站日照百分率逐年分布图

4)工程代表年数据的选择

由于太阳辐射量具有随机性,从系列气象数据中挑选出具有代表性的太阳辐射数据,建立工程代表年以充分反映长期的太阳辐射变化规律。

本项目气象站收集到的数据最近为 2014 年,距离现今已有 7 年,因此本项目太阳能资源选用 NASA 数据库、Meteonorm 软件、Solargis 软件提供的辐射数据作为太阳能资源补充分析。NASA-SSE 气象辐射数据为美国国家航空航天局提供的场址区 22 年太阳辐射平均值数据,该值为高空气象卫星观测数据通过计算修正后的地面太阳辐射数据。Meteonorm 软件是一款瑞士开发的综合气候数据库,分析各地的气象资料软件,其数据来源于全球 8325 个气象站、5 颗同步气象卫星以及 WMO(世界气象组织)。该软件通过输入该场址的经纬度坐标,就能得到多年平均辐射量数据。SolarGIS 是由欧洲 Solargis s. r. o. 开发的太阳能资源评估工具,利用卫星遥感数据、GIS(地理信息系统)技术和先进的科学算法得到高分辨率太阳能资源及气候要素数据库,涉及范围已涵盖欧洲、非洲和亚洲。现已被广泛应用于光伏、聚光光伏和光热项目的前期开发、资源评估和发电量计算。

本阶段查询得到场址处 Meteonorm 软件、Solargis 软件、NASA 数据库提供的辐射数据,4 种数据源辐射数据如表 6-7 所示。

场址太阳能辐射量逐月统计(MJ/m²) 表 6-7

时间	数据源			
	攀枝花市炳草岗气象站	Meteonorm	Solargis	NASA
1 月	401.1	421.2	460.8	504.4
2 月	435.4	453.6	516.6	524.2
3 月	589.5	565.2	630.4	539.4
4 月	617.3	622.8	623.9	566.4
5 月	635.2	622.8	618.1	655.2
6 月	540.9	550.8	508.3	557.3
7 月	547.3	518.4	447.1	506.5
8 月	541.4	522.0	465.1	509.0
9 月	447.3	450.0	403.2	420.1
10 月	420.1	439.2	422.3	452.2
11 月	385.7	388.8	436.0	450.4
12 月	349.3	381.6	407.2	464.4
合计	5910.5	5936.4	5938.9	6349.3

4 种数据源年内变化趋势如图 6-13 所示,其中 Meteonorm 软件提供的数据与攀枝花气象站平均数据对比如图 6-14 所示。

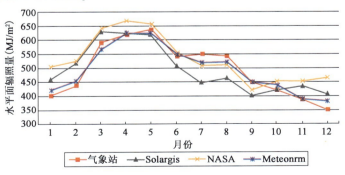

图 6-13 不同数据源不同辐射数据对比图

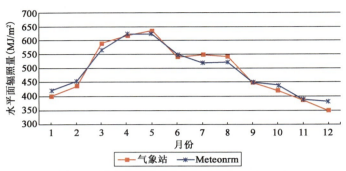

图 6-14 气象站数据和 Meteonorm 软件数据对比图

从图 6-13 和图 6-14 中可以看出,4 种数据年内变化趋势基本一致,其中 Meteonorm 软件提供的数据与攀枝花气象站各月多年平均数据吻合度较高,而且攀枝花市炳草岗气象站与 Meteonorm 软件提供的太阳能辐照量数据与四川省年太阳能总辐射量分布图数值更接近。同时,攀枝花气象站与本项目场址的直线距离较近,在 20km 左右。综合以上因素,本项目选择攀枝花气象站气象数据作为本项目的工程代表年数据。

5)评价结论

经分析比较,本项目工程代表年太阳总辐照量为 5910.50MJ/m²,参照 GB/T 31155—2014《太阳能资源等级 总辐射》,依据太阳能资源丰富程度评估指标(年太阳总辐射量:5040～6300MJ/m²,属资源很丰富),本项目地太阳能资源属于很丰富,根据多年各月日辐照量的统计情况,5 月平均日辐照量为 20.20MJ/m²(最大),12 月平均日辐照量为 11.64MJ/m²(最小),依据太阳能资源稳定度评估指标 R_w($R_w \geq 0.47$ 为很稳定),项目地 $R_w = 0.58$,太阳能资源稳定程度为"很稳定"。

6)气候条件概况

攀枝花市气候独特,属南亚热带亚湿润气候,具有夏季长、温度日变化大、四季不分明、降雨少而集中、日照多、太阳辐射强、气候垂直差异显著等特征。攀枝花所处的河谷地区比较温暖,年平均气温在 19～21℃ 之间。全年无冬,最冷月的月平均气温也在 10℃ 以上。夏季的气温不高,最热月的月平均气温 26℃ 左右。降水不多,云量少而光照充足,全年日照时数长达 2300～2700h。年总降水量在 760～1200mm 之间,分干、雨两季,降水量高度集中在雨季(6—10 月),雨季降雨量占年降雨量的 90% 左右。从河谷到高山具有南亚热带至温带的多种气候类型。夏无酷暑,冬无严寒,比较适宜建设光伏电站。

(1)基本气象要素。

攀枝花气象站 2003—2014 年基本气象要素资料如表 6-8 所示。

攀枝花气象站 2003—2014 年气象要素表　　　表 6-8

序号	项目	数量
1	多年平均气温(℃)	20.9
2	多年最高月平均气温(℃)	40.4

续上表

序号	项目	数量
3	多年最低月平均气温(℃)	0.4
4	年平均风速(m/s)	1.4
5	多年极大风速(m/s)	20.5
6	年平均相对湿度(%)	57
7	平均气压(hPa)	878.5
8	平均日照时数(h)	2660.7
9	日照百分率(%)	59
10	辐射曝辐值(MJ/m²)	591.2
11	年平均降水量(mm)	845.5
12	年平均雷暴日数(d)	60
13	年平均降水量(mm)	946
14	蒸发量(mm)	2511

(2)气温条件影响分析。

攀枝花地区气候潮湿,气温日差较小,年平均气温为20.2℃。本工程逆变器工作的环境温度范围为-20~40℃,光伏组件的工作温度范围为-40~85℃,从上述气温数据可以看出,本工程光伏组件的工作温度可控制在其允许范围以内,但在光伏组件串并联组合中,应根据当地的实际气温情况进行温度修正计算,以确保系统有较高的运行效率。

(3)风速影响分析。

本工程地处山顶,最大风速20.5m/s,在该地区风速对光伏电站的影响较大,应采取必要的对抗风措施。

(4)雷暴影响分析。

攀枝花地区年平均雷暴日数60d,该地区雷电对光伏电站有一定的危害,光伏组件均固定金属支架之上,阵列面积较广,电站应采取可靠的防雷接地措施。

6.3.2 主要设备选型

1)光伏组件

光伏组件的选择应综合考虑目前已商业化的各种光伏组件的产业形势、技术成熟度、运行可靠性、未来技术发展趋势等,并结合电站周围的自然环境、用地条件、施工条件、交通运输的状况,综合比较选用适合本项目的光伏组件类型。

结合目前国内光伏组件市场的产业现状和产能情况,选取目前市场上主流光伏组件进行性能技术比较。晶体硅太阳电池包括单晶硅太阳电池、多晶硅太阳电池、带状硅太阳电池、球状多晶硅太阳电池等,其中单晶硅电池是目前市场上的主流产品。非晶硅薄膜组件由于稳定性较差、光电转化效率相对较低的原因,在兆瓦级太阳能光伏电站的应用受到一定的限制。非晶硅薄膜电池在国内产量很小,没有大规模生产,在高原地带少有使用的工程实例。铜铟硒电池则由于原材料剧毒或原材料稀缺性,工艺及制备条件极为苛刻,产业化进程不是很快,在国内还处于技术起步阶段。单晶硅、多晶硅太阳能电池由于制造技术成熟、产品性能稳定、使用寿命长、光电转化效率相对较高的特点,已被广泛应用于大型并网光伏电站项目。目前大功率的太阳能电池板组件类型均为晶硅组件。

单晶硅组件的转换效率比多晶硅组件略高 1%~2%,弱光下的光电转换效率较高,在多年使用条件下衰减率少于多晶硅组件。通过上面对比,结合本工程实际情况及规划占地要求,推荐选用单晶硅电池组件的方案。

提高转化效率与降低成本是光伏行业技术发展的两大主题,越高效越经济是不变的法则,在光伏产业化规模发展阶段,更高的效率与更低的成本是光伏行业发展的关键。近年来,太阳能电池的技术发展路线众多,包括 PERC(钝化发射器和后部接触的太阳能电池)、N 型、双面、HJT(异质结技术)、IBC(全背电极接触)、黑硅等技术。P 型高效电池技术发展路线为:Al-BSF→PERC 单面→PERC 双面;N 型高效电池技术发展路线为:PERT→TOPCON(隧穿氧化层钝化接触)、HJT→HBC;IBC→HBC/TBC。光伏组件技术发展路线如图 6-15 所示。

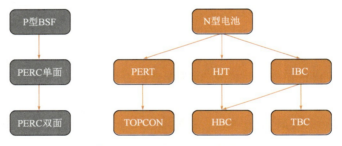

图 6-15 光伏组件技术发展路线

N 型组件首年衰减率为 1%,后续衰减率为 0.4%,整体较 P 型组件优越,综上所述,考虑到本工程要求达到的技术先进的建设目标,同时考虑项目地形与光伏组件布置特点,本次新建光伏发电系统单晶硅光伏组件拟选择额定功率 600Wp 单面组件,该组件采用多主栅 N 型单晶硅电池片,关键性能指标如表 6-9 所示。

表 6-9 600Wp 光伏组件参数表

	参数名称	STC(标准测试条件)	NOCT(额定电池工作温度)
结构参数	电池片类型	N 型单晶硅电池片	
	电池片数量	156	
	组件尺寸	2465mm×1134mm×35mm	
	组件质量	30.6kg	
	边框	阳极氧化铝合金	
	接线盒	防护等级 IP68	

续上表

参数名称		STC（标准测试条件）	NOCT（额定电池工作温度）
电气参数	最大功率（Wp）	600	452
	最佳工作电压（V）	45.08	42.28
	最佳工作电流（A）	13.31	10.69
	开路电压（V）	55.25	52.48
	短路电流（A）	14.02	11.39
	组件效率（%）	21.82	
	工作温度（℃）	-40 ± 85	
	工作湿度（%）	0~95	
	系统电压（Vdc）	1500	
	输出功率公差（%）	0~+3	
	最大功率温度系数（%/℃）	-0.29	
	开路电压温度系数（%/℃）	-0.25	

该组件短路电流温度系数为 0.045%/℃，基于优异的衰减系数，全寿命周期收益较好。

2）支架系统选型

支架应合理选择布置形式以保证整体支架受力协调，避免应力集中；各杆件应根据计算受力大小选取适宜截面，在保证各杆件强度充分利用的前提下尽量节省钢材。

本工程高速公路两侧边坡均为网格梁护坡或混凝土面层护坡，新建边坡光伏支架拟利用现有护坡，将光伏支架固定于现有网格梁或混凝土护坡上，支架固定采用植入螺栓的方式，将横梁固定于现有护坡上，组件通过檩条固定于横梁上。支架杆件连接采用螺栓连接。螺栓连接使支架能够通过有效变形释放应力，且施工安装速度快、便捷。支架固定螺栓拟采用 ϕ10mm 以上规格高强螺栓，利用高强结构植筋胶钻孔植入，根据支架受力要求调整其布置间距，边坡光伏支架系统如图 6-16 所示。

图 6-16 高速公路边坡光伏支架系统

6.3.3 建设场地及布置方案

G4216 线宁南至攀枝花段(宁攀段)高速公路是《国家公路网规划(2013—2030 年)》中成都至丽江高速公路的组成部分,也是《四川省高速公路网规划(2014—2030 年)》"16、8、8"高速公路网中成都—沐川—攀枝花—云南高速公路的重要组成部分。

G4216 线宁攀段高速公路起于凉山州宁南县城南侧,顺接拟建的 G4216 线金阳至宁南段高速公路,经宁南县、会东县、会理县、攀枝花市盐边县,止于攀枝花市仁和区,顺接已建成通车的 G4216 线攀枝花至丽江段高速公路,路线全长 166.167km。

盐边红格服务区地处山区,地貌落差较大。A 区场坪高程高于主线高程,整体为挖方区。服务区进口最大挖方高度为 16m,服务区出口最大挖方高度为 7m,A 区场坪中后侧区域挖方最大高度为 13m。B 区场坪高程低于主线高程,绝大部分为填方区。服务区进口最大填方高度为 3m,服务区出口最大填方高度为 4m,B 区场坪中后侧区域填方最大高度为 14m。根据现状地形情况,所有建筑物的规划布局均需有效地避开高填方区和半挖半填区。从卫星图上看,其选址周围无敏感点,对外部环境及道路无明显制约因素。

6.3.4 光伏阵列设计

1)基本原则

光伏电池组件串联形成的组串的输出电压变化范围必须在逆变器及一体化变换装备正常工作的允许输入电压范围内。每个变流直流输入侧连接的光伏电池组件的总功率不宜小于设备的额定输入功率,且不应超过变流设备的最大允许输入功率。光伏电池组件串联后,其最高输出电压不允许超过光伏电池组件自身最高允许系统电压及变流设备最大允许的直流电压。各光伏电池组件至变流设备直流部分电缆通路应尽可能短,以减少直流损耗。

2)组串设计

光伏组件串联的数量由逆变器的最高输入电压和最低工作电压,以及光伏组件允许的最大系统电压所确定,光伏组串的并联数量由逆变器的额定容量确定。光伏组件串联数量计算,利用《光伏发电站设计规范》(GB 50797—2012)中组串计算公式,如式(6-1)、式(6-2)所示。

$$N \leq \frac{V_{dcmax}}{V_{oc} \times [1 + (t - 25) \times K_v]} \tag{6-1}$$

$$\frac{V_{mpptmin}}{V_{pm} \times [1 + (t' - 25) \times K_v']} \leq N \leq \frac{V_{mpptmax}}{V_{pm} \times [1 + (t - 25) \times K_v']} \tag{6-2}$$

式中,V_{dcmax} 为变流设备允许最大直流输入电压(V);$V_{mpptmin}$ 为变流设备 MPPT(Maximum power point tracking,最大功率点追踪)电压最小值(V);$V_{mpptmax}$ 为变流设备 MPPT 电压最大值(V);V_{oc} 为光伏组件开路电压(V);V_{pm} 为光伏组件工作电压(V);K_v 为光伏组件开路电压温度系数;K_v' 为光伏组件工作电压温度系数;t' 为光伏组件工作条件下的极限最高温度(℃);t 为光伏组件工作条件下的极限最低温度(℃);N 为光伏组件串联数量(N 取整)。

本项目系统采用 1500V 电压等级系统,计算中各系数取值参数:

(1)变流设备:$V_{mpptmin}=800V$,$V_{mpptmax}=1500V$;

(2)组件:$V_{oc}=55.25V$,$V_{pm}=45.08V$,$K'_v=-0.25\%/℃$,$K_v=-0.29\%/℃$;

(3)$t'=65℃$,$t=0℃$。

经初步计算,系统串联光伏组件数量 N 为:$21 \leqslant N \leqslant 25$。结合变流设备最佳输入电压和光伏组件工作环境等因素综合分析,最终确定本工程选用光伏组件 24 块为一串,单串电流 13.31A,单串功率为 14.4kW,20 个组串接入一台 270kW 的 DC/DC 直流储能变换器,容配比 1.06,功率 288kW,电流 266.2A,满足安全稳定运行需求。

多能变换一体化装备合计 13 个额定功率 270kW 直流变换模块,预计光伏合计利用 5 个 DC/DC 模块,84 个组串,直流侧装机容量为 1209.6kW,前 4 个模块各接入 20 个组串,后一个模块接入 4 个组串。

6.3.5 电缆选型及敷设

多能变换一体化装备采用内部集成交直流母线拓扑结构,直流部分构建直流母线,通过控制模块对直流变换单元的统一控制,实现稳定的直流电压,最终满足光伏发电单元、风力发电单元、燃料电池发电单元、储能单元、直流负荷单元通过各类能量供需元素接入,同时逆变模块直流侧直接与直流母线连接,通过逆变模块实现交流输出,交流母线通过变压器与市电、负荷实现电气隔离确保供配电的安全稳定,满足各类交流负荷供电需求,并具备与市电(柴发)的智能互济。设备拓扑结构如图 6-17 所示。

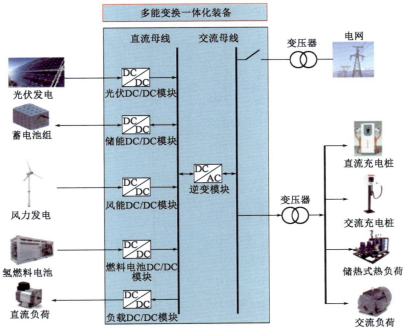

图 6-17　设备拓扑结构图

根据以上拓扑图，电池组串至多能变换一体化设备光伏 DC/DC 模块的直流电缆选用太阳能专用直流电缆，型号为 PV1-F-1×4mm²，采用穿管和桥架敷设方式，条件允许时也可采取直埋方式敷设。

6.3.6 发电量计算

1）发电系统效率

并网光伏发电系统的能量转换主要包括能量来源环节、能量转化环节、能量输出环节等。上述各环节中均存在不同的能量损失。能量来源环节的主要损失为不可利用的太阳辐射损失（包括早晚阴影遮挡引起的损失及光线通过玻璃的反射、折射损失）、灰尘积雪遮挡损失等。能量转化环节的主要损失为由于电池组件质量缺陷或者不匹配造成的损失、温度影响损失等。能量输出环节的主要损失为欧姆损失（直流、交流线路，保护二极管，线缆接头等）、逆变器效率损失、变压器效率损失以及系统故障及维护损耗等。对于处在不同地区的特定的光伏发电系统，上述损失各不相同。根据当地太阳能资源特点和气候特征，并结合已有的经验，光伏系统发电效率设定为83%。

2）发电量计算

红格服务区年太阳总辐照量为 5910.50MJ/m²，换算成年光照时数为 1642h，N 型组件首年衰减率为 1%，后续年度衰减率为 0.4%。则发电量数据如表 6-10 所示。

红格服务区发电量数据表　　　　　　　　　表 6-10

年	考虑衰减后年发电量（×10⁴kW·h）	考虑衰减后年运行小时数（h）
1	163.019142	1348.38
2	162.3604788	1342.932
3	161.7018156	1337.484
4	161.0431524	1332.036
5	160.3844892	1326.588
6	159.725826	1321.14
7	159.0671628	1315.692
8	158.4084996	1310.244
9	157.7498364	1304.796
10	157.0911732	1299.348
11	156.43251	1293.9
12	155.7738468	1288.452
13	155.1151836	1283.004
14	154.4565204	1277.556
15	153.7978572	1272.108

续上表

年	考虑衰减后年发电量（×10⁴ kW·h）	考虑衰减后年运行小时数（h）
16	153.139194	1266.66
17	152.4805308	1261.212
18	151.8218676	1255.764
19	151.1632044	1250.316
20	150.5045412	1244.868
21	149.845878	1239.42
22	149.1872148	1233.972
23	148.5285516	1228.524
24	147.8698884	1223.076
25	147.2112252	1217.628
平均	155.1151836	1283.004
累计发电量	38778.7959×10⁴ kW·h	

6.3.7 主要设备材料

红格服务区光伏发电系统主要设备材料如表6-11所示。

红格服务区光伏发电系统主要设备材料表　　　　　表6-11

序号	设备材料名称	规格型号	数量
1	组件	N型600Wp（块）	2016
2	支架	热镀锌碳钢支架（t）	30
3	光伏直流专用电缆	PV1-F-1×4mm²（m）	7000

6.4 风力发电系统设计

本项目为示范工程，建设场地为使用功能综合性较强且车辆、人员流动密集型场所，考虑设施安全性，风力发电设施不宜建设大型风力发电单元。本项目拟建设中小型风力发电系统，实现分布式能源多元化应用。

6.4.1 风力资源分析

根据FreeMeso平台风能资源查询，盐边县红格服务区100m高度年平均风速为4.4m/s，风功率密度为90W/m²，盛行风向S—SSE，根据《风电场工程风能资源测量与评估技术规范》（NB/T 31147—2018），判定该风电场风功率等级为1级，具有一定的开发利用价值，项目场址风向分布如图6-18所示，项目场址风频分布如图6-19所示。

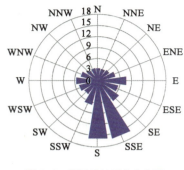 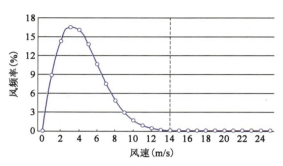

图 6-18 项目场址风向分布图　　　　图 6-19 项目场址风频分布图

6.4.2 设备选型

当前中小型风力发电机主要有水平轴风力发电机和垂直轴风力发电机两种类型,因水平轴风力发电机的启动性能优于垂直轴风力发电机,结合红格服务区所在地的风资源情况,本项目拟采用水平轴变桨距风力发电机,发电机额定功率 10kW,水平轴变桨距风力发电机实物如图 6-20 所示。

图 6-20 水平轴变桨距风力发电机实物图

该型风机主要优势如下:低风速启动,额定风速以上持续稳定运行;结构简单,故障率极低,可靠性高;大风况下,变桨调控,转速受控,稳定高效输出,后机电气系统(如整流、充电模块)压力小,不容易损坏;尾舵精准感知风向,控制风轮迎风而上,有效捕获最多的风能,发电量高;采用负向变桨气动制动和机械涨蹄制动相结合,先变桨减少风轮的能量吸收,待机组能量输入几乎为零时再进行主轴制动,即使在极端风况下也可从根源上减小机组紧急制动时对制动器和机组整个传动链的冲击,10kW 水平轴风力发电机组参数如表 6-12 所示。

10kW 水平轴风力发电机组参数表　　　　　　　　　　表 6-12

序号	项目	性能参数
1	结构形式	水平轴
2	设计等级	IEC Ⅱ

续上表

序号	项目		性能参数	
3	风轮直径(m)		7.8	
4	叶片材质/叶片数量(个)		增强玻璃钢/3	
5	额定功率(kW)		10	
6	额定风速(m/s)		11	
7	启动风速(m/s)		2.5	
8	工作风速范围(m/s)		3~25	
9	安全风速(m/s)		59.5	
10	额定转速(r/min)		180	
11	额定电压(VAC)		380	
12	调速方式		机械离心变桨距	
13	迎风方式		上风向	
14	对风方式		尾舵对风	
15	大风保护		变桨调控+智能安全保护系统	
16	停机方式		智能控制:先变桨后机械刹车	
17	质量(kg)		650	
18	工作温度范围(℃)		-25~+50	
19	设计寿命(年)		20	
20	发电机形式		三相交流永磁同步发电机	
21	发电机绝缘等级		F	
22	外观颜色		白色	
23	塔杆	样式/高度(m)	独立式	12、16、20
			折叠独立式	8、12
		材质	Q355	
		结构类型	锥形/多棱/外法兰对接	
		防腐方式	热镀锌	

6.4.3 装机规模及布置方案

本项目装机规模按 3×10 kW 设计。为确保风力机组对行车及人员影响最小,风力发电机组安装于服务区最南侧靠近边坡位置。

6.4.4 发电量计算

本项目所在地风力发电系统年有效发电时数约 1500h,年均发电量约 4.5×10^4 kW·h,考虑风力发电系统的稳定性,最高输出功率 30kW,风电机组风功率曲线及推力系数曲线如图 6-21 所示。

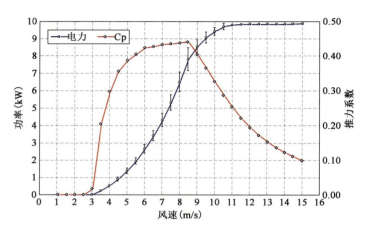

图 6-21　风电机组风功率曲线及推力系数曲线

6.4.5　主要配套设备

本项目风力发电机所发电能需统一接入服务区多能变换一体化装备进行智能调控,根据多能变换一体化装备技术要求,风机系统需额外配套 AC/DC(即交流电/直流电)变换装置。结合选型风机技术参数,设计选择一款 MPPT 型风力发电机充电机控制器或直流母线控制器,用于满足风机和多能变换一体化装备的接入需求,控制器参数如表 6-13 所示。

控制器参数表　　　　　　　　　　　　表 6-13

项目		参数指标
储能或母线	负载类型	铅酸、锂电、直流母线等
	额定输出功率(kW)	10
	额定输出电流(A)	直流电流 15
	母线额定电压(V)	直流电压 750
	母线电压范围(V)	直流电压 600~810(根据蓄电池类型,参数可调)
风力机输入	额定输入电压(V)	交流电压 220
	MPPT 电压范围(V)	交流电压 85~300
	额定功率(kW)	10
	输入电流(A)	交流电流 35
	输入保护	保险,防雷电路
工作环境条件	使用环境温度(℃)	-35~55
	存储温度(℃)	-40~75
	相对湿度(%)	0~95
	海拔(m)	2000 满载输出

续上表

项目		参数指标
产品安全及可靠性	绝缘强度	输入对机壳能承受 50Hz 有效值交流电压 2500V 或等效直流电压 3535V 耐压 1min；输入对输出能承受 50Hz 有效值交流电压 3000V 或等效直流电压 4242V 耐压 1min
	平均故障间隔时间(h)	>120000
外形尺寸及质量	外形尺寸(mm×mm×mm)	484×315×571(宽×高×深)，标准机架式安装
	参考质量(kg)	45
通信	通信接口	标配：RS485

6.5 储能系统设计

6.5.1 储能系统方案

1）电池类型选择

目前，电化学储能以磷酸铁锂为主，少部分采用铅蓄电池以及液流电池，不同电池种类在储能中所占比例如图 6-22 所示。

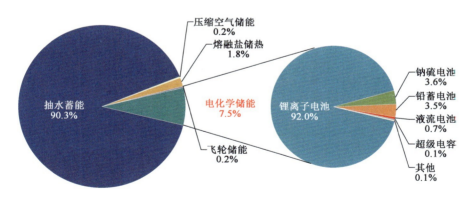

图 6-22 不同储能占比

本项目采用固态磷酸铁锂作为储能单元，与传统磷酸铁锂相比，固态锂电池的优势在于：

（1）安全性高，因为固态锂电池采用陶瓷氧化物电解质，不会泄漏或燃烧，且不会产生气体，不易产生爆炸或火灾；

（2）能量密度高，固态锂电池可以采用高电压和高比能量的电极材料，实现高能量密度的存储；

（3）稳定性高，固态锂电池的电解质不易受到环境温度影响，可以实现长期稳定的电化学性能。

具体对比如表 6-14 所示。

不同储能电池对比　　　　　　　　　表 6-14

电池类型	铅炭电池	磷酸铁锂电池	固态磷酸铁锂	全钒液流电池
正极材料	PbO_2	$LiFePO_4$	$LiFePO_4$ + 固态电解质涂层	VO^{2+}
负极材料	Pb + C	C	C 复合负极	V^{2+}
隔膜/隔板	PVC 或酚醛树脂	PP 或 PE	无，以固态电解质作为正负极隔离层	全氟磺酸膜
电解质	$H_2SO_4 + SiO_2$	$LiPF_6$	LLZO 固态电解质	—
能量密度（Wh/kg）	50~80	120~160	170~180	12~40
使用环境温度（℃）	-20~55	-30~55	-30~60	5~45
循环寿命（次）	1000~3000	6000~10000	8000~10000	>20000
使用年限（年）	5~8	10 以上	12 以上	15~20
充放电效率（%）	70~90	>95	>95	>80
系统效率（%）	60~75	>86	>86	65~75
储能时长（h）	2~8	1~8	0.5~8	4~12
维护	定期充放电维护及巡检	自带监控系统，实时检测，无须充放电维护及巡检	自带监控系统，实时检测，无须充放电维护及巡检	电解液中加有硫酸，具备腐蚀性，钒容易沉积；定期对管道、接头密封性检查和维护
析氢	负极会出现析氢	无	无	过充析氢
环境友好度	Pd、Sb 对环境、人体有害	无污染	无污染	无污染
安全性	优秀	良好	优秀	优秀

2）储能柜组成技术参数

标准储能柜的规格为 243kW·h，其原理图如图 6-23 所示。

6 公路交通能源自洽与在途补给系统应用示范

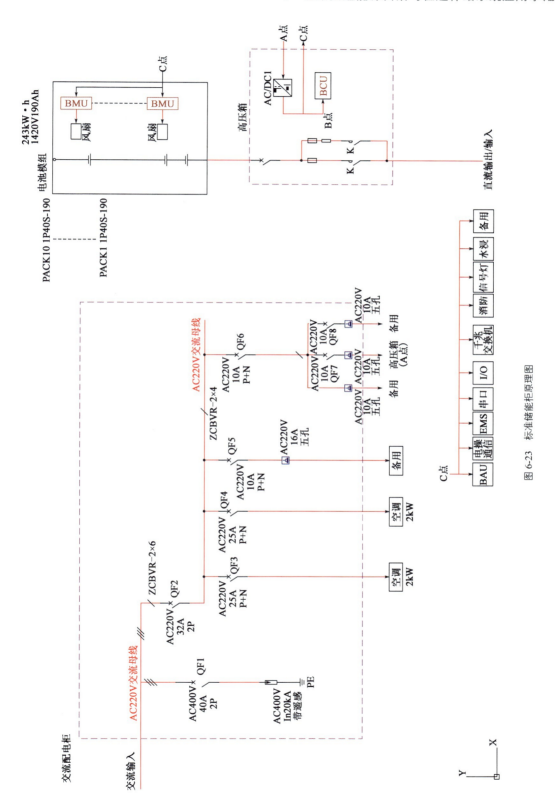

图 6-23 标准储能柜原理图

标准储能柜的具体参数如表6-15所示。

标准储能柜参数　　　　　　　　　表6-15

项目		参数值
尺寸	宽(mm)	1200
	深(mm)	1350
	高(mm)	2110
标称电压(V)		1280
电压范围(V)		1000~1420
系统电量(kW·h)		243
系统额定输出功率(kW)		121.5
输出电压范围(V)		1000~1320
输出接线方式		两线(直流)
工作环境温度(℃)		-25~55
冷却方式		空调风冷
消防系统		气溶胶
环境监控		温度、湿度、气体
工作湿度		0~95%(相对湿度),无凝露
海拔(m)		≤3000
系统噪声(dB)		≤60
防护等级		IP65
污染等级		2级
对外通信接口		以太网
充放电循环次数(次)		8000
设计寿命(年)		15

标准储能柜外形及尺寸图如图6-24所示。

3)电池技术方案

本方案采用半固态磷酸铁锂电池作为基本的储能单元,其容量为190Ah。半固态磷酸铁锂电芯采用LLZO(锂镧锆氧)陶瓷粉体作为固态电解质。通过将具有高离子电导率的LLZO陶瓷粉体作为隔膜安全涂层的主要材料,一方面实现了高温下隔膜的安全性,另一方面可增强充放电过程中的锂离子迁移能力,实现安全与性能的同步保障。使用氧化物固态电解质对正极极片表面进行涂层包覆处理,实现固态电解质层与电极层的一体化,在发生机械损伤导致隔膜破损失效的情况下形成正负极间的第二道保护屏障。该涂层具备较高的孔隙率,仍能保障电解液的有效浸润,形成接触良好的正极界面,避免接触阻抗的增大。

为进一步提升产品安全性能,在正极匀浆过程中额外加入自主研发的LLZO固态电解质,形成物理掺混。LLZO固态电解质本身具备良好的电导率,可实现锂离子的快速迁移;固态电解质的引入可进一步降低电极中液态电解液的浸润量,提高安全性。

6 公路交通能源自洽与在途补给系统应用示范

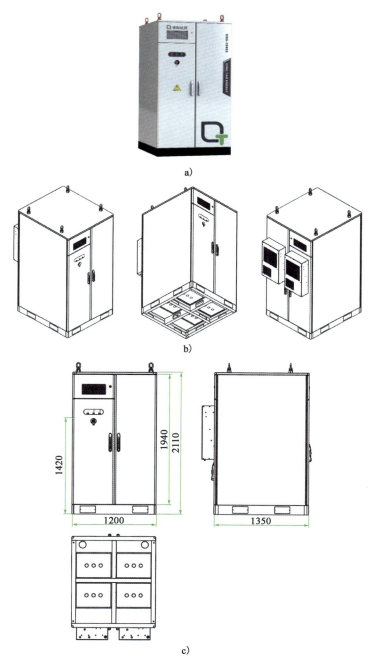

图 6-24 标准储能柜外形及尺寸图(尺寸单位:mm)

使用固态电解质技术后,既提升了电池的本征安全,保证蓄电池在针刺、撞击时的安全性,又提升了蓄电池的能量密度。

190Ah 电芯参数如表 6-16 所示。

190Ah 电芯技术参数　　　　　　　　　　　　　　表 6-16

序号	电池单体	参数值	备注
1	额定容量（Ah）	190	半固态磷酸铁锂
2	额定电压（V）	3.2	—
3	额定能量（W·h）	608	—
4	标准充放电倍率	0.5C	
5	运行电压范围（V）	2.5～3.65	
6	充电终止电压（V）	3.65	
7	放电终止电压（V）	2.5	
8	充电告警电压（V）	3.7	
9	放电告警电压（V）	2.3	
10	充电保护电压（V）	3.8	
11	放电保护电压（V）	2.0	
12	质量（kg）	3.45±0.1	
13	厚×宽×高（mm×mm×mm）	(36.5±1.0)×(174.2±0.5)×(250.0±0.5)	—
14	循环寿命（25℃±2℃，0.5C/0.5C，80% EOL）	≥10000	带夹具

4）模组技术方案

电池模组采用 190Ah 电芯 1P40S 组成，内置 BUM 进行电压、温度采样以及进行电池之间的均衡。电池 PACK 技术参数如表 6-17 所示。

PACK 技术参数　　　　　　　　　　　　　　表 6-17

序号	电池 PACK	参数值
1	型号	128V/190Ah
2	额定能量（kW·h）	24.32
3	额定电压（V）	128
4	运行电压范围（V）	100～142
5	标准充放电倍率	0.5C
6	额定充放功率（kW）	12.16
7	最大充放功率（kW）	24.32
8	组合方式	1P40S
9	质量（kg）	170
10	尺寸（深×宽×高）（mm×mm×mm）	910×482.6×270

电池模组外形尺寸及三维模型如图 6-25 所示。

6 公路交通能源自洽与在途补给系统应用示范

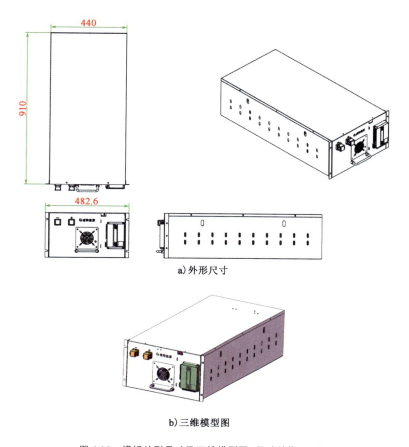

a) 外形尺寸

b) 三维模型图

图 6-25 模组外形尺寸及三维模型图(尺寸单位:mm)

5) 高压箱技术方案

(1) 高压箱功能要求。

高压箱必须具备以下功能:

①具有电池簇组端电压、电流、绝缘和温度检测;

②支持交流电电压 220V 供电输入和直流电电压 24V 供电输出;

③支持直流电电压 24V 电源给 BMU(电池管理单元)的供电、通信,供电功率可根据 BMU 模块数量配置;

④支持直流电电压 24V 电源给电池箱散热风扇供电,满足电池簇热管理需求;

⑤支持 BMU 自动寻址功能;

⑥支持与电池管理系统从控采集单元(BMU)的 CAN(控制器局域网总线)通信功能,实现电池簇信息的汇总和管理;

⑦支持远程自动分合接触器控制功能;

⑧支持数字信号输入检测,可以检测开关状态信号等。

（2）高压箱技术参数。

高压箱详细技术参数如表 6-18 所示。

高压箱技术参数　　　　　　　　　表 6-18

序号	名称		参数	备注
1.1	产品参数	最大允许电压	直流 1500V	
1.2		最大允许工作电流	250A	
2.1	关键部件参数	BCU 主控	二级架构	配套提供
2.2		塑壳断路器	DC1500V/250A	
2.3		主正负极接触器	DC1500V/250A	
2.4		熔断器	DC1500V/315A	
2.5		分流器	250A/75mV/0.2%	
2.6		预充接触器	DC1500V/20A	
2.7		预充功率电阻	200W/5Ω	
2.8		正负极连接器	DC1500V/250A	
2.9		开关电源	150W/24V（电池管理系统用） 350W/24V（风机用）	

（3）高压箱外观图。

高压箱外观如图 6-26 所示。高压箱外部为黑色喷砂。

图 6-26　高压箱外观图

（4）接口定义。

高压箱前端面电气接口如图 6-27 所示，后端面电气接口如图 6-28 所示。

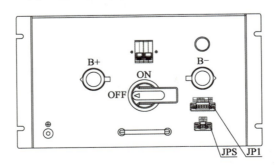

图 6-27　高压箱前端面电气接口

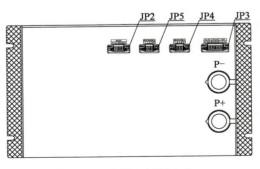

图 6-28　高压箱后端面电气接口

6）电池簇技术方案

每簇电池采用 10 个 128V/190Ah 模组及高压箱组成，电池簇具体参数如表 6-19 所示。

电池簇技术参数 表 6-19

序号	电池簇	参数值	备注
1	电池簇模组组成	10	
2	电池簇模组串并数	1P400S	
3	电池簇标称容量(Ah)	190	
4	电池簇标称电压(V)	1280	
5	电池簇标称能量(kW·h)	243	
6	工作电压范围(V)	1000～1420	
7	过充保护电压(任1只电芯)(V)	3.65	
8	过充恢复电压(单只电芯)(V)	3.45	回差 0.2V
9	过放保护电压(任1只电芯)(V)	2.5	
10	过放恢复电压(单只电芯)(V)	2.7	回差 0.2V
11	标准充放电倍率	0.5C	
12	充电高温保护(℃)	55	
13	放电高温保护(℃)	55	
14	额定充放功率(kW)	121.5	
15	额定充放能量(kW·h)	243	

7）消防及动环系统技术方案

（1）自动消防系统。

采用气溶胶作为灭火剂，气溶胶发生剂通过氧化还原反应释放的热量使化学冷却剂分解，实现气溶胶发生剂和冷却剂共同参与灭火。

①灭火系统组成。

灭火系统由快速型气溶胶灭火装置、感烟探测器、感温探测器、声光报警器、可燃气体探测器组成，具体型号及数量如表 6-20 所示。

灭火系统组成 表 6-20

序号	名称	新配置	单位	数量
1	快速型气溶胶灭火装置	QRR0.15G/S-PFK	台	2
2	感烟探测器	JTY-GM-RS311	个	1
3	感温探测器	JTW-ZOM-RS311	个	1
4	声光报警器	JA2002-GP	个	1
5	可燃气体探测器	GWD30E	台	1

灭火系统接线原理如图 6-29 所示,图中序号含义与表 6-20 相同。

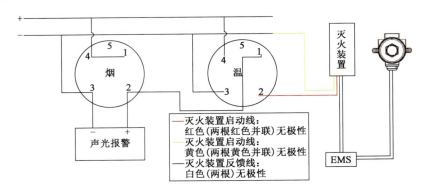

图 6-29　灭火系统接线原理图

②灭火系统运行逻辑。

当电芯热失控发生火情时,可燃气体探测器探测到可燃气体爆炸浓度下限值的 25% 时,输出干接点信号至 EMS(能源管理系统)进行火灾判定;感烟探测器探测到火情时,输出电信号,启动声光报警器通知人员做出处理,当感烟、感温探测器同时探测到火情时,输出电信号,联动声光报警器,启动灭火装置,实施灭火,同步输出反馈信号至 EMS,通知人员及时处理。控制逻辑如图 6-30 所示。

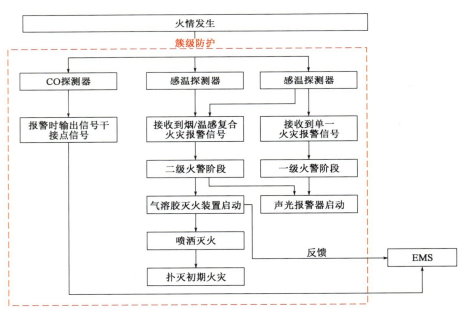

图 6-30　灭火系统运行逻辑

(2)其他监控系统。

温控系统:标准储能柜采用空调制冷采暖方式,同时在内部安装有温湿度传感器,可对标准储能柜的温湿度进行实时监测。

环境监控系统：标准储能柜安装有水浸传感器，实时监控温湿度变化以及是否有水浸入。

在标准储能柜安装有门禁系统，可对门的开闭状态进行实时监控。

8）并网接入方案

光伏发电、风力发电、储能系统以及电解水制氢、直流负荷经过 DC/DC 模块接入 1500V 直流母线，形成发电、储能、负荷直流耦合系统。同时，1500V 母线经过逆变器逆变后再经过变压器接入 0.4kV 母线，从而形成了市电、光伏发电、风力发电、储能多能融合、多能互补的能源系统。

每个储能系统电量为 243kW·h，每 2 套并联后接入 1 套 270kW 的 DC/DC 模块，共 8 套储能系统，总电量为 1944kW·h 接入直流系统中。

6.5.2 主要设备选型

储能系统由 8 个标准储能柜组成，标准储能柜主要设备选型如表 6-21 所示。

标准储能柜物料组成　　　　　　　　　　　　　　表 6-21

设备名称	参数	单位	单套数量
柜体	1200mm×1350mm×2110mm	套	1
配电开关	NXB-63 2P C32A	只	1
	NXB-63 2P C20A	只	2
	NXB-63 2P C10A	只	5
防雷器保护开关	NXB-63 2P C40A	只	1
防雷器	CDYN-II 40kA 2P 440V YX RoHS	只	1
插座	CDB6XI 导轨式五插 10A Rohs	只	1
	CDB6XI 导轨式五插 16A Rohs	只	1
指示灯（绿）	ND16-22B/2C AC/DC24V（绿色）	只	1
指示灯（黄）	ND16-22B/2C AC/DC24V（黄色）	只	1
指示灯（红）	ND16-22B/2C AC/DC24V（红色）	只	1
急停按钮	NP2-BS545 + 警示圈 + 防雨罩	只	1
水浸传感器	IO 输出	只	1
电源通信线缆	4×1.0mm²	m	4
动力电缆	70mm²	m	2
直流母排	—	个	2
端子排	—	个	10
固态锂电池模组	64V-190Ah	套	10

续上表

设备名称	参数	单位	单套数量
高压箱	1500V/250A	套	1
蓄电池管理系统从控	BMU-L3752-2	套	10
蓄电池管理系统总控	BCMU-H	套	1
空调	2kW	套	2
灭火系统	QRR0.15G/S-PFK	台	1
感烟探测器	JTY-GM-RS311	个	1
感温探测器	JTW-ZOM-RS311	个	1
声光报警器	JA2002-GP	个	1
可燃气体探测器	GWD30E	台	1

6.5.3 电池管理系统

储能标准柜内电池管理系统(BMS)采用两级架构:模组级配用的从控采集单元(BMUt)以及标准储能柜级的主控(BCU);整个储能系统采用 1 套总控 BAU(电池阵列管理单元)对标准柜簇的并联进行控制,其架构图如图 6-31 所示。

1)从控采集单元(BMU)

每个模组内配置一套 BMU,BMU 的功能及特点如下:

(1)电池单体电压功能。采集 52 串单体电池电压,具有采集精度高、速度快的特点。

(2)温度采样功能。24 路温度采样,最多支持 56 路温度采集。

(3)均衡。被动均衡可提供最大 100mA 的均衡电流。

(4)isoSPI 通信。从控采样信息通过 isoSPI 通信上传给主控,并实现地址自动分配。单路 isoSPI 通信上最多可串联 30 个从控,如大于此数量需要与技术人员沟通确认。

(5)RS485 通信功能。实现 DIO(数字输入输出电路)输入输出控制,可用于程序升级等功能。

(6)1 路高边输出。单个高边开关最大可持续输出 1A;内部设有状态检测,实现硬件自检。

(7)GPIO(通用输入输出)输出与输入:1 路 I/O 开漏输出,支持 PWM(脉冲宽度调制)波,1 路 I/O 输入。

(8)具有自诊断功能,支持功能安全认证要求。

(9)所有材料采用 UL-94V0 阻燃等级。

(10)符合 1500V 安规要求,支持过 1500V 系统 UL 认证。

BMU 电气参数表如表 6-22 所示。

6 公路交通能源自洽与在途补给系统应用示范

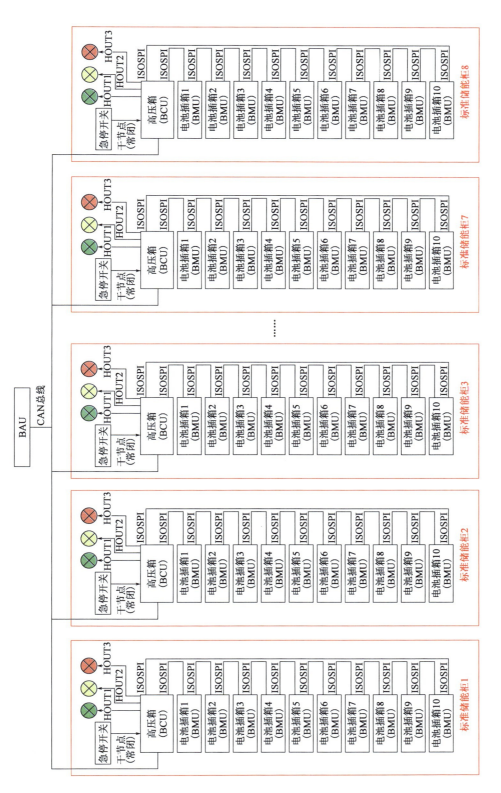

图 6-31 储能系统 BMS 三级架构图

BMU 技术参数 表 6-22

技术参数	额定规格	备注
模块供电电压	DC24V±20%	
最大供电功率	2.5W	
电池监测节数	52 节	单台最大支持
电压检测范围	0~5V	
电压检测精度	±3mV	
温度检测数量	56 个	单台最大支持
温度检测范围	-40~125℃	
跨线采集	支持 13+13+13+13 采集方式	
风机或液冷机组	PWM×1、I/O×1、DO×1	支持漏液检测,支持液冷 MSD(维修开关断路器)、支持风冷风机转速 PWM 控制、预留 1 路 I/O
温度检测精度	±1℃	
电池均衡方式	被动均衡	
电池均衡电流	100mA	
输入绝缘电阻	≥10MΩ,1000V DC	
数据通信接口	CAN	
通信波特率	250kbps(默认)	
干接点输出	2A@250V AC/30V DC	1 路
尺寸及质量	251.8mm×98mm×24mm/0.6kg	
安装方式	壁挂	

2)主控(BCU)

(1)主控(BCU)功能及组成。

主控单元是电池管理系统的控制核心,它通过与从控单元通信实现对电池单体电压、温度等的检测,并检测电池组总电压、充放电流、对地绝缘电阻等外特性参数,按照适当的算法对蓄电池内部状态即容量、SOC、SOH(电池健康状态)等进行估算和监控,在此基础上实现了对蓄电池组的充放电管理、热管理、绝缘检测、单体均衡管理和故障报警;它可以通过通信总线实现与 DC/DC、EMS(电池兼容)、人机界面等装置实现数据交换,通过菊花链实现与 BMU 通信。主控应用示意图如图 6-32 所示。

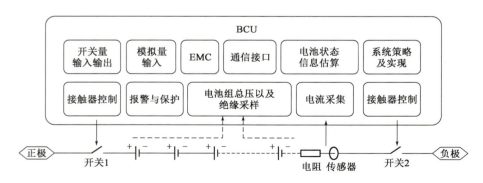

图 6-32 主控 BCU 应用示意

主控 BCU 主要由以下几部分组成：辅助电源转换、MCU（微控制单元）及外围电路、实时时钟、总电压及绝缘监测、充放电流检测、外部继电器（接触器）驱动及检测、通信接口等组成，元内部结构框图如图 6-33 所示。

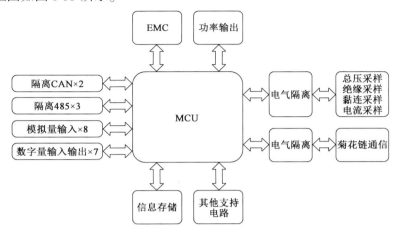

图 6-33　主控 BCU 框图

（2）主控 BCU 特点。

主控单元主要特点如下：

①高可靠性设计，产品软件、硬件、结构设计按照相关专业标准进行设计；

②高安全性，保护功能完备，具有多重冗余保护措施，在各种超限及意外情况下实现对电池的保护；

③抗干扰能力强，设计初期就充分考虑储能系统大功率、复杂布线的电磁环境，所有元器件选型满足高可靠性要求，输入输出接口、通信接口采用有效的隔离和滤波，满足实际应用的严酷电磁环境；

④精准的信号采集和 SOC 估算，选用国际著名品牌高精度采样芯片，结合业界多种 SOC 算法的长处，具有智能学习功能，保证了采样精度和 SOC 估算的准确性；

⑤丰富的外部接口，丰富的开关量、模拟量、通信口等输入输出接口，满足各种项目的接口要求；

⑥宽扩展性，采用菊花链式架构，从控单元根据电池串的数量在 1~20 个之间任意配置；

⑦配置升级灵活，产品可根据不同的应用需求利用上位机软件灵活配置，可通过 CAN 通信口实现程序的快速升级；

⑧所有材料采用 UL-94V0 阻燃等级；

⑨具有丰富的自诊断功能，支持功能安全认证要求。

（3）主控 BCU 主要功能。

主控 BCU 的主要功能如下：

①电池组总电压检测；

②电池组充放电电流检测；

③电池组对地绝缘电阻检测；

④电池组充放电管理；

⑤电池组热管理；

⑥系统充放电过程中监视单体的温度，存在单体温度过高、单体温度过低、单体温差过大的报警，当出现二级报警时主动上报报警信息，当出现一级报警时系统自动切断接触器；

⑦SOC 与 SOH 实时动态估算；

⑧BMS 系统自检与故障诊断报警；

⑨电池组故障诊断报警；

⑩各种异常及故障情况的安全保护；

⑪与 DC/DC、EMS 等的其他设备进行通信；

⑫数据存储、传输与处理；

⑬系统最近的报警信息、复位信息、采样异常信息的存储，可以根据需要导出存储的信息；

⑭强大的系统自检功能，保证系统自身的正常工作。

（4）主控 BCU 技术参数。

主控 BCU 技术参数见表 6-23。

BCU 技术参数　　　　　　　　　　表 6-23

名称	描述	典型值	备注
辅助电源	工作电压（V）	DC24V±10%	DC 24V 或者电池，外部不接负载
	额定功耗（W）	<3	
总电压采集	电压采集范围（V）	0～1500	总压、预充
	采样精度（%）	0.2% FS	
分流器电流采集	电流采集范围（A）	±300	
	采样精度（%）	0.2% FS	
	通道数（个）	4	
温度采集	温度范围（℃）	-40～125	
	温度采样精度（℃）	±1	
DO	通道数（个）	8	6 个低边输出，2 个干接点输出
	输出能力	2A@30V DC	
DI	通道数（个）	6	接无源反馈信号输入
	开关量输入	无源 24V DC	
绝缘电阻检测	采集范围（MΩ）	0.1～100	电压≥300V DC
	采集精度	20% FS	
CAN	CAN0（路）	1	BCMU-H 与 BMU 之间的通信
	CAN1（路）	1	
	CAN2（路）	1	
	波特率（Kbps）	250	

续上表

名称	描述	典型值	备注
RS485	RS485-0(路)	1	
	RS485-1(路)	1	
	波特率(bps)	9600	
尺寸与质量	220mm×98mm×45mm/0.34kg		
安装方式	壁挂		

3) 总控 BAU

总控 BAU 通过 CAN 总线连接一个或多个(默认 16 路,最多 36 组)电池簇管理单元 BCU。采集数据,实时计算各汇总量和评估状态,同时将数据转发给后台(EMS)和 DC/DC 模块。系统框图如图 6-34 所示。

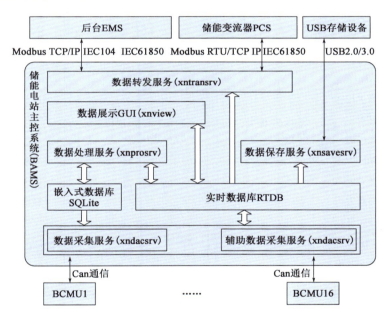

图 6-34 BAU 软件系统框图

从图中可以看出储能电站总控系统(BAU)主要分为五个模块:数据采集服务、数据处理服务、数据保存服务、数据展示以及数据转发服务。

数据采集服务包括采集服务和辅助采集服务,采集电池簇管理单元(BCU)数据到实时数据库,负责读取嵌入式数据的配置,创建实时数据库(RTDB)。采集服务接 Can0 口,辅助采集服务接 Can1 口。

数据处理服务处理电池组告警和保护,并计算汇总量和状态量。

数据保存服务保存实时采集的数据到 U 盘中,支持 USB2.0/3.0 协议。

数据展示模块展示储能电站主控系统(BAU)运行情况。

数据转发服务对外提供标准 Modbus TCP/IP 协议、标准 IEC104 协议、IEC61850 协议,并负责与

DC/DC 通信,与 DC/DC 通信支持标准 IEC61850 协议、Modbus TCP/IP 协议、Modbus RTU 协议。

储能系统总控(BAU)主要实现的功能包括:

(1)实时数据展示;

(2)报警提醒和查询;

(3)接入一组或多组电池簇管理单元(BCU),默认 16 路,最多 36 组;

(4)允许最多 17 路 Modbus TCP/IP 主站同时连接;

(5)与 DC/DC 采用 RS485 或网络连接,接 RS485 采用标准 Modbus RTU,接网络可采用标准 Modbus TCP、IEC104、IEC61850 协议。

BMS 拥有三级软件保护功能,具体项目如表 6-24 所示。

三级软件保护项目 表 6-24

告警类型	具体告警	一级告警	二级告警	三级告警
充电告警	总压过压	显示告警,限功至 80%	(1)显示告警;限功至 0%; (2)请求 DC/DC 禁止充电	(1)显示告警; (2)请求 UPS 禁止充电; (3)干接点动作,通知 DC/DC 停机; (4)延时切断主继电器
充电告警	单体过压	显示告警,限功至 80%	(1)显示告警;限功至 0%; (2)请求 DC/DC 禁止充电	(1)显示告警; (2)请求 UPS 禁止充电; (3)干接点动作,通知 DC/DC 停机; (4)延时切断主继电器
充电告警	充电过流	显示告警,限功至 80%	(1)显示告警;限功至 0%; (2)请求 DC/DC 禁止充电	(1)显示告警; (2)请求 UPS 禁止充电; (3)干接点动作,通知 DC/DC 停机; (4)延时切断主继电器
充电告警	充电高温/低温	显示告警,限功至 80%	(1)显示告警;限功至 0%; (2)请求 DC/DC 禁止充电	(1)显示告警; (2)请求 UPS 禁止充电; (3)干接点动作,通知 DC/DC 停机; (4)延时切断主继电器
放电告警	总压欠压	显示告警,限功至 80%	(1)显示告警;限功至 0; (2)请求 DC/DC 禁止放电	(1)显示告警; (2)请求 UPS 禁止充电; (3)干接点动作,通知 DC/DC 停机; (4)延时切断主继电器
放电告警	单体欠压	显示告警,限功至 80%	(1)显示告警;限功至 0; (2)请求 DC/DC 禁止放电	(1)显示告警; (2)请求 UPS 禁止充电; (3)干接点动作,通知 DC/DC 停机; (4)延时切断主继电器
放电告警	放电过流	显示告警,限功至 80%	(1)显示告警;限功至 0; (2)请求 DC/DC 禁止放电	(1)显示告警; (2)请求 UPS 禁止充电; (3)干接点动作,通知 DC/DC 停机; (4)延时切断主继电器
放电告警	放电高温/低温	显示告警,限功至 80%	(1)显示告警;限功至 0; (2)请求 DC/DC 禁止放电	(1)显示告警; (2)请求 UPS 禁止充电; (3)干接点动作,通知 DC/DC 停机; (4)延时切断主继电器
其他告警	温差过大	显示告警;限功至 80%	(1)显示告警;限功至 0; (2)请求 DC/DC 禁止放电	(1)显示告警; (2)请求 UPS 禁止充放电; (3)干接点动作,通知 DC/DC 停机; (4)延时切断主继电器
其他告警	压差过大	显示告警;限功至 80%	(1)显示告警;限功至 0; (2)请求 DC/DC 禁止放电	(1)显示告警; (2)请求 UPS 禁止充放电; (3)干接点动作,通知 DC/DC 停机; (4)延时切断主继电器
其他告警	绝缘过低	显示告警;限功至 80%	(1)显示告警;限功至 0; (2)请求 DC/DC 禁止放电	(1)显示告警; (2)请求 UPS 禁止充放电; (3)干接点动作,通知 DC/DC 停机; (4)延时切断主继电器
其他告警	BMU 通信故障	显示告警;限功至 80%	(1)显示告警;限功至 0; (2)请求 DC/DC 禁止放电	(1)显示告警; (2)请求 UPS 禁止充放电; (3)干接点动作,通知 DC/DC 停机; (4)延时切断主继电器
其他告警	BCU 通信故障	显示告警;限功至 80%	(1)显示告警;限功至 0; (2)请求 DC/DC 禁止放电	(1)显示告警; (2)请求 UPS 禁止充放电; (3)干接点动作,通知 DC/DC 停机; (4)延时切断主继电器
其他告警	硬件故障	显示告警;限功至 80%	(1)显示告警;限功至 0; (2)请求 DC/DC 禁止放电	(1)显示告警; (2)请求 UPS 禁止充放电; (3)干接点动作,通知 DC/DC 停机; (4)延时切断主继电器

6.5.4 主要设备材料表

储能系统由 8 个标准储能柜组成,单个标准储能柜主要设备材料见表 6-25。

标准储能柜物料组成 表 6-25

设备名称	参数	单位	单套数量
柜体	1200mm×1350mm×2110mm	套	1
配电开关	NXB-63 2P C32A	只	1
配电开关	NXB-63 2P C20A	只	2
配电开关	NXB-63 2P C10A	只	5
防雷器保护开关	NXB-63 2P C40A	只	1

续上表

设备名称	参数	单位	单套数量
防雷器	CDYN-II 40kA 2P 440V YX RoHS	只	1
插座	CDB6XI 导轨式五插 10A Rohs	只	1
插座	CDB6XI 导轨式五插 16A Rohs	只	1
指示灯（绿）	ND16-22B/2C AC/DC24V（绿色）	只	1
指示灯（黄）	ND16-22B/2C AC/DC24V（黄色）	只	1
指示灯（黄）	ND16-22B/2C AC/DC24V（红色）	只	1
急停按钮	NP2-BS545＋警示圈＋防雨罩	只	1
水浸传感器	IO 输出	只	1
电源通信线缆	4×1.0mm²	m	4
动力电缆	70mm²	m	2
直流母排	—	个	2
端子排	—	个	10
固态锂电池模组	64V—190Ah	套	10
高压箱	1500V/250A	套	1
蓄电池管理系统从控	BMU-L3752-2	套	10
蓄电池管理系统总控	BCMU-H	套	1
空调	2kW	套	2
灭火系统	QRR0.15G/S-PFK	台	1
感烟探测器	JTY-GM-RS311	个	1
感温探测器	JTW-ZOM-RS311	个	1
声光报警器	JA2002-GP	个	1
可燃气体探测器	GWD30E	台	1

6.5.5　安全评估及安全预防措施

1）储能系统本身安全设计

采用固态磷酸铁锂作为储能单元，达到了电芯层级的本征安全：①固态电解质主要为无机陶瓷粒子致密填充，固态电解质具有较高模量，可以阻止锂枝晶的生长和蔓延；②固态电解质不仅可以解决液态电解质存在的易泄漏、化学稳定性差和易爆炸的问题，还可起到原位隔离作用，避免正负极大面积接触，降低单点短路造成的连锁反应；③固态电解质受高温影响小，在高温下依然可以保证完整性，作为第二层保护隔绝正负极接触；④固态电解质高温下不会分解成可燃气体。

储能系统采用三级架构 BMS，能实时监测单体电压、温度以及充放电总电流、总电压，并根据监测到的参数进行三级软件预警保护；同时，BMS 可根据监测的参数对电池系统的健康状态进行评估，可有效预判故障，以指导检修维护。

储能系统电池系统制定了适宜的充电策略,能有效防止过充、过放、过温对蓄电池的不良影响。

储能系统内置消防系统,消防系统由温感探头、烟感探头、可燃气体探头及灭火剂及声光报警器组成,能实现自动灭火。

标准储能柜内非技术材料采用防火、耐火材料,材料具备阻燃、低烟、无毒、无卤的非延燃性等特点。

标准储能柜顶部设有泄压装置,如产生气体、内部压力增大时,可通过顶部泄排。

2)储能电站建设安全设计

标准储能柜安装位置与建筑之间的距离满足表6-26要求。

储能设备与建筑之间距离要求　　　　表6-26

项目名称		与储能设备距离(m)
丙、丁、戊类生产建筑		10
室外配电装置	无含油电气设备	—
	每组断路器油量<1t	5
	每组断路器油量≥1t	10
油浸式变压器		10
事故油地		5

注:1.当采用防火墙时,储能设备与丙、丁、戊类生产建筑防火间距不限;
　　2.表中"—"表示不限制。

3)运行维护安全保障

定期查看云平台数据,确保储能系统正常运行。定期检查消防设备和消防设施,保证其能有效工作。

6.6 氢能系统设计

6.6.1 方案总体

氢系统包括制氢、储氢、氢燃料电池发电等子系统,包括两个20尺集装箱,1号集装箱集成电解槽、分离提纯、制氢整流电源、氢燃料电池电堆、DC/DC、缓存锂电模组、逆变PCS(储能变流器),以及热管理、消防安全监测等设备装置;2号集装箱集成冷水机组、纯水机组、空压泵、储氢碳钢管束等,制氢及氢燃料电池集装箱如图6-35所示,低压储氢集装箱如图6-36所示。

6 公路交通能源自治与在途补给系统应用示范

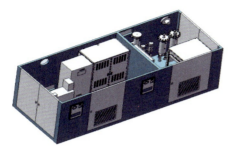

图 6-35 制氢及氢燃料电池集装箱

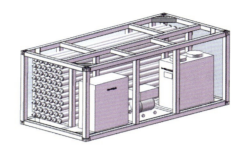

图 6-36 低压储氢集装箱

1）氢能源站配置

制氢能力:碱性水电解槽,$2Nm^3/h$,用电功率 11kW。

储氢罐（管路）:$112Nm^3$。

短周期储能（锂电储能）:100kW·h。

氢燃料发电功率（氢燃料电堆）:30kW。

2）方案总体说明

能源站集装箱配置 $2Nm^3/h$ 的高压碱性水电解制氢,配置 30kW 的燃料电池模块,配置 100kW·h 电堆调节储能锂电模块和 30kW PCS 变换装置,集成在一个集装箱内。储氢装置采用一个独立的管束式低压氢气存储模块（20 尺集装箱）。

说明：

（1）集装箱配置两个工业空调,制冷量总和为 10kW,主要为电气、电池、电力电子装置散热。

（2）集装箱配置防爆风机,保证集装箱内部良好的通风环境。

（3）制氢、储氢环节,采用独立隔仓设计。

（4）燃料电池的冷却方式为水冷,冷却液为 50% 乙二醇 + 50% 去离子水混合液（燃料电池内部冷却液）,若不存在零下的情况,可以采用纯水,电导率小于 $5\mu s/cm$。冷却液的换热装置为散热器,具备冷热回收、余热利用功能,置于集装箱顶部。

（5）燃料电池的进气口,通过管路,外延至集装箱外部。燃料电池的尾排口从集装箱底部排至地下。

6.6.2 分体方案介绍

1）高压碱性水电解制氢单元

电解水制氢单元氢气产量 $2Nm^3/h$,工作压力 1.0~1.6MPa,适用于电力、冶金、化工、建材、电子等行业。该产品是国内水电解制氢设备的更新换代产品,具有氢气纯度高、单位电耗低、使用寿命长特点;具有内气、液道及"板框合一"的先进结构,主极板不在槽体密封环节上。确保槽体不渗漏;主机与辅机集装于一体,整套装置体积小、占地少、重量轻、易维护、运行稳定;无噪声:辅机、管路、阀门均采用优质不锈钢制造。氢气、氧气系统采用公司系列设计、定制的零泄漏专用阀门,在高温、高压及强腐蚀介质的工况条件下实现零泄漏关闭;品质卓越:控制系统采用国际先进的 PLC(可编程控制器)、PID(智能数字调节器)进行。实现对整套装置的工作液位、压力、温度、氢氧压差、自动补水、自动充氢等操作,具有液位、压力、温度超差越限连锁保护功能和在线氢中微量氧与氧中氢分析、在线氢气露点分析等,其主要参数指标如表 6-27 所示。

电解水制氢单元主要参数指标表　　　　　　　　　　　　　　表 6-27

项目	指标 ALK-2-3.0
氢气产量(Nm^3/h)	2
氢气纯度(%)	≥99.97
氢气露点(℃)	≤ -50
工作压力(MPa)	3.0
工作温度(℃)	85 ±5
工作电耗($kW \cdot h/Nm^3 H_2$)	5.5

电解制氢单元主要包括全套水电解制氢装置,主要设备有电解槽、制水单元、高频整流电源、制氢单元及纯化单元等。主要设备清单如表 6-28 所示。

电解水制氢单元主要设备清单　　　　　　　　　　　　　　表 6-28

序号	名称	设备尺寸(mm × mm × mm)	技术规格
1	电解槽	900 × 600 × 560	$2m^3/h$
2	制水单元	420 × 370 × 470	10L/h
3	高频整流电源	580 × 640 × 1550	380V(交流电压)
4	制氢及纯化单元	1000 × 1100 × 1790	

工作流程如下:

(1)制氢设备充氮。为了开机安全,制氢机首次开机或停机较长时间后再开机,一般要求先充氮置换,充氮压力 0.5MPa,排除系统内空气。

(2)接通控制柜电源,接通高频整流电源。按照说明使高频整流电源处于备用状态。打开冷却水系统阀门(为方便升温建议槽温升到 50℃后再打开冷却水)。

(3)将 30% 浓度 KOH 溶液打进电解槽至氢发生装置的氢、氧分离器液位计最低液位要求。

(4)检查所有阀门的开关状态是否正确。碱液循环系统通畅、冷却水系统通畅、氧气系统和氢气系统排空通畅,充氮系统、各排污阀都处于关闭。

(5)启动循环泵进行内循环,调节流量到正常工作值(100 ~ 250L)。

(6)高频整流电源设在稳流档,启动高频电源,使直流总电压不超过额定电压值,并注意控制系统是否良好并及时调整控制系统参数。在总电压不超过额定电压情况下随槽温上升电流会达到最大电流值。

(7)系统正常运行时,屏幕显示制氢流程图,同时不断循环监测实时运行参数,并在流程图相应部位数字显示当前状态值。

(8)当系统运行稳定后,值班人员可以在上位机实时监控和进行部分操作。

说明:

(1)首次开机或停机时间较长时,开机启动周期需要 1~2h,确保达到运行条件,热态启动15s。制氢速率通过调整电流大小控制。

(2)工作模式。中午 11AM~14PM 制氢,其他时间不制氢,电解槽待机状态,实现长周期氢储能。电解槽待机前要执行泄压动作(氢、氧),PLC 控制。再次启动进入额定制氢能力前需要约预热 1h。

①电解槽。

电解槽水电解制氢设备的主机是电解槽。它将水在直流电的作用下电解成氢气和氧气,反应式为:$2H_2O = 2H_2 \uparrow + O_2 \uparrow$。

电解槽的每个电解小室又分为阳极小室和阴极小室。在电解槽中充满 30% KOH 水溶液(称为电解液)。在阴极小室产生氢气,反应式为:$4H_2O + 4e = 2H_2 \uparrow + 4OH^-$。阴极小室产生的氢气和电解液在碱液循环泵及气体升力的作用下进入附属设备框架内的氢分离器,在重力的作用下进行气液分离,分离出的氢气经氢气气体冷却器冷却至 30~40℃。再经氢气洗涤器将游离水去除,在薄膜调节阀的作用下升至额定压力(或给定压力)后,送到下道工序。在氢分离器下部的电解液由碱液循环泵抽出,经碱液过滤器(滤出电解液中的机械杂质)至碱液冷却器(将 H_2O 分解产生的热量由冷却水带出,保证电解槽恒定的工作温度),又回到电解槽,完成氢侧电解液的循环。

阳极小室产生氧气,反应式为:$4OH^- = O_2 \uparrow + 2H_2O + 4e$。阳极小室产生的氧气和电解液在碱液循环泵及气体升力的作用下进入附属设备框架内的氧分离器,在重力的作用下进行气液分离,分离出的氧气经氧气冷却器、氧气洗涤器,在薄膜调节阀的作用下升至并保持额定压力(或给定压力)外供或放空。在氧分离器下部的电解液与氢分离器下部的电解液混合后由碱液循环泵抽出,经碱液过滤器(滤出电解液中的机械杂质)至碱液冷却器(将 H_2O 分解产生的热量由冷却水带出,从而保证电解槽恒定的工作温度),回到电解槽,完成氧侧电解液的循环。

电解槽的冷却方式是水冷,冷却循环水和制水机水源都采用城市自来水,水压 0.1~0.5MPa。由制氢系统控制。

②制氢及纯化单元。

在电解制氢单元,水在电解槽内在直流电的作用下被分解为一份氢气和 1/2 份氧气,生成的氢气和氧气与电解液一起被送至附属设备框架的气液分离器内进行分离,氢气和氧气分别经过氢气、氧气冷却器冷却、洗涤除水,然后在控制系统的控制下外送;电解液在循环泵的作用下经碱液过滤器、碱液冷却器然后返回电解槽继续进行电解。

制氢装置制取的氢气经过一个缓冲罐,稳定系统的工作压力,同时进一步除去氢气中的游离水。

氢气进入氢气纯化装置后,将水电解制取的氢气进一步提纯,利用催化反应和吸附的原理去除氢气中的氧气、水以及其他杂质。

氢气纯化:由水电解制氢装置生产的氢气经缓冲后送至氢气纯化装置。

氢气首先经过脱氧塔,在催化剂的作用下氢气中的氧气与氢气反应生成水。

反应式:$2H_2 + O_2 \longrightarrow 2H_2O$。然后,氢气经冷凝器、缓冲罐进入吸附塔。

纯化流程示意说明:纯化装置包括一个脱氧塔,三个吸附塔。其工作原理是:在脱氧塔中氢气和氧气在催化剂的作用下反应生成水,达到除氧的目的。

在吸附塔中装有吸附剂,吸附剂对水、二氧化碳和其他杂质都有一定的吸附作用,从而达到去除水分的目的。

再生的原理是用粗氢气将吸附剂温度升至+200℃,使吸附的杂质解吸出来并带出吸附塔,解析出来的水蒸气经冷却器冷凝,冷凝水经气液分离器自动排放。

运行过程通过 PLC 程序自动控制程控阀,完全自动化。

在一个周期中每个吸附塔工作时间为 8h,每 24h 为一个切换周期。

③制水机。

电解水制氢用水由制水机(去离子水)生产,符合电解水用水标准,水源可用市政自来水,功率 75W,设备尺寸 420mm×370mm×470mm,产量 10L/h,储水罐 19L。

④高频整流电源。

高频整流电源适用于中小型电解设备,模块化、体积小、功率因数高,模块可无扰退出,省去了整流变压器,适用于 380V、480V 等市电接入条件。采用数字信号处理(DSP)技术作为控制器的核心,辅以高精度的外围硬件电路,保证系统高可靠性、高精度、高性能、快速响应。调整直流电源电解电流的大小,实现产气量的调节。

2)氢气存储

氢气存储采用模块化存储技术,存储压力 3.0MPaG(≤1.6MPa),储存水容积 $3m^3$,占地 6300mm×640mm×2550mm,共 2 组,储氢装置以及纯水机、冷水机、空气泵集成在一个 20 尺集装箱内,储氢量约 $112Nm^3$,氢储存集装箱设计结构如图 6-37 所示。

考虑项目示范阶段对高压容器的特殊监管相关管理规定,采用低压碳钢管束式储氢。

3)氢燃料电池发电系统

(1)氢燃料电池。

燃料电池系统采用模块化燃料电池发电系统,装置额定发电量 70kW,直流输出至总控制与储能系统实现交直流输出;发电系统具体参数如表 6-29 所示。

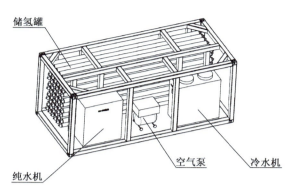

图 6-37 氢储存集装箱设计结构图

发电系统参数表 表 6-29

项目		技术要求
额定功率(kW)		30
峰值功率(kW)		35
效率范围(%)		50~55
输出电压范围(V)		DC240~DC320
输出电流范围(A)		0~300
防护等级(IP)		67
外形尺寸(mm×mm×mm)		918×630×557
质量(kg)		162
通信方式		485/CAN2.0
主冷(电堆)	电堆进口冷却液温度(℃)	≤68
	电堆出口冷却液温度(℃)	≤78
	流量(L/min)	85(5m³/h)@30kW 输出
	压力(kPa)	≤160(电堆入口)
	管路接口	DN40(ϕ45mm)
辅冷(DC/DC+空压机)	进口温度(℃)	≤60
	出口温度	—
	流量(L/min)	≥10
	压力(kPa)	≥100
	管路接口	DN20(ϕ25mm)
空气系统	流量(L/min)	≤2500
	空滤	空滤安装在集装箱通风口处,截面积≥4000mm²
	尾排	接口尺寸 DN40(ϕ45mm),温度≤50℃,氢气含量≤0.5%(连续)

续上表

项目		技术要求
氢气要求	减压阀出口压力设置(bar)	12±0.5
	最大进氢量(g/s)	1.65
	接口尺寸	1/2in卡套管
	氢气品质要求	(1)满足 GB/T 37244—2018《质子交换膜燃料电池汽车用燃料氢气》的要求； (2)氢气洁净度要求：颗粒度等级 C，清洁度等级 16，清洁度检测按 ISO 16232—2007 执行

（2）燃料电池 DC/DC。

燃料电池 DC/DC 是将氢气电化学反应产生的直流电能转化成稳定的直流电压。为后级锂电储能使用，其参数如表 6-30 所示。

燃料电池 DC/DC 参数表　　　　　　表 6-30

项目	参数值
输入电压范围	130～380VDC
额定输入电压(V)	186
额定输入电流/峰值电流(A)(长期工作电流)	500/580
输入电流控制精度	≤2%@I_{in}≥120A，≤2.4A@I_{in}<120A
额定输入功率(kW)	93(@500A·186V)
输入电流纹波(峰峰值，带宽：20MHz,400ms,1M 采样点)	<1%(额定工况电)
高压输出电压范围(V)	420～700
高压输出额定功率点效率	≥97%(30%～100%负载)
高压输出电压纹波(峰峰值，带宽20MHz,400ms,1M 采样点)	≤1%@额定输出电压

（3）散热器。

燃料电池的冷却方式为水冷，冷却液为 50%乙二醇+50%去离子水混合液（燃料电池内部冷却液），若不存在零下的情况，可以采用纯水，电导率小于 5μs/cm。冷却液的换热装置为散热器，具备冷热回收、余热利用功能，置于集装箱顶部。

4）锂电储能及控制逆变

本套储能系统采用预制柜体进行综合集成，以磷酸铁锂电池作为氢堆缓存存储单元，设计容量为 100kW·h，系统功率为 30kW。

系统内置 BMS 锂电池管理系统，用于实时监测以及管理电池状态，通过本地显控装置进行数据显示和上传。

系统通过储能双向变流器实现电能的"交直流"变换和能量流控制，同时具备并网、离网等工作模式，支持直流外源接入。整体具备优良的负载适应性及电网适应性，其技术参数如表 6-31 所示。

锂电储能及控制逆变技术参数表（产品型号 30100） 表 6-31

序号	类别	项目	技术参数
1	电池	电芯类型	磷酸铁锂
2		电芯容量（Ah）	156
3		电芯标称电压（V）	3.2
4		电池电量（kW·h）	100
5		电压范围（V）	428.4~596.4
6		最大充放电流（A）	156
7		最大充放功率（kW）	50
8		循环寿命（25℃,85%DOD）	≥6000
9	直流	最大直流输入电压（V）	850
10		启动电压（V）	350
11		最大输入电流（A）	100
12		最大直流输入功率（kW）	30
13		额定输入功率（kW）	30
14	交流侧	输入类型	三相五线制
15		额定电压（V_{AC}）	380(1±15%)
16		额定电流（A）	90
17		额定频率及范围（Hz）	50/60
18		功率因数调节范围	±1
19		谐波含量 THDi（%）	≤3
20	工作模式	并网模式	支持
21		离网模式	支持
22	其他	系统最大净量（kg）	650
23		系统尺寸（mm×mm×mm）	1220×860×1850
24		安装方式	落地
25		防护等级	IP54
26		工作效率（%）	>95
27		工作温度（℃）	-10~45
28		存储温度（℃）	-20~55
29		相对湿度（%）	0~95
30		工作海拔（m）	<2000,不降额
31		温控方式	空调
32		消防方式	FM200
33		噪声（dB）	≤50

6.6.3 主要设备清单

氢能系统的主要设备如表 6-32 所示。

氢能系统主要设备   表 6-32

序号	名称	备注
1	水电解制氢装置	碱性(ALK),氢气输出 2Nm³/h,1.6MPa;电解槽 1 台,制水系统 1 套,高频整流柜 1 台,分离纯化装置 1 套,氢纯度分析仪。集装箱内设置水箱(耗水量 1kg/1Nm³)
2	气态储氢装置(独立氢储罐)	碳钢管道式储氢(规格 φ159mm×5mm),75 根串联,储罐尺寸 6000mm×1200mm×2600mm(长×宽×高)
3	30kW 氢燃料电池发电系统	含氢燃料电池(30kW)1 台,燃料电池散热装置 1 套,BOP,0.7~1.2MPa,燃料电池 DC/DC(30kW)1 台
4	100kW·h 发电调节锂电模块	锂电池模组 1 套
5	30kW 并离网 PCS(储能变流器)	并离网逆变器 1 台
6	制氢及氢发电控制系统	微电网接入柜 1 台,EMS 管理系统 1 套
7	氢光储综合 EMS 系统	
8	集装箱	含工业空调 2 台,防爆风机

6.7 冷热系统设计

服务区中央空调接入服务区既有配电系统,在风、光资源充裕时,冷暖负荷直接由绿电供能;当风、光资源匮乏时,储能单元为服务区提供电能保障,间接实现冷暖负荷的绿色用电。考虑当前阶段盐边红格服务主体建筑未完成设计,对冷暖供应量需求尚未完成计算,因此本项目冷暖系统部分建议按照设计单位的设计规划及相应设计标准进行设计。本项目服务区的主体设计相对时间较晚,服务区场地目前作为沿江高速宁攀段项目建设指挥部,考虑到指挥部办公和人员的工作生活需求,配置一套电蓄热锅炉装置,电锅炉采用 380V 交流接入,电锅炉设备外观如图 6-38 所示。

采暖供热锅炉:采用全自动常压电热水锅炉蓄热采暖技术,充分利用新能源,配合蓄热水箱蓄热。

本工程锅炉房系统可采用直接式供暖,即由蓄热水箱直接向供热用户供暖,蓄热水箱温度建议控制在 65℃以内,最低回水温度 35℃,并且将蓄

图 6-38 电锅炉设备外观图

热水箱分隔为两部分,以保证供暖效果在整个供暖时段的稳定,系统配置如表6-33所示。

电蓄热锅炉装置配置表　　　　　　表6-33

序号	项目名称	型号	数量
1	电热水锅炉	CLDR0.03-85/65-D	1台
2	蓄热水箱	42m³不锈钢保温水箱	1个
3	锅炉房其他设施	循环泵、管道阀门等	1套

6.8 电气设计

6.8.1 电力系统接入

根据规划,红格南服务区拟建设光伏1.2MWp,储能1MW/2MW·h,安装3台10kW小型风力发电机以及制氢系统。

根据红格南服务区的电气接入总体设计,红格服务区采用交直流混合微网供电方案,使用10kV供电外线作为微网支撑线电源,并采用柴油发电机组作为备用电源。直流充电桩采用专用变压器接入电网。

6.8.2 电气一次

红格南服务区的电气主接线如图6-39所示。

1)交流微网

外引10kV电源经降压变压器降压后变为低压400V交流供电系统。400V供电系统可按常规供电方式为服务区内交流负荷供电。设一台柴油发电机作为应急备用电源,外引10kV电源与柴油发电机组通过双电源切换装置引入400V配电系统。

光伏车棚以及光伏建筑一体化发电设备就地经过逆变后接入400V交流系统。

设一台直流充电桩专用变压器,为6台直流超充桩供电。直流充电桩专用变压器与服务区变压器设置联络,互为备用。

2)直流微网

在红格南服务区内设置一套多能变换一体化设备,多能变换一体化装备内部包括一个逆变模块、多个不同功能的DC/DC模块、一套既对内同时也对外的通信和控制模块。直流母线电压1500V,能源侧直流电压800~1500V;交流电压690V,负载侧直流电压800~1500V,交流电压690V。

服务区规划建设的1.2MWp分布式光伏、1MW/2MW·h储能系统、风电系统以及制氢系统,新能源发电系统经DC/DC变换接入多能变换一体化设备的直流母线。

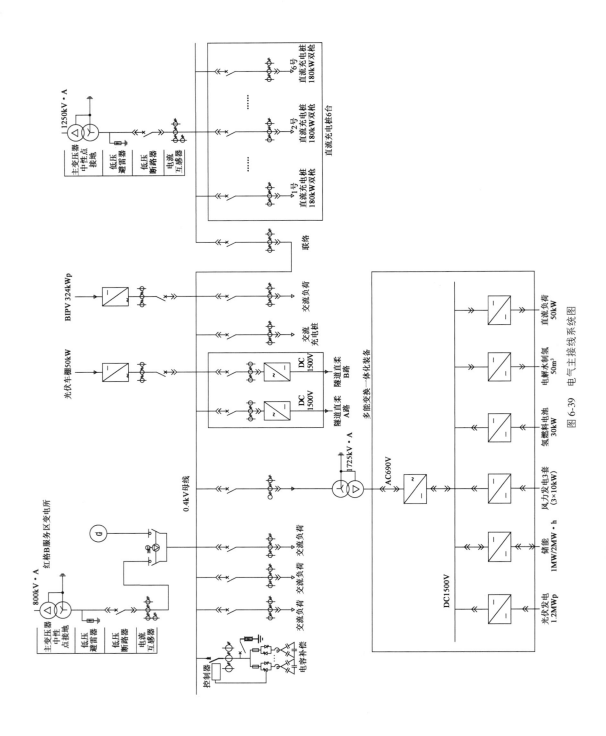

图 6-39 电气主接线系统图

服务区对东西两侧双向隧道供电,规划采取双电源、单线路方式供电。红格服务区微网与相邻微网区段设置直流互联。

3)设备选择

红格南服务区综合能源微电网示范项目的交流微网设备主要含多能变换一体化设备以及0.69/0.4kV变压器。

多能变换一体化设备的交流输入/输出电压为690V,多能变换设备交流侧需与服务区400V交流微网连接,需增加0.69/0.4kV变压器,变压器主要参数如表6-34所示。

变压器主要参数表　　　　　　　　　　　　　　　　表6-34

额定容量	1725kV·A
额定电压	0.69/0.4kV
短路阻抗	8%
冷却方式	AN
连接组别	Dy11

隔离变接入交流微网断路器的主要参数如表6-35所示。

隔离变接入交流微网断路器主要参数表　　　　　　　　表6-35

形式	低压框架断路器
额定电压	400V
额定电流	3150A

4)防雷接地

服务区整体的防雷接地由路桥本体设计单位设计,光伏、风电、储能等综合能源设备单独设置防雷接地设施,并与服务区整体防雷接地设施相连。

由于阵列中设避雷针出现阴影对阵列的性能影响较大,根据《光伏(PV)发电系统过电压保护导则》中有关条款的规定,综合考虑后确定本电站光伏阵列中不再配置避雷针。光伏阵列区域采用发电单元外轮廓的铝合金外框作为防止直击雷过电压保护接闪器。同时考虑到雷电发生时运行人员的人身安全,现场运行管理人员应在当地气象部门预报有雷电活动及直击雷发生时,禁止任何人进入光伏阵列区域。

5)电缆选型及敷设

低压电力电缆选用阻燃交联聚乙烯绝缘聚氯乙烯护套铜芯电力电缆,消防等重要回路采用耐火电缆。控制电缆采用额定电压0.45/0.75kV铜芯聚乙烯绝缘聚乙烯护套钢带铠装控制电缆和铜芯聚乙烯绝缘聚乙烯护套钢带铠装屏蔽控制电缆。用于计算机数据通信的采用计算机电缆。

馈线线缆密集区域采用无覆土式线缆沟,跨距较大且线缆数量较小区域,线缆可采用直埋方式敷设,以降低工程成本。

6.8.3 电气二次

1）电气二次设计原则

(1) 电站按"无人值班"的原则设计。

(2) 设置一套能源管理系统。

2）调度管理

本站所发电量大部分在服务区或隧道内消纳,采用"自发自用、余电上网"的运行模式。调度关系需业主与当地电网公司协商。

3）监控系统

监控系统由监控模块、就地监控设备及网络设备组成,就地监控设备分布在各光伏、储能、氢能、风机等设备控制柜内。主要功能如下：

(1) 光伏区、集装箱视频监控。

(2) 监控逆变器,收集光伏组串信号,控制逆变器出力。

(3) 监控 PCS(储能变流器)、BMS,收集储能系统运行信号,控制 PCS 出力。

(4) 监控储能集装箱内环境、消防运行信号。

(5) 监控风机控制器,控制风机出力。

(6) 通过监控逆变器、PCS、风机控制器、负载功率等,实现预定的控制策略。

(7) 预留接口,可将运行、故障信号上传控制中心,并传达控制中心指令到风光储氢充现场设备。

(8) 总共含多能变换一体化装置交直流侧 16 个监测点,光伏场及服务区视频监控 6 个监测点,负荷侧数据采集约 20 个采集点。数据采集量最终上传综合管理平台系统。

4）环境监测系统

配置 1 套环境监测仪,实时监测日照辐照度、曝辐量、风速、风向、温度等气象参数。该装置由风速传感器、风向传感器、日照辐射表、测温探头、控制盒及支架组成。可测量环境温度、风速、风向和辐射强度等参量,其通信接口可接入监控系统,实时记录环境数据。

5）电能计量与测量

综合能源通过多能变换一体化装置与服务区 400V 并网连接。在服务区配电室内 400V 并网点设置并网电能表,计量表按照单表设置,实现对综合能源站的电量计量,电能表精度为 0.5S 级。服务区与外引电网的计量与测量装置设置由路桥设计单位根据最终接入系统审批意见进行设计。

电能表至少应具备双向有功和四象限无功计量功能、事件记录功能,应具备电流、电压、电量等信息采集和三相电流不平衡监测功能,配有标准通信接口,具备本地通信和通过电能信息采集终端远程通信的功能。

6.8.4 电气主要设备材料

电气主要设备材料如表 6-36 所示。

电气主要设备材料表 表 6-36

设备名称		设备型号及规范	单位	数量
能量变换装备	多能变换一体化装备	15DC/DC 模块,1725kW 型	套	—
	隔离变压器	SG-1725-0.69/0.4kV	台	1
	直流开关柜		台	1
	交流开关柜	400V,3150A,内装电能计量装置	台	1
监控系统	公路交通能源自洽系统本地监控子站		套	1
	公路交通能源自洽系统集控中心系统	总共约 42 个监测点	套	1
	环境监测系统		套	1
电缆	交流电缆	ZC-YJV-0.6/1-4×25mm²	m	400
		ZC-YJV-0.6/1-3×240mm²	m	400
	通信线缆	超五类双屏蔽网线	m	600

6.9 土建工程设计

6.9.1 设计安全标准

本工程场址相对应的地震基本烈度为 7 度,设计地震分组为第四组,设计基本地震加速度值为 0.15g,光伏支架、基础和设备基础设计等级为丙级、结构安全等级为三级、抗震设防类别为丙级,设计使用年限为 25 年;升压变电站等建(构)筑物设计等级为丙级、结构安全等级为二级、抗震设防类别为丙类。其他建(构)筑物安全等级为二级,设计使用年限为 50 年。

6.9.2 基本资料和设计依据

设计依据的主要设计规范及标准:《建筑结构荷载规范》(GB 50009—2012)、《工程结构可靠性设计统一标准》(GB 50153—2008)、《建筑抗震设计标准》(GB 50011—2010)、《钢结构设计标准》(GB 50017—2017)、《冷弯薄壁型钢结构技术规范》(GB 50018—2002)、《室外给水设计标准》(GB 50013—2018)、《室外排水设计标准》(GB 50014—2021)、《建筑给水排水设计标准》(GB 50015—2019)、《建筑设计防火规范》(GB 50016—2014)、《光伏发电站设计规范》(GB 50797—2012)、《建筑光伏系统应用技术标准》(GB/T 51368—2019)。

6.9.3 总平面布置

红格低碳服务区按照低碳化、节能化、智慧化、循环化理念进行打造，全服务区供能单元采用综合智慧能源形式，建设内容涵盖常规供配电、光伏发电系统、风力发电系统、电化学储能系统、氢能综合利用系统、新型冷暖设施等。

本项目低碳服务区供能部分包含分布式发电部分、电化学储能部分、氢能综合利用部分、供配电部分、冷暖供应等部分。分布式发电部分包含光伏发电和风力发电两种发电类型，根据服务区场地规划，拟利用服务区边坡等区域建设光伏发电系统，风力发电部分在服务区内不影响车辆行驶、停放的边角位置或绿化带内建设小型风力发电单元。

电化学储能部分采用磷酸铁锂储能单元，设备及电池组采用户外集装箱集成设计，箱内配置磷酸铁锂电池组、消防设施、温控设施等。

氢能综合利用部分采用独立的特种装备，包含制氢电解槽成套装置、储氢装置、氢燃料电池装置等。

供配电部分新增智能配电单元协同常规供配电设施实现全服务区供电。

新型冷暖设施采用空气源热泵等新型冷暖方案，实现全服务区综合冷暖供应。

根据对红格服务区的整体规划设计，本次零碳服务区利用服务区 B 区南侧边坡建设光伏发电单元，在 B 区外侧边角位置建设风力发电机。

集成式集装箱及氢能利用设备靠近配电室就近安装。

6.9.4 太阳能电池组件支架及其他构筑物设计

1）基本参数

本次规划的区域位于红格服务区 B 区南侧边坡，边坡及格构等已经建设完成并经过自然沉降，整体坐北朝南，周边空旷无遮挡，边坡角度为 25°左右，适宜建设分布式光伏。

设计参数的准确是保证结构安全、稳定、经济、合理的前提，光伏方阵支架主要设计参数如表 6-37 所示。

光伏方阵支架主要设计参数表　　　　表 6-37

设计风荷载	0.30kN/m²	
设计雪荷载	0.30kN/m²	重现期 50 年（光伏支架拟按照 25 年设计）
光伏组件自重	0.12kN/m²	
抗震设防烈度	7(°)0.15g	

2）支架主要材料

钢材：主要采用冷弯薄壁型钢、材料应具有钢厂出具的质量证明书或检验报告；化学成分、力学性能和其他质量要求必须符合国家现行标准规定。钢材可根据支架特点选用传统热浸镀锌支架或镀镁铝锌高强钢支架,镀锌应满足现行国家规范相应要求。采用热浸镀锌防腐工艺,镀锌层厚度不小于65um,光伏支架所有部件均应采用可靠防腐措施,满足25年内安全使用的要求。钢板主要采用Q235-B钢和Q355-B。

焊条:E43和E55。

螺栓:檩条、支撑的连接采用普通螺栓,性能等级不低于4.8级,亦可选用高强度螺栓。

3)支架荷载组合

由于光伏组件支架及基础自重较小,支架设计时风荷载起控制作用,因此影响支架系统整体稳定的主要荷载为风荷载。

支架受力计算考虑下列荷载组合:

(1)自重荷载+地震荷载+正风荷载+0.7雪荷载;

(2)自重荷载+正风荷载+0.7雪荷载;

(3)自重荷载+地震荷载+逆风荷载;

(4)自重荷载+逆风荷载。

荷载组合按照《门式刚架轻型房屋钢结构技术规范》(GB 51022—2015)、《建筑结构荷载规范》(GB 50009—2012)、《钢结构设计标准》(GB 50017—2017)相关组合进行计算,并按25年取相应的折减系数。

4)支架设计方案

支架应合理选择布置形式以保证整体支架受力协调,避免应力集中;各杆件应根据计算受力大小选取适宜截面,在保证各杆件强度充分利用的前提下尽量节省钢材;横梁与立柱连接节点处宜采用可增强结构整体协调变形能力的铰接连接。

根据光伏发电工程建设经验,主要采用的基础类型有钢筋混凝土独立基础、钢筋混凝土条形基础、预应力混凝土管桩、混凝土灌注桩基础、螺旋钢桩基础、微孔灌注桩基础。不同支架基础方案技术特点各不相同,应结合项目场址土层特点及现场试桩结果,综合考虑工期及成本因素,择优选择基础方案。

支架基础上作用的主要荷载为风荷载。支架基础在极端风荷载作用下,有可能出现倾覆等破坏现象,最终导致整体结构失稳。因此应对基础进行稳定性计算,同时还应对地基承载力进行计算。考虑到工程场地地形复杂的施工条件,拟采用微孔灌注桩基础。本工程固定式支架与微孔灌注桩基础采用预埋螺栓连接方式。

此处按照孔径$\phi 180mm$,深度1000mm,立柱为C80mm×40mm×10mm×2mm来设置,混凝土强度为C30,防渗等级为P6。水平承载力特征值2kN,竖向拔力承载力特征值2kN,竖向压力承载力特征值3kN,采取热镀锌C型钢支架,C41mm×62mm×2mm规格型号。

5)其他构筑物设计

本项目除光伏设备外,均使用成套设备,储能装置、多能变换一体化设备、电解水制氢及氢燃料电池发电等均采用集装箱式户外布置,由厂家统一设计发往现场,红格服务区内不再另行建设构筑物放置设备。

6.9.5 主要建（构）筑物结构形式

1) 户外集装箱基础

多能变换一体化设备、储能装置、制氢装置和燃料电池等采取户外集装箱式就近布置，电缆采取下进下出的方式，采取砌砖、柱基础、圈梁等形式建设，C30混凝土浇筑成型，具体基础由厂家深化设计。

2) 风电基础示意图

10kW 风电风轮直径 7.8m，自重 650kg，高度 8~20m，采用锥形、多棱、外法兰盘对接。采取混凝土基础配重，根据风力调整基础尺寸，以抵抗倾覆力矩。此处按照 $1m \times 1m \times 1m$ 基础来考虑，混凝土强度采用 C30。

6.9.6 土建主要工程量清单

电力工程投资额以设备为准，土建为辅，土建占比较低，故此处仅罗列主要的土建材料，如表 6-38 所示。

土建主要工程量表 表 6-38

序号	名称	规格型号	单位	数量
1	光伏立柱及配电	$C80mm \times 40mm \times 10mm \times 2mm$	t	8
2	光伏支架及配件	$C41mm \times 62mm \times 2mm$	t	30
3	混凝土	C30	m^3	57
4	钢筋	$\phi 12mm$、$\phi 18mm$、$\phi 10mm$ 等	t	8

6.10 项目建设施工组织设计

6.10.1 施工条件

1) 施工现场总平面布置原则

根据施工需要，尽量使用施工区域内的空地，紧缩用地，便利施工，便利消防，采用文明施工原则，合理布置施工现场，施工临时设施布置在相宜的位置。机械布置时以最大限度满足施工，最小限度地减少同别工种的交叉影响为原则，遵循"多固定、少活动、用方便、退及时"的布置原则，尽量消除现场通道的压堵，确保其最大限度、最长时间的畅通。

2) 临时用电

本项目施工用电仅现场施工用电，不含人员生活用电。根据现场情况用电方案有两种。

第一种协商施工现场附近的沿江高速红格服务区施工总承包项目的施工用电配电箱,利用他们的配电箱,接至现场施工现场的配电箱内;第二种由现场施工队准备 2 台 220V 和 380V 的柴油发电机使用。

3)临时用水

本项目施工用水用于土建施工用水、施工机械用水等,不含生活用水。施工混凝土采用现场搅拌站的混凝土,其余情况的施工用水取用于现场的搅拌场的用水,如现场没有水源,将采用距现场不远处的省道上的用户的生活用水。

4)临时设施

由于施工场地位于盐边县红格镇,我方人员在距现场不远处租赁当地居民的房屋使用,包含现场管理人员、施工人员及现场设备材料的库房。

5)施工现场消防设置

分别在材料堆放点和工地现场配置 4 只灭火器。灭火器由消防小组保管和定期检查,在易燃物品的地方须有明显的防火标志。

6)施工用电与防护措施

(1)施工现场低压配电线路与电气设备的安全应符合《施工临时用电安全技术规范》的要求。

(2)施工现场实行电工区域负责制,严禁无证从事电气安装与维修工作,新安装、维修的施工用电线路与电气设备,必须经电气负责人或有关主管部门检查验收后方准使用。

(3)在施工现场专用的中性点直接接地的电力线路中必须采用 TN-S 接零保护系统(即三相五线制线路)。

(4)施工现场采用三级配电箱、分配电箱、开关箱。

(5)动力与照明分支线路及开关、插座应分开设置,引入户内或开关箱的支线应有保护套;移动性动力与照明电源线,应使用多股铜芯绝缘线;电线安装架设应使用绝缘子,不得与金属接触或拖拉于地面,不准使用老化、破皮、绝缘性能差及负载量不够的电源线。

(6)配电箱、开关应有合格证及准用证,符合防水要求,设门上锁,连接电气设备的保护零线采用黄绿双色多股铜芯线,零线应接于配电箱内的端子板上;开关、插销应完好无损,保险丝按负荷容量装设,禁止使用铝丝、钢丝或铁丝代替保险丝,电气设备的金属外壳及构架应采取保护接零或保护接地。但同一供电系统的用电设备不得采取一部分保护接零加一部分保护接地。

(7)工地所有电动机械及临时照明线路均使用合格漏电保护器,实行始级与末级两级保护。

(8)使用手持电动工具及移动电动机具和照明器具,其金属外壳应有保护接零,操作人员应戴绝缘手套,水中或潮湿地作业,应穿绝缘胶鞋。

(9)施工现场保护接地的接地极应测试其阻值应不大于 4Ω。

6.10.2 主体施工

1)施工准备及施工

(1)施工技术准备。

技术准备是决定施工质量的关键因素,它主要有以下工作:

①做好调查工作。

②做好与设计的结合工作。

③认真编制施工组织设计。

④确定和编制切实可行的施工方案和技术措施,编制施工进度表。

(2)物资条件准备。

①建筑材料的准备。

②公司物资部门按照设备到场先后次序,组织物资设备的运输。

③根据设计物资清单以及施工过程中用到的每个小部件、小工具,需编制《施工所需物料明细表》《施工所需工具清单》《安全措施保护工具清单》等,制定《现场施工手册》指导施工。根据物料明细表进行物料准备,外协外购件应考虑供货周期等,提前准备申购、联系厂家,以免误工期。

(3)工程设备及材料总体进场计划。

①材料的出厂检验。

②设备和材料的入库,由材料员办理材料和设备的入库手续。

③材料和设备的准备。

④材料的进场检验。

⑤根据每个施工点和发货地点的距离,编制发货计划。

⑥做好施工材料和设备的入库保护工作。

(4)施工机械准备。

根据施工组织设计中确定的施工方法、施工机具、设备的要求和数量以及施工进度的安排编制施工机具设备需用量计划、组织施工机具设备需用量计划的落实,确保按期进场。

(5)现场准备。

为保证施工控制网的精确性,工程施工时设置测量控制网,各控制点均应为半永久性的坐标桩和水平基准点桩,必要时应设保护措施,以防破坏。

(6)施工队伍准备。

根据确定的现场管理机构建立项目施工管理层,选择高素质的施工作业队伍,进行工程的施工进场后,到当地劳动部门、公安部门及时办理有关手续。

(7)通信准备。

与当地通信部门取得联系,建立高效率的通信指挥系统。电站内部施工人员建立小型集团号或者配备必要数量的对讲机以便于联系。

(8)生活设施准备。

工程正式开工时,在现场布置的生活临建建设完毕,并提供满足工作人员生活需求的必需品。现场设置职工宿舍、食堂及厕所等。

2)主要工序施工方法

(1)定位放线。

在需安装太阳能组件的区域上,根据现场太阳能组件安装方位、各项工程施工图、水准点及坐标控制点确定本工程光伏组件、避雷及接地系统、汇流箱、并网柜的位置。

具体方法是依据图纸要求和基础控制轴线,确定安装纵向基准线,然后根据纵向基准线、角尺等设备放出横向基准线并挂线,准备安装卡具。

(2)桩基施工。

根据图纸要求进行桩位放点、钻孔机钻孔、桩机就位、喂桩和钻桩详细方案如下:光伏螺旋地桩是一种新型的太阳能支撑装置,通过将螺旋地桩固定在地面中,将光伏支架与地面连接起来,起到支撑和固定的作用。光伏螺旋地桩打桩施工是安装光伏系统的重要步骤之一。

①施工前准备。

在进行光伏螺旋地桩打桩施工之前,需要进行充分的准备工作,包括以下几个方面:

a. 设计方案。根据光伏系统的设计要求,确定地桩的数量、间距和布局。

b. 地质勘察。进行地面的地质勘察,了解地下情况,确定地桩的打入深度。

c. 工具准备。准备好打桩所需的设备和工具,包括挖掘机、螺旋钻、测量仪器等。

②打桩施工步骤。

a. 准备工作。

清理工地:清理工地上的障碍物,保持施工区域的整洁。

测量标定:根据设计方案,使用测量仪器标定地桩的位置和间距。

b. 挖掘坑底。

使用挖掘机在标定的地桩位置上挖掘地桩坑底,保持坑底的平整和水平度。根据地质勘察结果确定地桩的打入深度,挖掘的深度应略大于实际打入深度,以便安装时调整。

c. 打桩安装。

安装螺旋钻:将螺旋钻固定在挖掘机或其他适用设备上。

开始打桩:将螺旋钻慢慢插入地桩坑底,开始打桩。根据地质勘察的深度要求,逐渐向下打桩,直到达到所需的深度。

桩身调整:在打桩过程中,根据需要调整地桩的垂直度和方向,可以通过调整挖掘机的操作来实现。

完成打桩:当地桩达到所需深度后,停止打桩。将螺旋钻从地桩上卸下。

d. 桩顶处理。

桩顶修整：使用平底铲清理地桩顶部，使其平整并与地面齐平。

桩顶标识：在地桩顶端标识出光伏支架的安装位置。

③施工注意事项。

在光伏螺旋地桩打桩施工过程中，需要注意以下事项：

a. 桩身垂直度。要求地桩的垂直度符合设计要求，避免桩身倾斜导致支撑不稳。

b. 打桩深度。根据地质勘察结果确定打桩深度，并确保在打桩过程中达到所需深度。

c. 安装位置准确性。通过测量和标定，确保所有地桩的安装位置准确无误。

d. 施工安全。施工过程中要注意安全，遵守操作规程，佩戴必要的安全装备。

④施工质量检查。

完成光伏螺旋地桩打桩施工后，需要进行质量检查，以确保施工质量符合要求。主要包括以下几个方面：

a. 桩身垂直度。使用测量仪器检查各个地桩的垂直度，确保不超过设计要求的偏差范围。

b. 桩顶标识准确性。检查所有地桩顶部的标识位置是否准确、符合设计要求。

（3）支架安装。

支架运输：本工程使用支架的材质为铝合金或 Q235B/Q345B 型钢，为工厂标尺化生产，针对较长的构件搬运，卸车时注意码放整齐，防止弯曲变形，以免影响后续的安装工作。

支架安装放线后进行，纵向支架安装偏差不得超过 10m，横向偏差不得超过 5mm。

3）太阳能板安装和组件串并联接线

（1）太阳能板安装。

①电池板安装面的粗调。

a. 调整首末两根电池板固定杆的位置的并将其紧固。

b. 将放线绳系于首末两根电池板固定杆的上下两端，并将其绷紧。

c. 以放线为基准分别调整其余电池板固定杆，使其在一个平面内。

d. 预紧固所有螺栓。

②电池板的进场检验。

a. 太阳能电池板应无变形、玻璃无损坏、划伤及裂纹。

b. 测量太阳能电池板在阳光下的开路电压，电池板输出端与标识正负应吻合。电池板正面玻璃无裂纹和损伤，背面无划伤毛刺等，安装之前在阳光下测量单块电池板的开路电压应不低于标称开路电压的 4V。

③太阳能电池板安装。

a. 电池板在运输和保管过程中，应轻轻放，不得有强烈的冲击和振动，不得横置重压。

b. 电池板的安装应自上而下逐块安装，螺栓的安装方向为自内向外，并紧固电池板螺栓。

安装过程中必须轻拿轻放以免破坏表面的保护玻璃,电池板的联接螺栓应有弹簧垫圈和平垫圈,紧固后应将螺栓露出部分及螺母涂刷油漆,做防松处理。并且在各项安装结束后进行补漆,电池板安装必须做到横平竖直,同方阵内的电池板间距保持一致;注意电池板的接线盒的方向。

④电池板调平。

a.将两根放线分别系于电池板方阵的上下两端,并将其绷紧。

b.以放线绳为基准分别调整其余电池板,使其在一个平面内。

c.紧固所有螺栓。

(2)组件串并联接线。

施工准备:组件接插头安装工具,万用表及剥线钳,绝缘胶带,MC4接插头,$4mm^2$太阳能专用电缆等物料。

组件的串联:按照图纸组排列的要求,把一块组件的正(负)插头插入相邻组件负(正)插头中,依此类推直至达到每串组件数量的要求为止,组成一串组件串。正负插头一定要旋转到位,以避免电路的虚接现象的发生。

外引线的制作:组件串联好后,需要把正负端用电缆引出至直流汇流箱安装处,引出需要制作外引线。截好一定长度的连接电缆,用剥线钳剥开一端适当的长度,用冷压钳把MC4插头固定在剥开电缆上,最后用把绝缘外套套在电缆上。

注意事项如下:如果组件线缆是正极头,那么外引线需要制作负极头,以便正负头接插到一起。外引线的接插头制作一定要牢靠,内芯导电部分应稍低于外套边缘。

线缆路由:把外引线和组件串联接好后,把外引线沿组件支架穿管敷设,通过最短的路由把其引至电缆桥架中,每根外引线均要做好标记,以便查找。

检查:仔细查看每组接插头是否旋转到位而无松脱现象,用万用表直档测量每个组件串的开路电压,看看数据是否一致。在正常情况下,相同块数的组件串它们的开路电压应该是一致的。

由于组件串的开路电压很高,能够达到 $600\sim900V$,测量时一定采取相应的保护措施,避免正负极短路产生拉弧现象灼伤测量人。

4)电缆沟、桥架安装、电缆敷设

熟悉电缆沟、桥架施工图和有关的电缆敷设图、有关的建筑结构图及其他有关专业施工图。了解可能与桥架平行相近、交叉,甚至可能重合的风管、水管及各种设备位置,了解各种设备的介质及表面温度、有无保温,了解桥架支、吊架安装部位的建筑部位(顶、墙等)的承重能力和牢度,了解桥架走向、桥架类型和敷设在桥架内的电缆型号、规格、直径和使用(投产)要求的角度,认真审图,提出设计施工图存在的问题和解决问题的建议,请设计单位及时解决。

电缆在安装前应仔细对图纸进行审查、核对,确认到场的电缆规格是否满足设计要求、施工方案中的电缆走向是否合理、电缆是否有交叉现象。

　　电缆在安装前,应根据设计资料及具体的施工情况,编制详细的《电缆敷设程序表》,表中应明确规定每根电缆安装的先后顺序。

　　电缆的使用规格、安装路径应严格按设计进行。电缆运达现场后,应严格按规格分别存放,严格按其领用制度以免混用。电缆敷设时,对所有电缆的长度应做好登记,动力电缆应尽量减少中间接头,控制电缆做到没有中间接头。对电缆容易受损伤的部位,应采取保护措施,对于直埋电缆应每隔一定距离制作标识。电缆敷设完毕后,保证整齐美观。

　　5) 防雷接地安装

　　施工顺序:接地极安装—接地网连接—避雷安装接地扁铁采用不低于 50mm×5mm 热镀锌扁钢,接地扁钢应埋在冻层以下并和镀锌扁钢焊在一起,各拐角处应做成弧形。接地扁钢应垂直与接地体焊接在一起,以增大接触面积。扁钢和立柱的底板焊接在一起。焊接处应采用沥青等材料作防腐处理。隐蔽验收合格后方可回填,回填土应优先选用黏土,土块粒径不得过大,回填中不应含有石块和垃圾。

　　6) 工程调试

　　调试工作按建设单位调试作业指导书的规定进行,工程所有调试项目实验数据应符合规范、规程的规定,制造商技术说明书的要求。对试验中发现的有争议的问题、试验项目及时汇报建设单位,与制造商技术人员协商解决,并做好书面记录。

　　系统调试前进行系统检查,其中包括:接地电阻值的检测、线路绝缘电阻的检测、控制柜的性能测试、充电蓄电池组的检测、光伏阵列输出电压的检测、控制器调试。

　　7) 关键工序控制

　　本工程电气安装的关键工序有焊接、压接两种。在这两道工序的施工中严格执行《特殊过程控制程序》,并按相应作业指导书进行操作。

　　(1) 特殊作业人员必须是经过专业培训,取得有效上岗资格证书的人员。

　　(2) 特殊过程施工中使用的设备,由分公司供应,项目处鉴定完好。在使用中保持良好运转状态。

　　(3) 特供使用的材料必须有合格证。

　　(4) 特殊过程应在适宜的环境条件下进行操作。

　　(5) 特殊过程必须严格执行《电力建设安全工作规程》和相关作业指导书。

　　(6) 特殊过程操作完成后由特殊作业人员按相关规程和作业指导书进行检验。

　　8) 施工的技术措施

　　严格按照监理认可的并且签字盖章的施工作业指导书或施工方案施工。

　　由于多个工作面同时展开,交叉作业不可避免,因此特别注意成品、半成品的保护,并且要有保护措施和警示标志等。

　　要做好各管线的预、预埋工作。

由于线缆的路由较长,为了便于查找和检修,每路线缆都要做上标记。

该系统技术含量高,系统较复杂、交叉作业面广,要做到科学调度、精密安排,做到紧而不乱。多方协调,及时沟通,及时解决处理施工中出现的各种意外情况。雨天和夜晚施工注意安全,高空作业必须穿佩戴齐全防护用品,尤其必须系好安全带。

9)总体施工顺序

现场放线—桩基施工—支架安装—设备安装—线缆敷设—线缆接线—调试。

10)材料

(1)支架的铝合金型应按施工图纸规定的品种和规格进行采购,所有材料应符合现行国家标准。

(2)合金型材应分类,标识牌注明品种、规格型号,搁置稳妥,防止变形和损伤。

(3)所有相关辅材应按施工图纸要求选用,并应符合国家相关标准。

(4)按施工图要求采购的普通螺栓及其他零件、部件应符合国家相关标准。

(5)必须计算风压引起的材料的弯曲强度和弯曲量、支撑臂的压曲(压缩)以及拉伸强度、安装螺栓的强度等,并确认强度。

(6)支架的强度应满足自重、风荷载的使用要求,设计时应考虑台风的影响。

(7)合金支架及附件需做表面氧化处理,防腐性能应满足 10 年内可拆卸再利用和 25 年内安全使用的要求。

11)光伏组件安装

本工程光伏组件全部采用固定式安装,待光伏组件框架验收合格后,进行光伏组件的安装,光伏组件的安装分支架安装、光伏组件安装两部分。首先应满足以下要求:

(1)安装时所有构件两端必须平整,端面应打磨平整,保证搭接质量。构件的工厂接头设置在受力较小的地方,但同一零件上的拼接不能超过两处,且拼装长度≥610mm,拼接接头、翼缘板和腹板的拼接应错开,其余≥200mm,端板与肋板等构件不允许拼接。

(2)支架的设计和安装密度,应保证每个组的固定点不少于 4 处。

(3)组件之间的连接线长度适中,有一定的下垂量,但禁止接插件接触屋面(或地面),否则需对其进行盘整悬空处理。接插件须连接紧固,密封良好光伏阵列支架表面应平整,固定光伏组件的支架面必须调整在同一平面;各组件应对整齐并成一直线。

安装光伏组件前,应根据组件参数对每个光伏组件进行检查测试,其参数值应符合产品出厂指标。一般测试项目有开路电压、短路电流。应挑选工作参数接近的组件在同一子方阵内。应挑选额定工作电流相等或相接近的组件进行串联。

安装光伏组件时,应轻拿轻放,防止硬物刮伤和撞击表面玻璃。组件在支架上的安装位置及接线盒排列方式应符合施工设计规定。组件固定面与支架表面不吻合时,应用铁垫片垫平后方可紧固连接螺丝,严禁用紧拧连接螺丝的方法使其吻合,固定螺栓应加防松垫片并拧紧。

光伏组件电缆连接采取串接方式,插接要紧固,引出线应预留一定的余量。

地基均采用 C20 混凝土垫层(具有相应防腐性),C30 混凝土筏板基础。基础埋深约 0.6m,基础顶面高出地面 0.3m。

12)储能设备基础

根据现有地质资料,拟建构筑物基础底部采用级配碎石换填进行地基处理,换填厚度为 0.8m,单层换填厚度不大于 0.3m,压实系数不小于 0.97。地下水对混凝土结构具有中腐蚀性;对钢筋混凝土结构中的钢筋在干湿交替情况下具强腐蚀性,长期浸水情况下具弱腐蚀性。根据《工业建筑防腐蚀设计标准》(GB/T 50046—2018)中规定,需采取防腐措施。基础采用 C30 混凝土,基础表面为环氧沥青或聚氨酯沥青涂层,厚度$\geqslant$500μm,垫层采用具有相应防腐蚀性能且强度等级$\geqslant$C20 的混凝土(厚 100mm)。所有外露的铁件表面刷防腐涂料,构支架采用热镀锌防腐。

13)风机塔架基础

小型风力发电机组常用塔架形式有拉索式塔架和一体式钢塔架,拉索式塔架通过设置多方位钢丝拉索提升塔架的稳定性,一定程度降低风力机组对塔架本体的强度要求,同时也降低对风机安装专用设备的要求,一般多用于小型风力发电机组。但拉索式钢塔同时也进一步增大了塔架的占地面积,考虑本项目风力发电机组的重量及安装场所,本项目推荐采用一体式高强度塔架。

风机塔架属于高耸结构,风电机组具有承受 360°方向重复荷载和大偏心受力的特殊性,对地基基础的稳定性和变形要求高,基础所承受上部的水平荷载和倾覆力矩较大,因此项目塔筒基础设计及施工应严格要求。综合现有风力发电站基础设计,主要形式有扩展基础和筏板基础两种类型,综合考虑安全性、造价、施工难度等因素,项目选择使用扩展基础作为风机塔筒基础。

风机基础与塔筒的连接形式有多种,最具代表性的有基础环与锚笼环两种形式。项目采用锚笼环方案作为风机塔筒及基础的连接形式。

6.11 本章小结

本章结合公路交通实际工况,选取本项目依托工程典型用能场景,介绍了本项目建设主从式与集中式公路交通自洽能源系统应用示范工程的工程方案。示范工程的建成将促进交通、能源融合发展,降低公路运营成本,提高清洁能源利用率,显著提升我国交通能源关键装备的自主创新能力,促进国内电工装备制造及智能公路交通等行业跨越式发展,支撑"交通低碳发展"和"交通强国"战略目标的实现。

7 总结和展望

公路交通多能源自洽系统构型设计与应用

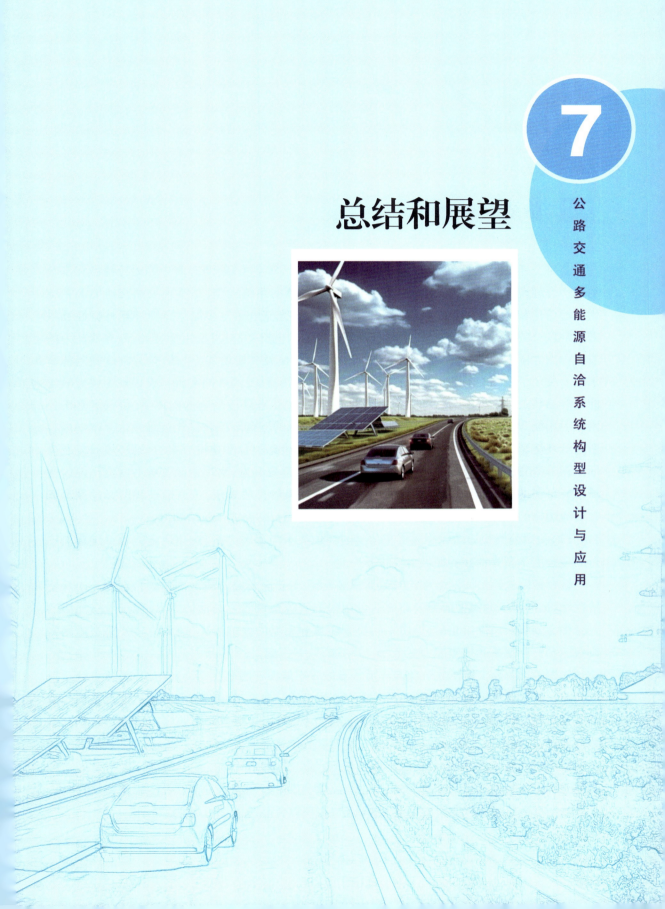

7.1 总结

公路交通自洽能源系统存在供需协同、多能互补、时空关联、动态演化等运行特性和耦合约束。合理设计满足交通-能源供需协同和灵活调节的系统构型,是实现公路交通能源系统供能清洁化和自洽化的重要基础支撑。本书结合风光储电热氢多能态高弹性互补特性和供需时空耦合特性,提出典型交通应用场景下具备清洁供给功能、灵活用能特性、高自洽能力的系统构型方法与规划方案。风光等多态能源资源禀赋及其供给能力与运转运维设施用能需求联合决定了公路交通能源系统自洽运行与高效运转特征,两者的突出特点表现为供需时空演化容易导致供需差额与状态失衡。因此,在最小化生态环境影响的前提下,研究了基于公路交通用能和多态能源供给特性,构建匹配供需两侧的运行管控与优化运维技术。本书内容适应低环境影响目标,预期形成环境影响评价体系、生态契合型建设方案、生态环境修复及全周期跟踪监测方法,成果应用后可促进新能源集约、高效开发,实现能源资源禀赋突出地区的清洁能源消纳,有效降低化石能源使用量与工程污染物排放总量,进而推进我国绿色循环低碳交通运输的发展,有力支撑国家"双碳"目标的实现。研究工作总结如下:

(1)提出公路交通沿线能源资源禀赋的评估技术与部署方案,构建适配能源系统自洽运行的多态能源高弹性互补型供给模式。

结合公路交通沿线网络结构与数据观测资料,分析全公路沿线地理位置特点及突出环境特性,依据能源资源类型研究公路交通可用多态资源禀赋能力的评估技术;重点考察能源的时空耦合分布及可供给总量,提出不同类型能源利用率的评估标准,据此构建公路交通网络典型能源资源禀赋的供给能力集。

构建考虑公路交通沿线气象与环境特点的多态能源资源禀赋潜力挖掘策略,重点分析自然禀赋在时空维度上的分布特征,据此形成不同类型公路交通陆域空间内自然能源资源的消纳方式与开发空间,研究多态能源系统的建设难易指数;基于不同交通应用场景与时空分布的约束条件,提出最大化利用自然能源资源禀赋的供给部署方法。

在不同气候条件、供给装备运行环境与服役状态背景下,研究基于地理位置特点的多种类型能源资源的精准预测技术,提出多态能源耦合供给与储能能量转换及配置策略;构建风、光、储、电、热、氢等 6 种能量的动态互补方法,实现综合能源供给的高弹性互补。

(2)实现考虑多场景空间布局的新能源汽车与公路交通服务设施用能需求规模预测与分析,形成交通-能源协同驱动的运转运维设施用能管控技术。

针对氢能源汽车、电动汽车等新型载运工具,以及隧道、养护工区、服务区、收费站等公路交通典型应用场景中的服务设施,依据用能特性划分类型;综合考虑各类车辆及设施、设备的用能需求及补能特点,预测其对不同类型能源的实际需求。

结合公路交通系统在空间结构、功能性能及交通行为等方面的复杂特点,以针对公路交通用能负荷特征的能源资源禀赋供给模式为前提,建立不同类型的能源需求及能源补给时空依赖关系,确定各类载运工具及服务设施的能源需求时空分布。

以保证交通服务设施正常运转运维功能的最优化用能消耗为目标,分析设施设备群体协同管控的主要需求与功能;构建交通-能源协同驱动的运转运维设施管控技术,提出不同设施设备的配合方式与协调方法,优化公路交通的用能结构。

(3)研究兼具供需耦合特性和灵活调节能力的公路交通自洽能源系统功能要素和物理形态,形成系统整体构型方法与规划设计方案。

结合公路交通沿线供能资源禀赋预测与用能实际需求分析,构建自洽能源系统的供需动态转换特性;针对不同应用场景下的供需差额问题,结合数据驱动方法研究其时间分布特征;基于供需差额的不同空间颗粒度分布特性,采用时空网络、图神经网络等方法分析其主要空间分布特征。

为支撑公路交通能源系统的高自洽运行,研究综合考虑供给侧能源资源禀赋与需求侧各类负荷用能的实时调节与管控方法,分析最低供用能成本目标下交通用能的灵活调节策略和可调度潜力;结合风、光、储、电、热、氢多能态互补与系统灵活调节能力,确定公路交通自洽能源系统的调节上限与灵活性指标。

围绕供给清洁自洽化、供需适配与灵活调节性等目标,研究考虑环境低影响的公路交通自洽能源系统的功能要素和物理形态;综合分析典型交通应用场景下的能源供应、变换、输运、使用与储存方式和要求,提出具备清洁供给功能、灵活用能特性、高自洽能力的系统构型方法;综合考虑不同公路交通应用环境地理特点和运转运维需求,提出自洽能源系统的规划设计方案。

(4)构建公路交通自洽能源系统的环境影响评价指标体系,提出环境低影响的能源自洽系统开发与生态修复方案、运行情况监测技术以及运维优化策略。

围绕生态环境稳定性、承载力与健康程度等性能构建公路交通自洽能源系统的环境影响评价指标体系,提出不同开发与运营场景下的生态环境评价方法。系统开发前预先界定生态环境保护区域,结合供能用能要求及生态、水、大气、声环境保护需求确定整体系统的地理选址,并采用最大多样性、物种框架法等实现生态环境的系统工程后续修复。同时构建能源系统运行期间的环境指标跟踪监测系统,依据环境影响评价指标进行全运营周期的生态监测。

围绕能源系统整体运行状态本身,对关键装备进行快速准确的模式识别与大数据监测,结合模糊层次分析识别系统运行状态的演化趋势，据此构建公路交通自治能源系统的可靠性评估技术；针对能源系统故障事件建立故障树，实现能源系统恶化原因追溯；依据故障树底事件的概率重要度分析能源系统的关键环节与薄弱环节，确定典型故障逻辑与演化路径。

运用气象监测系统和预测模型等先进技术，实现对公路交通沿线气象环境的全面感知；构建公路交通地理条件、气象环境、能源系统运行状态以及电力、通信、交通运输部门工作计划的多维信息融合系统；上述基础上，在保障公路运转运维功能的前提下提出自治系统低环境影响、高可靠性的运维优化策略。

（5）搭建适配主从式、集中式等多场景多模式的公路交通能源自治与在途补给系统综合管理平台，分别建成主从式自治能源与在途补给系统示范工程与集中式公路交通自治能源系统应用示范工程。

面向示范工程实际运行需求，搭建适配主从式、集中式等多场景多模式的公路交通能源自治与在途补给系统综合管理平台，建立实时及历史数据库，通过资产化分析展示、远程巡检功能，实现全系统及各区域设施效能评价，全方位实现公路交通能源自治系统内各区域系统运行、用能趋势、设备状态的实时监测与调度控制，支撑自治能源系统应用示范工程的高效能运行。

面向平原城市群公路交通主干线新能源车辆比例高、直流快充及充氢需求大、供热供冷需求旺盛、服务区商业新业态等发展需求，综合考虑服务区、收费站等公路交通特色用能负荷，结合公路沿线空地、边坡及服务区设施屋顶，布局分布式风机站、光伏站，并于服务区建设 2.0MW 规模集中式供能系统，形成基于风、光、储、电、热、氢耦合转化的集能源"供应、输送、转换、存储、使用"于一体的公路交通自治能源系统应用示范工程。

重点针对山地桥隧运转运维、新能源重卡快充等技术难题，考虑示范工程地域的能源资源禀赋时空分布与综合利用效率等关键因素，基于适配应用示范工程实际工况的多能变换一体化装备的配置策略，建设一套支撑风、光、储、电、热、氢 6 种能源形态转换的供能规模不低于 3.5MW、综合效能不低于 92% 的公路交通自治能源与在途补给系统示范工程，配套搭建综合管理平台，实现区域级多站点能源综合管控。

7.2 展望

发展高速公路绿色能源系统对于探索新能源与交通融合发展的形态模式，推进能源交通一体化系统发展具有先导意义和引领作用。构建高效能、高弹性高速公路绿色能源系统已成为践行"双碳"行动和"交通强国"战略、实现经济社会可持续发展的必然选择。

公路交通线长面广，沿线地理条件复杂，小概率高风险扰动事件（风雨雪灾害等）发生可能使高速公路绿色能源系统发生故障，造成大规模停电，进而影响高速公路的用能连通性。

在扰动发生前，系统功能维持在正常水平，需评估系统运行风险，进行弹性安全预警；在扰动发生时，系统性能下降，需快速响应并调用各种灵活资源应对风险以适应事件发展，相比于弹性系统，非弹性系统性能下降更迅速；在扰动发生后，弹性系统能够更快启动后续修复机制恢复全系统至正常运行状态。

总体而言，针对大电网/配电网/微电网的弹性控制已有较多研究，但是可直接应用于高速公路绿色能源系统的弹性控制方法还较少。相比于传统能源系统，高速公路绿色能源系统弹性控制需要同时确保自身能源系统的运行状态以及公路系统的用能连通性均能够可靠恢复，因此需要考虑的因素将明显增多，目前缺乏针对高速公路链式微能网集群的风险评估与预警方法、分层停电控制方法及恢复控制方法。亟须研究适应极端事件的高速公路绿色能源系统高弹性协同运行控制方法。

在研究公路交通运转运维用能需求分析与多能源自治系统构型问题过程中，编者深入了解到公路交通能源融合多场景构型理论、公路交通能源融合一体化中的跨域协同机制、公路交通能源融合系统协同优化规划方法、高效能协同能量管理方法、高鲁棒性协同运行控制方法等方面还存在很多尚未解决的问题，有较大的研究空间，可以进一步探究。

7.2.1 公路交通能源融合系统多场景构型理论

公路交通能源融合就是致力打造一个"源-网-荷-储"一体化、"人-车-路-环境"协同的绿色交通能源系统，这是推进交通、能源两个行业统筹规划、协同建设、一体运营和相互支撑的一项重要举措。从"源"特性来看，高速公路路域资源禀赋可分为丰富区和一般区；从"网"特性来看，高速公路附近电网可分为强电网、弱电网和无电网；从"荷"特性来看，高速公路负荷可分为大负荷和小负荷；而从"储"特性来看，交通能源融合系统中引入了可再生能源发电与储能电源，公路沿线能源资源的多种储存设施及储存方法为公路交通的稳定运行提供了保障。从"源""网""荷""储"个维度出发，根据差异化自然禀赋、差异化网架结构与差异化交通负荷，可衍生出高速公路绿色能源系统多种应用场景；针对每一种应用场景，都有相应的需求差异、最佳微能网解决方案、最佳微能网运行方式及最优技术解决方案。公路绿色能源系统的性能依赖于其需求架构、逻辑架构、物理架构和技术架构的构建与优化。从系统论的观点来看，只有在合理的架构形态中，公路绿色能源系统的所有元素、单元、组件和微能网之间才能有序协同并发挥其最大功能，其需求架构、逻辑架构、物理架构与技术架构才能实现最优化，最终促使系统涌现功能和收益的获取。为此，构建差异化自然禀赋、差异化网架结构与差异化交通负荷下高速公路绿色能源系统的多场景构型理论，是实现高速公路绿色能源系统中各元素、单元、组件和微能网之间有序协同，最优化其需求架构、逻辑架构、物理架构与技术架构的重要问题。

7.2.2 公路交通能源融合一体化中的跨域协同机制

公路交通能源融合系统中，新能源出力本身的随机性与随机型交通潮汐相交织，使得能源流、交通流和信息流均具有随机性,导致了公路绿色能源系统耦合建模、优化分析和运行控制的复杂性,公路绿色能源系统的高效能高弹性规划与运行依赖于对能源流、交通流和信息流随机互动规律的掌握以及对其跨域协同机制的构建。事实上,能源流、交通流和信息流之间关系紧密、相互作用,高速公路单站点微能网可通过自约束、自管理和自优化实现自身的能量管理和运行控制,高速公路链式微能网集群可通过能源流-交通流-信息流协同交互实现更大范围的能量管理和运行控制,呈现出"协同运行"特性,由此可推动高速公路绿色能源系统从无序到有序、从低级有序到高级有序演化发展,最终实现系统涌现功能的获取。为此,从理论上揭示广域分布式能源流-交通流-信息流的随机互动规律,并构建其跨域协同机制,即要从更深、更广的层次上研究广域分布式能源流、交通流与信息流在传递、耦合和转化过程中的随机变化规律和相互作用机理,从而清晰地反映高速公路绿色能源系统的自组织特性和相变过程,在此基础上构建面向高效能高弹性规划运行的高速公路绿色能源系统"自律-协同"机制。这是规划建设公路绿色能源系统,并实现其高效能能量管理与高弹性运行控制需解决的科学问题,也是所有能源系统与交通系统融合发展与协同演进需解决的科学问题。

7.2.3 公路交通能源融合系统协同优化规划方法

面向多元需求的高速公路绿色能源系统协同优化规划方法公路交通能源融合系统的优化规划,不仅需要考虑日益增长的电动汽车充电需求、电动重卡牵引用电需求、基础设施和服务设施的用电、用热等用能需求,而且需要考虑与既有能源基础设施的衔接问题,此外在规划中还应该考虑链式微能网集群的弹性,以应对风雨雪灾害、交通堵塞等小概率高风险扰动事件对高速公路用能连通性的影响。为此,高速公路绿色能源系统的优化规划需重点解决以下方面问题:①对高速公路长时间尺度供能-用能进行预测,并对供需匹配关系建模,从而使规划结果更合理;②考虑与既有能源基础设施的衔接问题,全面评估分布式光伏与储能等规划配置组分的全生命周期经济效能,从而使规划方案更经济;③建立随机平衡下高速公路链式微能网集群高弹性协同规划模型并进行求解。

7.2.4 公路交通能源融合系统高效能协同能量管理方法

公路交通能源融合系统的能量管理,需基于交通流制定高速公路充电站电动汽车有序充电引导机制,同时基于能源流实现链式微能网集群的高效能能量管理。为此,高速公路绿色能源系统的能量管理需重点解决以下方面问题:①高速公路绿色能源系统的态势感知和预测,以获得交通流和能源流运行数据;②制定高速公路充电站电动汽车有序充电引导机制,从而减少电动汽车用户的充电成本和等待时间,并提高充电设施利用率;③实现高速公路链式微能网集群的协同能量管理(含对电动重卡牵引用电的调控),从而减少运行成本,并实现载荷驱动下的能源流互补互济。

7.2.5 公路交通能源融合系统高鲁棒性协同运行控制方法

高速公路线长面广,沿线地理条件复杂,小概率高风险扰动事件(风雨雪灾害等)发生可能使高速公路绿色能源系统发生故障,造成大规模停电,严重影响高速公路的连通性。系统的运行控制需提高系统对极端事件的感知力、应变力、防御力、恢复力、协同力和学习力。为此,高速公路绿色能源系统的高弹性协同运行控制需重点解决以下方面问题:①在极端事件扰动发生前,评估系统风险并进行弹性安全预警,以增强系统对扰动事件的感知力;②在极端事件扰动发生时,快速响应并调用各种灵活可控资源进行分层停电控制,从而减少负荷损失、增强系统的应变力与防御力;③在极端事件扰动结束后,快速、逐步、有序地协同内外部资源启动后续修复机制恢复全系统至正常运行状态,并从中获取经验,以增强系统的恢复力、协同力与学习力。

参 考 文 献

[1] 汪玚.他山之石:国外公路建设的能源利用[J].交通建设与管理,2018(2):42-45.
[2] 唐明涛,陈志强,王志刚,等.分布式光伏发电在高速公路交通设施中的应用[J].太阳能,2016(9):28-31.
[3] 杨鹏浩,陈诗璇,肖建伟.高速公路边坡太阳能研究现状及发展展望综述[J].科技与创新,2020(17):19-21,23.
[4] ZHONG K,SUN M Z,SUN S K. Summary of the development and utilization technology for road potential energy[J]. Journal of highway and transportation research and development,2019,13(3):1-7.
[5] 沙爱民,贾利民.交能融合发展的方向——《交通与能源融合技术发展白皮书》精华摘编[J].中国公路,2023,(21):26-32.
[6] 杨勇平,武平,程鹏,等.我国陆路交通能源系统发展战略研究[J].中国工程科学,2022,24(3):153-162.
[7] 贾利民,师瑞峰,吉莉,等.我国道路交通与能源融合发展战略研究[J].中国工程科学,2022,24(3):163-172.
[8] 贾利民.绿色交通能源走向自洽[J].中国公路,2023(21):33-35.
[9] 陈艳波,刘镇湘,田昊欣,等.高速公路绿色能源系统研究综述及展望[J/OL].中国电机工程学报,1-18[2024-08-12].http:∥kns.cnki.net/kcms/detail/11.2107.TM.20240402.1443.026.html.
[10] 陈艳波,刘志慧,吴适存,等.高速公路绿色能源系统体系架构初探[J].新型电力系统,2024(1):94-114.
[11] 何正友,向悦萍,廖凯,等.能源-交通-信息三网融合发展的需求、形态及关键技术[J].电力系统自动化,2021,45(16):73-86.
[12] 郭敏,夏明超,陈奇芳.基于能源自组织的能源-信息-交通-社会耦合网络研究综述[J].中国电机工程学报,2021,41(16):5521-5540.
[13] 高嘉蔚,孙芳,毛宁,等.公路交通与能源深度融合发展思路与展望[J].交通节能与环保,2022,18(2):1-4.
[14] 胡海涛,郑政,何正友,等.交通能源互联网体系架构及关键技术[J].中国电机工程学报,2018,38(1):12-24.
[15] 江里舟,别朝红,龙涛,等.能源交通一体化系统发展模式与运行关键技术[J].中国电机工程学报,2022,42(4):1285-1301.
[16] 马静,徐宏璐,马瑞辰,等.能源交通融合下的弹性公路能源系统发展技术要点及展望[J].电网技术,2023,47(3):885-896.

[17] 陈光勇,周逸凯,陶楚青,等.基于天鹰算法的交通自洽能源系统优化控制方法[J/OL].吉林大学学报(工学版),1-8[2024-08-03].https://doi.org/10.13229/j.cnki.jdxbgxb.20231054.

[18] 苏粟,韦存昊,聂晓波,等.考虑条件风险价值的公路交通能源系统多能流管控策略[J/OL].电工技术学报,1-18[2024-08-03].https://doi.org/10.19595/j.cnki.1000-6753.tces.231461.

[19] 苏小玲,陈来军,赵超凡,等.计及能源自洽率和共享氢储能的电-氢-交通耦合配电网低碳经济运行[J].高电压技术,2024,50(6):2424-2432.

[20] 叶禹江.公路交通自洽能源微网系统优化调度模型研究[D].北京:华北电力大学,2023.

[21] 代亮,张金龙,秦雯.面向交通能源融合的路侧单元传输控制优化策略[J].控制与决策,2023,38(12):3354-3362.

[22] 长安大学交通与能源融合研究院.交通与能源融合技术发展白皮书(2024版)[M].北京:人民交通出版社,2024.

[23] 徐循初.城市道路与交通规划[M].北京,中国建筑工业出版社,2007.

[24] 中华人民共和国行业标准.高速公路交通工程及沿线设施设计通用规范:JTG B01—2003.北京:人民交通出版社,2003.

[25] 王利珍,谭洪卫,庄智,等.基于GIS平台的我国太阳能光伏发电潜力研究[J].上海理工大学学报,2014,36(5):491-496.

[26] CELIK A N. A statistical analysis of wind power density based on the weibull and rayleigh models at the southern region of turkey[J]. Renewable Energy,2004,29(4):593-604.

[27] 任福田,刘小明,孙立山.交通工程学[M].4版.北京:人民交通出版社股份有限公司,2017.

[28] 郭宇晴,姚丹亚,张毅,等.从集群智能角度分析协同驾驶:综述和展望[J].控制理论与应用,2021,38(7):875-886.

[29] OLARIU S. A Survey of Vehicular Cloud Research:Trends, Applications and Challenges[J]. IEEE Transactions on Intelligent Transportation Systems,2020,21(6):2648-2663.

[30] MAY A D,Traffic flow fundamentals[M]. United States:Prentice Hall,1990.

[31] Khabbaz M J,Fawaz W F, Assi C M. A simple free-flow traffic model for vehicular Intermittently connected networks[J]. IEEE Transactions on intelligent transportation systems,2012,13(3):1312-1326.

[32] ZHANG F,GRANDE R E D,BOUKERCHE A. Macroscopic interval-split free-flow model for vehicular cloud computing[C]. 2017 IEEE/ACM 21st International symposium on distributed simulation and real time applications (DS-RT). Piscataway,NJ:IEEE,2017:1-8.

[33] CHO H, CUI Y, LEE J. energy-efficient computation task splitting for edge computing-enabled vehicular networks[C]. 2020 IEEE International conference on communications workshops (ICC Workshops). Piscataway, NJ: IEEE, 2020: 1-6.

[34] MAO Y, ZHANG J, SONG S H, et al. Stochastic joint radio and computational resource management for multi-user mobile-edge computing systems[J]. IEEE Transactions on wireless communications, 2017, 16(9): 5994-6009.

[35] GU Q, JIAN Y, WANG G, et al. Mobile edge computing via wireless power transfer over multiple fading blocks: An optimal stopping approach[J]. IEEE Transactions on vehicular technology, 2020, 69(9): 10348-10361.

[36] FAN R, LI F, JIN S, et al. Energy-efficient mobile-edge computation offloading over multiple fading blocks[C]. 2019 IEEE Global Communications conference (GLOBECOM). Piscataway, NJ: IEEE, 2019: 1-6.

[37] MENG X, WANG W, WANG Y, et al. Closed-form delay-optimal computation offloading in mobile edge computing systems[J]. IEEE Transactions on Wireless Communications, 2019, 18(10): 4653-4667.

[38] GINTNER V, STEINZEN I, SUHL L. A Time-space network based approach for integrated vehicle and crew scheduling in public transport[C]. Proceedings of the EWGT2006 Joint Conferences, 2006: 371-377.

[39] ZHANG D, YU C, DESAI J, et al. A time-space network flow approach to dynamic repositioning in bicycle sharing systems[J]. Transportation research part B: methodological, 2017, 103: 188-207.

[40] KLIEWER N, MELLOULI T, SUHL L. A time-space network based exact optimization model for multi-depot bus scheduling [J]. European Journal of Operational Research, 2006(3): 175.

[41] BO Z, YU A. Solving bilevel mixed integer program by reformulations and decomposition[J]. Optimization online, 2014: 1-34.

[42] 章国材. 美国 WRF 模式的进展和应用前景[J]. 气象, 2004(12): 27-31.

[43] 朱想, 居蓉蓉, 程序, 等. 组合数值天气预报与地基云图的光伏超短期功率预测模型[J]. 电力系统自动化, 2015, 39(06): 4-10+74.

[44] STORM B, BASU S. The WRF model forecast-derived low-level wind shear climatology over the United States Great Plains [J]. Energies. 2010, 3(2): 258-276.

[45] 邓国卫, 高晓清, 惠小英, 等, 酒泉地区风能资源开发优势度分析[J]. 高原气象, 2010, 29(6): 1634-1640.

[46] 张铁军. 典型风电场的风场数值预报能力改进及应用系统开发研究[D]. 兰州: 兰州大

学,2020.

[47] ZHU Q M,CHEN J F,SHI D Y,et al. Learning temporal and spatial correlations jointly:A unified framework for wind speed prediction[J]. IEEE Transactions on Sustainable Energy,2020,11(1):509-523.

[48] DRAGOMIRETSKIY K,ZOSSO D. Variational mode decomposition[J]. IEEE Trans. Signal Process,2014,62(3):531-544.

[49] HE K,ZHANG X,REN S,et al. Deep residual learning for image recognition[J]. Proc. IEEE Conf. Comput. Vis. Pattern Recognit. ,2016:770-778.

[50] Kingma D P,BA J L. Adam:A method for stochastic optimization[C]. in Proc. 3rd Int. Conf. Learn. Represent. ,San Diego,CA,USA,2015:1-15.

[51] KHODAYAR M,WANG J H. Spatio-temporal graph deep neural network for short-term wind speed forecasting[J]. IEEE Transactions on Sustainable Energy,2019,10(2):670-681.

[52] SAINT A S,ALOLA A A,AKADIRI A C,et al. Renewable energy consumption in EU-28 countries:Policy toward pollution mitigation and economic sustainability[J]. Energy policy,2019,132:803-810.